Maas · Alternativschule und Jugendkultur

Studien zur Schulpädagogik und Didaktik

Herausgegeben in Verbindung mit der Kommission Schulpädagogik/Didaktik in der Deutschen Gesellschaft für Erziehungswissenschaft (DGfE) von Wolfgang Klafki, Will Lütgert, Rudolf Messner zusammen mit Fritz Bohnsack, Ursula Drews, Elisabeth Fuhrmann, Ariane Garlichs, Marianne Horstkemper, Heinz-Günter Holtappels, Doris Knab, Meinert A. Meyer, Horst Rumpf, Klaus-Jürgen Tillmann

Band 20

Michael Maas

Alternativschule und Jugendkultur

Entwicklungsprobleme von Adoleszenten

Mit einem Vorwort von Ariane Garlichs und Rudolf Messner

Beltz Verlag · Weinheim, Basel, Berlin

Michael Maas, Jg. 1969, Dr. phil., Diplompädagoge, Leiter des Projektes »Lernen wie man lernt« im Deutschen Kinderschutzbund, Ortsverband Essen e.V..

Die vorliegende Studie wurde im Fachbereich 1 (Erziehungswissenschaften/ Humanwissenschaften) der Universität Gesamthochschule Kassel als Dissertation zur Erlangung des akademischen Grades eines Doktors der Philosophie (Dr. phil.) angenommen.

Lektorat: Peter E. Kalb

www.beltz.de
Herstellung: Lore Amann
Satz: Mediapartner Satz und Repro GmbH, Hemsbach
Druck: Druckhaus Beltz, Hemsbach
Umschlaggestaltung: Federico Luci, Köln
Umschlagabbildung: Andrea Huck, Hess. Lichtenau
Printed in Germany

ISBN 3-407-25277-3

Inhaltsverzeichnis

Vorwort

Die Untersuchung von Michael Maas bewegt sich im Schnittpunkt von Jugend- und Schulforschung, einem Feld, in dem Erkenntnisse dringend notwendig sind. Den Verfasser interessiert, wie Schule den spezifischen Bedürfnissen und Problemlagen vor allem solcher Jugendlicher entwicklungsfördernd begegnen kann, die unter schwierigen sozialen Bedingungen aufwachsen. Mit dem Problem der »Passung« von schulischer Kultur und jugendlichem Entwicklungsprozess greift er eine für den Mittelstufenbereich seit der Reformpädagogik bedeutsam gebliebene Frage auf. Immer wieder kommt es im Verhältnis von Jugendlichen und Schule in den schwierigen Jahren der Identitätsbildung nach der Pubertät, also im Alter von 13 bis 18 Jahren, zu Spannungen und krisenhaften Zuspitzungen. Dies ist ein Problem, das auch die Weiterentwicklung des Schulwesens vor Herausforderungen stellt, gerade angesichts der gegenwärtigen gesellschaftlichen Veränderungen und der darauf antwortenden Neuorientierung der Schule. Bemerkenswert ist, dass der Verfasser mit seiner Arbeit die in der gegenwärtigen Wissenschaftspraxis zumeist getrennt verlaufenden Forschungslinien der Jugend- und der Schulforschung zusammenführt: das schulpädagogische Problem einer adäquaten Schulgestaltung in der Mittelstufe und die psychoanalytisch-jugendtheoretische Frage nach altersspezifischen Entwicklungsprozessen und den für sie förderlichen Bedingungen.

Für sein Vorhaben wählt Michael Maas die Freie Schule Bochum, eine exponierte Reformschule, die durch ihr besonderes pädagogisches Profil eine ungewöhnliche Ausprägung der Problematik erwarten lässt. Durch seinen jahrelangen Kontakt zu dieser Schule bringt er eine intime Kenntnis des Feldes mit und verfügt über vertrauensvolle Beziehungen zu den Lehrerinnen und Lehrern. Diese waren zum offenen Dialog bereit und haben dadurch ein vertieftes Verständnis der dort praktizierten Pädagogik ermöglicht.

Der Zugang, den Michael Maas zu seiner Forschungsfrage gewählt hat, lässt sich in doppelter Weise kennzeichnen:

- Die Arbeit konzentriert sich auf die für die Beziehungen von Jugendlichen zur Schule zentrale *emotionale* Dimension, wie sie sich insbesondere aus der Dynamik des Entwicklungsgeschehens in der frühen Adoleszenz ergibt.
- Er legt seiner Arbeit ausdrücklich einen an der *Psychoanalyse* orientierten Forschungsansatz zu Grunde, mit dessen Hilfe sich das unterrichtliche und außerunterrichtliche Kommunikations- und Interaktionsgeschehen der untersuchten Praxis auch im Hinblick auf die den Beteiligten *unbewussten Anteile* rekonstruieren lässt.

Der Reiz und besondere Wert der psychoanalytischen Jugendtheorie liegt nach Meinung des Verfassers nicht zuletzt darin, dass sie sich gerade mit den entwicklungsbedingten emotionalen Schwierigkeiten und Nöten Jugendlicher im Prozess ihres Aufwachsens und ihrer Auseinandersetzung mit den Anforderungen von Familie, Schule und Gesellschaft beschäftigt. Das Forschungsinteresse richtet sich folglich auf die Frage nach den Möglichkeiten und Grenzen einer geglückten adoleszenten Reifung im schulischen Kontext. Dabei sollen auch die impliziten psychischen Voraussetzungen zur Entwicklung eines positiven Leistungsselbstbildes analysiert werden. Denn es wäre seiner Meinung nach naiv anzunehmen, »Schule könne die Fachleistungen von Schülerinnen und Schülern verbessern, ohne deren emotionale Befindlichkeit zu berücksichtigen« (S. 34). In diesem Zusammenhang wird auf das bemerkenswerte Ergebnis empirischer Studien zur Schulzufriedenheit verwiesen, die zeigen, dass die jugendliche Schulkritik seit 1960 massiv zugenommen hat – trotz gestiegener Bildungschancen und humanisierter Kommunikationsformen.

Identitätsbildung wird als zentrale Entwicklungsaufgabe des Jugendalters postuliert. Unter Bezugnahme auf Winnicott, Erikson und Kannicht führt Maas aus, dass Jugendliche die Konfrontation mit Erwachsenen suchen und darin spezifische Bedürfnisse ausleben. Sie haben »das Bedürfnis, auf Grenzen zu stoßen, sich an diesen Grenzen zu reiben und das unerträgliche Gefühl der Unterlegenheit und inneren Leere zu überwinden. Jugendliche brauchen deshalb (...) erwachsene Bezugspersonen, die der jugendlichen Suche nach Konfrontation nicht ausweichen, sondern beherzt ihren eigenen Standpunkt vertreten und Grenzen setzen können, ohne dabei die Angriffe der Jugendlichen aus ihrer überlegenen Position heraus zu vergelten (...). Werden ihnen aber die Vorrechte und Freiheiten des Erwachsenenalters wie auf einem goldenen Tablett dargereicht, verfestigt sich das Gefühl der inneren Leere und Hilflosigkeit.« (S. 41f.)

Im empirischen Hauptteil der Arbeit wird das schulische Szenarium, jeweils gestützt auf unterschiedliche Methoden, nämlich teilnehmende Beobachtung und Interview, unter den sich wechselseitig ergänzenden Perspektiven der »Logik der Institution Schule« sowie der »Logik der Subjekte«, d.h. des Entwicklungsganges einzelner Schüler, untersucht. Besonders erwähnt sei der Abschnitt »Formen und Funktionen adoleszenter Komik im schulischen Kontext« (S. 114ff.). Er bietet, gleichsam als »Studie in der Studie«, eine mit Liebe zum Detail ausgeführte Phänomenologie bisher wenig untersuchter, für die Entwicklung von Jugendlichen aber zentraler psychischer Abwehrformen. Die Formen und Funktionen adoleszenter Komik werden im Zusammenhang mit innerpsychischen und interaktiven Konfliktpotenzialen der Lehrer-Schüler-Beziehung und jugendlichen Autonomiebestrebungen interpretiert. Dieser Abschnitt zeichnet sich durch wissenschaftliche Originalität und pädagogischen Charme aus und gibt Lehrer/innen wertvolle Impulse für das einfühlende Verständnis in die Situation von Jugendlichen.

Hervorzuheben ist auch der Abschnitt über »Autonomie und Widerstand« (S. 132ff.). In ihm wird das für Freie Schulen besonders prekäre, sich im Jugendalter oft konfliktträchtig zuspitzende Spannungsverhältnis zwischen eigenem Größen- und

Unabhängigkeitsstreben von Jugendlichen und der mit Schule notwendigerweise verbundenen Fremdbestimmung materialreich und souverän erörtert. Der Verfasser macht sich dabei zum Anwalt auch der kulturvermittelnd-erziehlichen Aufgaben der Schule, vermag aber mit analytischer Schärfe zu zeigen, in welch komplexem Netzwerk »innerpsychischer und interaktiver Konfliktpotenziale der Schüler-Lehrer-Beziehung« solche Intentionen verwirklicht werden müssen.

In der theoretischen Zusammenschau und schulpädagogischen Bilanz werden die Möglichkeiten und Grenzen einer fördernden Bearbeitung emotionaler Bedürfnisse von Jugendlichen noch einmal resümiert. Dabei wird für ein der situativen Komplexität angemessenes pädagogisches Handlungsverständnis plädiert, das sich an dem im individuellen Fall jeweils gebotenen Aktionspol verortet. Die grundlegenden Fragen einer schulischen Reformpraxis, wie die Balance von Lust- und Leistungsprinzip, der Umgang mit Freiwilligkeit und Verbindlichkeit oder die Nähe und Distanz in der Lehrer-Schüler-Beziehung werden auf dem Hintergrund der Untersuchungsergebnisse eindrucksvoll reflektiert. Die pointierte Darstellung der Stärken und Schwächen der untersuchten Schule leitet über zur Formulierung von Leitlinien einer sowohl zeitgemäßen als auch zeitkritischen Jugendschule. Dabei wird der reformpädagogischen These einer »Öffnung der Schule« die Notwendigkeit einer »Öffnung des Schülers« für Phänomene, an denen er seine Urteilskraft bilden kann, gegenübergestellt. Als Kernaufgabe der Schule wird ins Zentrum gerückt, durch Erziehung und Unterricht Bildung zu ermöglichen – und das heißt auch, die Befangenheit der Schüler in ihrer Eigenwelt zu durchbrechen. Der kritischen Strukturanalyse der untersuchten Alternativschulpraxis werden allgemeine Impulse zur schulischen Weiterentwicklung angefügt, die aus einer umfassenden Kenntnis der Schulforschung und -diskussion schöpfen. Mit den Vorschlägen »Außerschulische Lernorte nutzen«, »Verlebendigung des Fachunterrichts«, »Die Entwicklungstatsache der geschlechtlichen Differenzierung ernster nehmen« sowie den Empfehlungen zur Lehrer/innenaus- und weiterbildung werden wertvolle Markierungen für die Jugendschule der Gegenwart formuliert.

Ariane Garlichs und Rudolf Messner

1. Einleitung

Jugendzeit ist im Laufe der letzten Jahrzehnte immer mehr zu Schulzeit geworden. Empirische Untersuchungen haben ergeben, dass jugendliche Verhaltensweisen und Orientierungsmuster bei Kindern heute wesentlich früher einsetzen als etwa noch vor 40 Jahren. Parallel zu dieser Entwicklung kam es zu einer fortschreitenden Ausweitung der Schulzeit. Schülersein und Jugendlichsein fallen also immer häufiger biografisch zusammen (vgl. Hurrelmann 1989). Die Chance für die große Mehrheit der 13- bis 18-Jährigen, sich in der Adoleszenz mit kultureller Aneignung und eigenem Identitätsentwurf zu beschäftigen, ist damit wesentlich gestiegen. Eigentümlicherweise haben aber diese gestiegenen Bildungschancen und die zweifellos humanisierten Kommunikationsformen in der Schule nicht zu einer größeren Zufriedenheit der Jugendlichen mit »ihrer« Schule geführt. Im Gegenteil sind die Schwierigkeiten, die Jugendliche und Schule schon immer miteinander hatten, eher größer geworden (vgl. Helsper 1993). Jugendliche legen gegenüber den Lernangeboten und Leistungsanforderungen der Schule häufig eine so starke affektive Distanz an den Tag, dass diese ihrem Bildungsauftrag in anspruchsvoller Weise kaum noch gerecht werden kann. Thomas Ziehe sah in dieser »Motivationskrise« Jugendlicher schon 1980 »das gravierendste Problem, vor dem pädagogische Institutionen gegenwärtig stehen« (Ziehe 1980, S. 14). Neben weit greifenden Reformprozessen in den Grundschulen hat sich zwar auch im Sekundarbereich I seitdem einiges in den Schulen verändert. Kaum kann aber davon gesprochen werden, das angedeutete Problem sei inzwischen auch nur annähernd gelöst.

Angesichts der großen Kluft, die nach wie vor zwischen den Bedürfnissen, Erwartungen und Hoffnungen heutiger Jugendlicher auf der einen und den Angeboten der Schule auf der anderen Seite vorhanden ist, bleibt deshalb die Notwendigkeit bestehen, über neue Möglichkeiten und Wege nachzudenken, wie Schule den spezifischen Bedürfnissen und Problemlagen Jugendlicher unter den heutigen gesellschaftlichen Rahmenbedingungen gerecht werden kann. Der vorliegenden Studie liegt nun die Annahme zu Grunde, dass eine wesentliche Ursache der beklagten Motivationskrise Jugendlicher und ihrer distanzierten Haltung gegenüber den schulischen Anforderungen und Angeboten auf ihre *entwicklungsbedingte emotionale Bedürfnislage* zurückzuführen ist. Ein entscheidendes Charakteristikum dieser je unterschiedlich ausgeprägten Bedürfnislage liegt darin, dass sie allen Beteiligten, also Schülern wie Lehrern[1], weit gehend *nicht bewusst* ist. Wie keine andere Forschungsrichtung ist

1 Aus Gründen der Lesbarkeit verzichte ich auf eine *durchgängige* Nennung der männlichen und weiblichen Form. Bei Nennung der männlichen Form ist die weibliche jeweils mitzudenken.

meines Erachtens die *psychoanalytische Pädagogik* geeignet, die unbewusste Dynamik adoleszenter Ängste, Bedürfnisse und Hoffnungen im schulischen Kontext aufzuklären. Als eine Theorie des Unbewussten kann die Psychoanalyse zeigen, wie Leben und Lernen in einer Schule von unbewusst-emotionalen Prozessen bestimmt wird. Die wichtigste (wenngleich nicht einzige) Bezugstheorie der vorliegenden Studie ist deshalb die psychoanalytische Jugendtheorie.

Vor diesem theoretischen Hintergrund liegt die zentrale Fragestellung der vorliegenden Studie darin, welche Möglichkeiten und Grenzen im schulischen Kontext bestehen, die entwicklungsbedingte emotionale Bedürfnislage Jugendlicher angemessen aufzugreifen und entwicklungsfördernd zu bearbeiten. Diese Fragestellung wird nun am Beispiel einer exponierten Reformschule, nämlich der Freien Schule Bochum, untersucht. Die Freie Schule Bochum bietet sich als Gegenstand des skizzierten Forschungsinteresses nun aber nicht an, weil ihr reformerisches Potenzial vermuten lassen könnte, das Problem adoleszenter Lernunlust ein für alle Mal in vorbildlicher und nachahmenswerter Weise »gelöst« zu haben (eine solche Vermutung wäre insofern naiv, als sie die mit der Institution Schule strukturell verknüpfte Bedingtheit der Problematik verkennen würde), sondern weil ihr besonderes pädagogisches Profil eine ungewöhnliche Ausprägung der Problematik erwarten lassen darf. Als eine Freie Alternativschule ist die Freie Schule Bochum in besonderer Weise um eine Nähe zu den Interessen und Bedürfnissen der ihr anvertrauten Schüler bemüht und gesteht dabei den Kindern und Jugendlichen wesentlich mehr Selbstverantwortung für ihren eigenen Lernprozess zu, als dies in anderen Schulen üblich ist. Wenn wir vor diesem Hintergrund Tillmann darin folgen, es sei die gegenwärtig wichtigste pädagogisch-didaktische Aufgabe der Jugendschule »das Verhältnis zwischen Nähe und Distanz im schulischen Lernen neu auszubalancieren« (Tillmann 1987, S. 31), so liegt der forschungstheoretisch hier interessierende Sachverhalt darin, dass sich die Freien Alternativschulen dem Ideal der harmonischen Balance zwischen Nähe und Distanz nicht vom Pol der Distanz, sondern vom Pol der Nähe her anzunähern versuchen. Die Frage, in welcher Weise die Freie Schule Bochum die emotionale Bedürfnislage Jugendlicher aufgreift, kann deshalb wertvolle Erkenntnisse über die Hintergründe der Motivationskrise Jugendlicher ans Licht fördern und somit auch wertvolle Impulse für die Reform des allgemeinen Sekundarschulwesens geben.

Die vorliegende Veröffentlichung ist eine gekürzte und im Abschlusskapitel erweiterte Fassung meiner Dissertation »Adoleszenz und Schule – eine empirisch-qualitative Studie zur emotionalen Bedürfnislage Jugendlicher in einer Freien Alternativschule«, die im August 2000 im Fachbereich I (Erziehungswissenschaft/Humanwissenschaften) der Universität Gesamthochschule Kassel vorgelegt wurde.

Danken möchte ich allen Lehrer/innen und Schüler/innen der Freien Schule Bochum für das Vertrauen, welches sie meiner forschenden Arbeit entgegenbrachten. Des Weiteren fühle ich mich allen Menschen zu Dank verpflichtet, die mir im Rahmen zahlreicher Sitzungen des Bielefeld-Kasseler Graduiertenkollegs »Schulentwicklung an Reformschulen« die vielen fruchtbaren Hinweise und weiterführenden Anregungen gegeben haben, die ich in meine Arbeit habe einfließen lassen. Mein besonderer Dank gilt dabei den Professoren Rudolf Messner und Ariane Garlichs, die meine Forschungsarbeit mit viel Geduld betreuten und mir dabei wertvolle Anregungen gaben. Schließlich möchte ich auch der Deutschen Forschungsgemeinschaft meinen Dank aussprechen, durch deren finanzielle Förderung diese Arbeit erst möglich gemacht wurde.

Essen, im April 2002 *Michael Maas*

2. Die Freie Schule Bochum – ein Schulporträt

»*... ich gratuliere zu dieser Standhaftigkeit, besonders weil sie ohne Erfahrungszuwächse gar nicht hätte erfolgreich sein können. Was inhaltlich ›frei‹ und ›alternativ‹ heißen kann, kann nicht über zehn Jahre hin nur ›in Treue fest‹ bleiben und verharren!*« (Konrad Wünsche in einem Gratulationsbrief zum zehnjährigen Bestehen der Freien Schule Bochum)

Die vorliegende Studie untersucht die emotionale Bedürfnislage Jugendlicher im schulischen Kontext am Beispiel einer Schule mit einer besonderen pädagogischen Prägung. Weil davon auszugehen ist, dass die Möglichkeiten und Grenzen einer Berücksichtigung und Bearbeitung der emotionalen Bedürfnislage Jugendlicher entscheidend durch die jeweilige pädagogische Prägung einer Schule bestimmt werden, soll diese Schule, die Freie Schule Bochum, im Folgenden kurz porträtiert werden.

Bei meinem Bemühen, die Freie Schule Bochum zu porträtieren, konnte ich auf zahlreiche Materialien und Dokumente zurückgreifen, die größtenteils im »Info-Archiv des Bundesverbandes der Freien Alternativschulen« archiviert sind und in öffentlichen Bibliotheken nicht zugänglich sind.[1] Im Einzelnen handelt es sich dabei um interne pädagogische Diskussionspapiere, das überarbeitete pädagogische Konzept der Schule von 1989 und der dieses Konzept im Hinblick auf die Schulpraxis konkretisierende Text »Lernschwerpunkte« (Freie Schule Bochum 1993), diverse Schulzeitungen, zwei unveröffentlichte Staatsarbeiten zur Freien Schule (Schönhagen 1984; Finkensiep 1990) sowie veröffentliche Literatur über die Freie Schule Bochum (vgl. u.a. Freie Schule Bochum 1983; Bruns 1986; Borchert 1992; Henn 1998 u.a.).

2.1 Die Freie Schule Bochum im Überblick

Die Freie Schule Bochum hat den offiziellen Status einer »staatlich anerkannten Ersatzschule besonderer pädagogischer Prägung für die Jahrgänge 1 bis 10«. Finanziert wird sie durch Landesmittel und durch gestaffelte Elternbeiträge in einer durchschnittlichen Höhe von 360 (DM) monatlich. Die Schule wurde 1981 gegründet und

1 Das »Info-Archiv des Bundesverbandes der Freien Alternativschulen« hatte von 1994 bis 2000 seinen Sitz in der Freien Schule Bochum. Seit April 2000 befindet es sich in dem Gebäude der Freien Schule Leipzig (Freie Schule Leipzig, Am Lindenhof 22, 04277 Leipzig).

verfügt seit 1987 über das Zeugnisvergaberecht einer staatlichen Gesamtschule. Schulpädagogisch ist die Freie Schule Bochum in der Bewegung der »Freien Alternativschulen« (vgl. Göhlich 1997; Borchert/Maas 1998) zu verorten. Von den derzeit 51 arbeitenden Freien Alternativschulen ist die Freie Schule Bochum eine der ältesten.

Als Ganztagsschule bietet die Freie Schule Bochum den Schülern an allen Tagen ein Frühstück und Mittagessen. Von Montag bis Mittwoch beginnt die Schulzeit um 8.30 Uhr und endet um 15.30 Uhr. Am Donnerstag und Freitag endet sie jeweils zwei Stunden früher.

Die Schüler

Die Anzahl der Schüler schwankte im Untersuchungszeitraum zwischen 141 und 161 Schülern. Pro Jahrgang besuchen also etwa 15 Schüler die Freie Schule Bochum. Als Angebotsschule kommen die Schüler aus ganz Bochum, zum Teil auch aus benachbarten Städten wie Essen und Dortmund. Etwa die Hälfte der Schüler sind »Quereinsteiger«, besuchen die Freie Schule Bochum also nicht seit der ersten Klasse.[1] Verglichen mit großstädtischen Gesamtschulen ist der Anteil von Schülern ausländischer Herkunft sehr gering.

Jeweils etwa ein Drittel der bisherigen Absolventen der Schule verließ die Freie Schule Bochum am Ende der 10. Klasse mit einem Hauptschulabschluss (HS), einer Fachoberschulreife (FOR) und einer Fachoberschulreife mit dem Qualifikationsvermerk für die gymnasiale Oberstufe (FORQ), wobei die Absolventen mit höheren Abschlüssen etwas stärker vertreten sind.[2]

Die Mitarbeiter

Zu den pädagogischen Mitarbeitern der Schule gehören 13 Lehrerinnen und Lehrer, ein Schreiner, ein Erzieher, der gemeinsam mit den Kindern die Arbeiten an Haus, Hof und Garten vornimmt, seit 1998 ein Diplom-Pädagoge (halbe Stelle), dessen Arbeitsschwerpunkt beratende Tätigkeiten sind, und etwa 5 Honorarkräfte, die stundenweise in der Schule arbeiten. Die Schulleiterin der Schule arbeitet zur Hälfte als Lehrerin. Nicht-pädagogische Mitarbeiter sind der Geschäftsführer, die Sekretärin, der Hausmeister (halbe Stelle) sowie das Küchenpersonal (durch das Arbeitsamt vermittelte ASS-Stellen). Das Alter der fest angestellten pädagogischen Mitarbeiter beträgt im Schuljahr 99/00 im Durchschnitt 40 Jahre.

Die Eltern

Die soziale Zusammensetzung der Elternschaft ist sehr vielfältig. Eltern mit niedrigem Einkommen oder niedrigen Bildungsabschlüssen sind ebenso vertreten wie El-

1 Im Schuljahr 99/00 sind von 141 Schülern 66 »Quereinsteiger«, das entspricht einem Anteil von 47%. Nur für die Jahrgänge 5 bis 10 gerechnet, sind von 92 Schülern 55 Quereinsteiger, das entspricht einem Anteil von 60%.

2 Von den 68 Absolvent/innen der Schuljahre 92/93 bis 97/98 erhielten 15 (= 23%) den HS, 23 (= 34%) die FOR und 29 (= 43%) die FORQ.

tern mit einem hohen Einkommen oder hohen Bildungsabschlüssen.[1] Viele Eltern – aber keineswegs alle – kommen aus einem »alternativ« orientierten Milieu. Etwa ein Drittel der Eltern sind allein erziehende Mütter oder Väter. Der Anteil der Kinder, bei denen die leiblichen Eltern nicht getrennt leben, liegt weit unter 50%.

Die konzeptionell gewünschte Mitarbeit der Eltern ist in der Realität sehr unterschiedlich ausgeprägt. Es gibt eine kleine Minderheit von stark engagierten Eltern, die sich durch aktive Mitarbeit in verschiedene Gremien der Selbstverwaltung einbringen, bei der Vorbereitung von Festen helfen, als erwachsene Begleitpersonen Klassenfahrten mitmachen oder Renovierungen im Gebäude vornehmen, und eine große Mehrheit von Eltern, die nur selten (zum Teil auch gar nicht) mitarbeiten. Tendenziell ist die Mitarbeit der Eltern in der Grundschule stärker ausgeprägt als in der Gesamtschule.

Das pädagogische Konzept

Das pädagogische Konzept der Freien Schule Bochum wurde von den Mitarbeitern der Schule zuerst 1980 erarbeitet und 1988 im Zuge der Eröffnung der Grundschulabteilung stark überarbeitet und ergänzt. Zu den Besonderheiten der Schule gehören laut aktuellem Konzept (vgl. Freie Schule Bochum 1994, S. 17ff.) unter anderem:

- das Anknüpfen an familienähnliche Strukturen, um den Kindern und Jugendlichen einen Ort zu bieten, an dem sie sich geborgen fühlen,
- die Betonung vernetzter und ganzheitlicher Lernprozesse, in welchen manuelle und geistige Tätigkeiten als gleichwertig angesehen werden,
- erfahrungsorientiertes Lernen, d.h. an die Erfahrungen der Kinder anzuknüpfen und, wo immer möglich, sie eigene Erfahrungen machen zu lassen,
- die Vielfalt der Lerninhalte und -formen,
- andere Formen der Beurteilung: Jahresbriefe an Stelle von Zensuren und
- Möglichkeiten der weitgehenden Mitbestimmung für Kinder und Jugendliche im Unterricht und im Schulleben, damit verbunden die Erfahrbarkeit von Demokratie im Schulalltag.

Inhaltliche Schwerpunkte des Lerngeschehens sind in der Freien Schule Bochum das soziale und das lebenspraktische Lernen (ebd., S. 29f.).

Das Gebäude

Das Schulgebäude der Freien Schule Bochum, ursprünglich gebaut als evangelische und katholische Volksschule, besteht aus zwei Häusern und liegt mitten in einem Wohngebiet Bochums. In dem großen Haus befinden sich die Klassenräume der Jahrgänge 1 bis 6, eine Küche, eine große Holzwerkstatt, ein Naturraum, das Lehrer-

1 Exemplarisch seien hier die Berufe der Eltern einer Klasse wiedergegeben (bei Arbeitslosigkeit oder Tätigkeit als Hausfrau bzw. Hausmann keine Angaben): Krankenschwester (3x), Krankenpfleger, Diplom-Sozialpädagoge, Wendo-Trainerin und Stabpuppenbauerin, Erzieherin, Dipl.-Ing. Elektrotechnik, Kaufmann, Altenpflegerin, Dachdecker, Schauspieler/in (2x), Hebamme, Künstler, Krankengymnastin, Augenoptikermeister, Studentin, Gastronom.

zimmer und das Büro. Im kleinen Haus befinden sich die Klassenräume der Jahrgänge 7 bis 10 (jeweils mit einem kleineren Ausweichraum), der Computerraum, ein kleines Schülercafé und im Keller ein Proberaum. Der Schulhof ist mit zwei Fußballtoren, einem Basketballkorb und einer Tischtennisplatte ausgestattet. Unmittelbar neben dem Schulhof befindet sich ein großer Schulgarten, der auch einen kleinen Zoo bzw. eine Voliere beherbergt.

Die Klassenräume der 1. bis 6. Klasse sind in ihrer räumlichen Struktur zweigeteilt: Ein Arbeitsbereich mit Tafel wird ergänzt durch einen zweiten mit Tischen und Stühlen ausgestatteten Essbereich, der aber außerhalb der Essenszeiten von den Kindern auch als Arbeitsplatz benutzt wird. Jede Klasse verfügt außerdem über eine Hochetage, die meist für die morgendlichen Besprechungen genutzt wird. Auch die Klassenräume ab dem 7. Jahrgang verfügen über Ess- und Arbeitsbereiche, an Stelle der Hochetagen gibt es hier aber einfache Sitzecken, die vor allem in den Pausen und für Besprechungen benutzt werden.

2.1.1 Die Organisation des Lerngeschehens in der Sekundarstufe I

Aufteilung der Schülerschaft in Jahrgangsklassen bzw. Stammgruppen

Nach einigen Jahren der Jahrgangsmischung erfolgt die Aufteilung der Schülerschaft heute wieder nach dem üblichen Prinzip der Bildung von altershomogenen Klassen. Als ein Relikt der Jahrgangsmischung gab es während der drei Jahre des Untersuchungszeitraumes nur noch eine Stammgruppe, die sich aus zwei Jahrgängen zusammensetzte. Diese bildete zu Beginn des Untersuchungszeitraumes, also im Schuljahr 1996/97 die Stammgruppe 6/7 und im Schuljahr 99/00 die Stammgruppe 9/10.[1]

Fachunterricht

In den Fächern Englisch, Deutsch, Mathematik und in den Naturwissenschaften wird Fachunterricht erteilt, dessen Inhalte sich an den Richtlinien des Landes NRW orientieren. Durch einen Erlass der Kultusministerkonferenz ist die Schule dazu verpflichtet, im Fach Englisch ab der 7. Klasse und im Fach Mathematik ab der 8. Klasse eine externe Leistungsdifferenzierung in Grund- und Erweiterungskurse vorzunehmen.

Die Naturwissenschaften werden in geschlechtshomogenen Gruppen und epochal unterrichtet.

Ab der 7. Klasse bietet die Schule einen dreistündigen Wahlpflichtbereich an (WP I), in dem die Schüler zwischen Spanisch als zweiter Fremdsprache oder dem Lern-

1 Der Begriff der »Stammgruppe« hat sich in der Freien Schule Bochum aus der Zeit der Jahrgangsmischung bis heute erhalten und bezeichnet im schulinternen Sprachgebrauch auch die herkömmliche Jahrgangsklasse. Ich übernehme diesen Sprachgebrauch in dieser Arbeit nicht, lasse den Begriff der Stammgruppe aber in den zitierten Passagen des Datenmaterials selbstverständlich bestehen.

bereich Arbeitslehre entscheiden dürfen. Ab der 9. Klasse erfolgt ein zweistündiger Wahlpflicht-Unterricht (WP II) mit dem Schwerpunkt »Berufsvorbereitung und Werdegangsfindung«.

Die didaktische Gestaltung des Fachunterrichtes ist den einzelnen Lehrern weitgehend freigestellt und wird entsprechend unterschiedlich gehandhabt. Schultypisch dürfte aber der vergleichsweise häufige Einsatz der Wochenplanarbeit, der Gruppenarbeit, des Helfersystems (d.h., die leistungsstärkeren Schüler schlüpfen in die Rolle eines Lehrers und erklären ihren Mitschülern bestimmte Sachverhalte) und von Selbstkontrollverfahren sein. Kein Lehrer verzichtet allerdings vollständig auf den traditionellen Lehrervortrag.

Hausaufgaben werden bis auf seltene Ausnahmen in der Freien Schule Bochum nicht erteilt.

Besprechungen

Jeden Montag- und Freitagmorgen findet unmittelbar nach dem Frühstück in jeder Klasse eine etwa 40-minütige Besprechung statt. Formen der Gesprächsleitung und Protokollierung sind von Gruppe zu Gruppe unterschiedlich geregelt. Meist übernehmen aber die jeweiligen Klassenlehrer die Gesprächsleitung und die Schüler die Protokollierung. Inhalt der Besprechungen sind Konflikte zwischen Lehrern und Schülern oder zwischen Schülern und Schülern, Regeln des schulischen Zusammenlebens, Planung von Ausflügen oder Festen. An bestimmten Tagen (etwa an einem Montag nach den Ferien oder nach einem zweiwöchigen Praktikum) werden sie aber auch zum Erzählen eigener Erlebnisse genutzt.

Projekte

Jeden Freitag werden über Epochen von zwei bis drei Monaten klassenintern gewählte Themen aus den Bereichen Deutsch, Kunst und Gesellschaft fächerübergreifend und projektorientiert erarbeitet.[1] Die Arbeitsergebnisse werden am Ende der Projektzeit auch klassenintern präsentiert.

Viermal pro Jahr findet eine Projektwoche statt. Von diesen vier Projektwochen hat die erste eine musisch-kreative Schwerpunktsetzung, die Zusammensetzung der Gruppen erfolgt jahrgangsübergreifend. Die Themen der drei anderen Projektwochen werden klassenintern bearbeitet, eine davon soll eine erlebnisorientierte Schwerpunktsetzung haben. Die Arbeitsergebnisse aller vier Projektwochen werden jeweils am letzten Tag jahrgangsübergreifend präsentiert.

Ab der 9. Klasse erstellen die Schüler individuelle Projektarbeiten, deren Anspruch und zeitlicher Aufwand bis zum Ende der 10. Klasse kontinuierlich zunimmt und deren Inhalt den Schülern freigestellt ist.

1 Zum Schuljahr 99/00 wurde die vierstündige Projektzeit wieder über die ganze Woche verteilt. Die obige Angabe ist also nicht mehr aktuell, gilt aber für den gesamten Zeitraum der Datenerhebung meiner Untersuchung.

Praktika

In den Jahrgängen 8 bis 10 finden zwei bis drei jeweils zweiwöchige Betriebspraktika statt. Die Schüler suchen sich ihren Praktikumsplatz eigenständig aus und stellen den Kontakt zur Praktikumsstelle her. Die Lehrer achten aber darauf, dass das zweite bzw. dritte Praktikum in einem jeweils anderen Arbeitsbereich absolviert wird. Die Vor- und Nachbereitung der Praktika (z.B. das Erstellen von Praktikumsberichten) erfolgt hauptsächlich im WP-II-Bereich. Ab der 9. Klasse werden auch Bewerbungstrainings durchgeführt, und es erfolgt eine enge Zusammenarbeit mit dem Arbeitsamt.

Aufräum- und Küchendienst

Der Aufräum- und Küchendienst wird nach einem festen Dienstplan abwechselnd von kleinen Schülergruppen (zwei bis drei Schüler) erledigt. Der jeweilige Küchendienst muss für beide Mahlzeiten das Geschirr und das Essen aus der Küche holen, den Tisch decken und wieder abräumen und das Geschirr anschließend zum Spülen in die Küche bringen. Der Aufräumdienst ist dafür zuständig, die eigenen Klassenräume aufzuräumen und grob zu säubern. In einigen Gruppen gibt es neben dem Küchen- und dem Aufräumdienst auch noch gesonderte Dienste (z.B. den »Getränkedienst«).

Weitere Lernformen und Aktivitäten

- Lernbereiche und »Fächer« wie Sport, Computer oder Musik werden meist in Form zweistündiger Kurse im Nachmittagsbereich angeboten,
- zahlreiche Exkursionen und Ausflüge, die häufig den regulären Stundenplan außer Kraft setzen (z.B. Betriebe, Kino, Museen, Stadtbücherei, Planetarium),
- eine etwa einwöchige Klassenfahrt pro Jahr,
- Schulfeste (meist ein Sommer- und ein Winterfest, außerdem zum Ende jeden Schuljahres das Abschlussfest der 10. Klasse),
- Betrieb eines Schülerkiosks u.a.m.

Beurteilungsformen

Am Ende jeden Schuljahres erhalten alle Schüler einen so genannten »Jahresbrief«. In einem »allgemeinen Teil« schildert dieser die Entwicklung der Klasse, herausragende Ereignisse des zurückliegenden Schuljahres sowie die bearbeiteten Inhalte der verschiedenen Fächer und Lernbereiche. Im »persönlichen Teil«, der sich direkt an den jeweiligen Schüler wendet, wird zunächst das Arbeits- und Sozialverhalten des Schülers reflektiert. Anschließend geben die Fachlehrer noch Rückmeldungen zum Leistungsstand in den einzelnen Fächern. Die Jahresbriefe werden meist zu Beginn des neuen Schuljahres in Kleingruppen mündlich besprochen. Ab der 9. Klasse werden diese Jahresbriefe durch Ziffernzeugnisse ergänzt. Wenn die Schüler das wünschen (was fast ausnahmslos zutrifft), wird ihnen aber auch schon in der 8. Klasse mitgeteilt, welche Noten sie für ihre Leistung bekommen würden. Zum Schulhalbjahr finden Eltern-Schüler-Sprechtage statt.

Eine zwar nicht formalisierte, aber ebenso wichtige Form der Leistungsbeurteilung stellen mehr oder weniger informelle Gespräche zwischen Schülern und Lehrern während des ganzen Schuljahres dar.

Ein exemplarischer Stundenplan
Zur Veranschaulichung der zeitlichen Strukturierung im Ablauf einer Woche sei hier der Stundenplan der 10. Klasse im ersten Halbjahr des Schuljahres 1997/98 wiedergegeben:

<table>
<tr><th>Zeit</th><th>Montag</th><th>Dienstag</th><th>Mittwoch</th><th>Donnerstag</th><th>Freitag</th></tr>
<tr><td>8.30 – 9.00 Uhr</td><td>Frühstück</td><td>Frühstück</td><td>Frühstück</td><td>Frühstück</td><td>Frühstück</td></tr>
<tr><td>9.00 – 9.40 Uhr</td><td>Besprechung</td><td>Englisch</td><td>WP I</td><td rowspan="2">Mathematik</td><td>Besprechung</td></tr>
<tr><td>9.45 – 10.25 Uhr</td><td rowspan="2">Deutsch</td><td rowspan="2">Physik/ Chemie[1]</td><td rowspan="2">Deutsch</td><td rowspan="6">Projekt[2]</td></tr>
<tr><td>10.30 – 11.10 Uhr</td><td>Arbeitslehre</td></tr>
<tr><td>11.10 – 11.30 Uhr</td><td>Pause</td><td>Pause</td><td>Pause</td><td>Pause</td></tr>
<tr><td>11.30 – 12.10 Uhr</td><td>Arbeitslehre</td><td rowspan="2">Englisch</td><td rowspan="2">Mathematik</td><td rowspan="2">Englisch</td></tr>
<tr><td>12.15 – 13.00 Uhr</td><td>Mathematik</td></tr>
<tr><td>13.00 – 13.45 Uhr</td><td>Mittagessen</td><td>Mittagessen</td><td>Mittagessen</td><td>Mittagessen</td><td>Mittagessen</td></tr>
<tr><td>13.45 – 15.15 Uhr</td><td>WP I</td><td>Sport</td><td>WP II</td><td></td><td></td></tr>
<tr><td colspan="6">1 Wie oben bereits erwähnt, erfolgt der naturwissenschaftliche Unterricht in geschlechtshomogenen Gruppen. Wenn hier beispielsweise die Jungen im ersten Halbjahr den Chemieunterricht besuchen und die Mädchen den Physikunterricht, erhalten die Mädchen im zweiten Halbjahr den Chemie- und die Jungen den Physikunterricht.
2 Während der epochalen Projekte wird die Pausenzeit flexibel gehandhabt.</td></tr>
</table>

2.2 Die pädagogische Entwicklungsgeschichte der Freien Schule Bochum

Von ihrer Gründung im Jahre 1981 bis heute hat sich die Freie Schule Bochum in vielfacher Hinsicht erheblich gewandelt. Juristische und finanzielle Rahmenbedingungen der Schule haben sich ebenso grundlegend verändert wie das pädagogische Selbstverständnis der Lehrer und Lehrerinnen und die Organisation des Lerngeschehens. Über einen Zeitraum von fünf Jahren arbeitete die Freie Schule Bochum zunächst ohne staatliche Betriebserlaubnis und damit auch ohne staatliche Gelder. Die 1986 erfolgte staatliche Genehmigung der Schule ist deshalb ein wichtiger Markstein in der Geschichte der Schule. Zwei Jahre später wurde die ursprünglich nur als Gesamtschule gegründete Schule um eine Grundschulabteilung erweitert.

Nach langen Diskussionen wurde im Schuljahr 1989/90 das ehemals zentrale Prinzip der freiwilligen Teilnahme am Unterricht abgeschafft. Stattdessen sammelte die Freie Schule Bochum in den Folgejahren Erfahrungen mit reformpädagogischen Methoden wie etwa der Wochenplanarbeit oder der Bildung jahrgangsübergreifender Stammgruppen. Im ursprünglichen Dissertationstext wird die pädagogische Entwicklungsgeschichte der Freien Schule Bochum mit Hilfe unterschiedlichster Quellen detailliert nachzuzeichnen versucht. Damit die vorliegende Veröffentlichung einen überschaubaren Umfang behält, soll hier aber nur die Frage gestellt werden, was sich an der Freien Schule Bochum von 1981 bis heute Wesentliches verändert hat und was über alle Jahre gleich oder zumindest ähnlich geblieben ist.

Was hat sich verändert?

Wesentliche Veränderungen betreffen zunächst die juristischen, organisatorischen und finanziellen Rahmenbedingungen der pädagogischen Schulpraxis. Wie rasant sich diese Rahmenbedingungen in wenigen Jahren änderten, verdeutlichen exemplarisch die folgenden Daten der Schulentwicklung:

	Schuljahr 1981/82	**Schuljahr 1990/91**	**Schuljahr 1998/99**
Anzahl der Schüler/innen	12	80	146
Schüler-Lehrer-Verhältnis[1]	ca. 4 : 1	ca. 12 : 1	ca. 17 : 1
monatlicher Elternbeitrag[2]	0 – 150 DM	80 – 400 DM	durchschn. 360 DM
durchschnittliches Lehrergehalt	0 – 500 DM	ca. 1.800 DM	ab 2.200 DM[3]

1 Das angegebene Schüler-Lehrer-Verhältnis berechnet sich nicht einfach nach dem Verhältnis aller Schüler/innen und aller Mitarbeiter/innen, sondern nach dem tatsächlichen Betreuungsverhältnis, also dem Gesamt aller Stunden, welches Schüler/innen und Lehrer/innen in der Schule verbringen.

2 Der Elternbeitrag ist nach dem Einkommen der Eltern gestaffelt und schließt den Unkostenbeitrag für die Verpflegung der Schüler/innen ein. Einige Eltern müssen auch heute faktisch keinen Beitrag zahlen, da sie nur das Essensgeld zahlen und ihnen dieses vom Sozialamt zurückerstattet wird.

3 Die Lehrergehälter werden nach dem BAT III ausgezahlt und betragen 78% vergleichbarer Lehrergehälter in staatlichen Schulen. Die niedrigsten Monatsgehälter betragen etwa 2.200 DM netto.

In weniger als 10 Jahren entwickelte sich die Freie Schule Bochum von einer kleinen, illegal arbeitenden Sekundarschule zu einer staatlich anerkannten Ersatzschule für die Jahrgänge 1 bis 10 mit dem Recht, eigene Abschlüsse zu vergeben, und einer Schülerzahl, die um ein Vielfaches angestiegen war. Zweimal zog die Schule in ihrer Geschichte aus Platzmangel in andere Gebäude um, die jeweils auch in anderen Stadtteilen Bochums lagen. Zudem gab es in der Freien Schule Bochum niemals eine personelle Kontinuität, die mit der an staatlichen Regelschulen vergleichbar wäre. Bezeichnend ist etwa die Tatsache, dass von den Lehrern und Lehrer/innen der ersten Stunde heute niemand mehr in der Schule arbeitet.

Auch auf der Ebene der hier primär interessierenden pädagogischen Schulpraxis kam es zu weit reichenden Änderungen. Die folgenreichste Änderung ist dabei zweifellos die im Schuljahr 1989/90 vollzogene Abschaffung des Prinzips der freiwilligen

Teilnahme am Unterricht, welches vormals als Dreh- und Angelpunkt einer »freien« und »alternativen« Pädagogik gegolten hatte.

Der Verlust einer Identität als »Freie Schule ohne Zwang«, in der alles ganz anders sein sollte, führte nahe liegender Weise zu einem nachlassenden missionarischen Eifer und einem sich allmählich verbrauchenden Idealismus, wie er insbesondere für die ersten Jahre sehr prägend war. Heutige Selbstdarstellungen und Veröffentlichungen der Schule enthalten nur noch wenig alternativschulpädagogisches Pathos, im Gegenteil drückt sich meiner Meinung nach in ihnen eine ungewöhnlich selbstkritische Haltung der Lehrerinnen und Lehrer aus, wie sie in zeitgenössischen Publikationen anderer Reformschulen bedauerlicherweise kaum zu finden ist. Bemerkenswert ist diese selbstkritische Haltung umso mehr, als die pädagogische und organisatorische Professionalität der Schule und ihrer Mitarbeiter meinem Eindruck nach im Laufe der Jahre deutlich gestiegen ist. Die Ursachen für diese gestiegene Professionalität liegen zum einen sicherlich in der einfachen Tatsache begründet, dass die Lehrerinnen und Lehrer im Laufe der Jahre wichtige Erfahrungen sammeln und für ihre weitere Praxis fruchtbar machen konnten. Zum anderen gilt es zu bedenken, dass die staatliche Anerkennung 1986 die Schule endlich von finanziellen und juristischen Problemen entlastete, die einen Großteil der Kräfte der beteiligten Erwachsenen bis dato aufgesogen hatten und die Entfaltung pädagogischer Professionalität von vornherein erschwert hatten.

Was ist geblieben?

Trotz vielfältiger und weit reichender Wandlungsprozesse gibt es meines Erachtens bestimmte Elemente in der Theorie und Praxis der Freien Schule Bochum, die sich von 1981 bis heute kaum verändert haben und das Profil der Schule wesentlich prägen. Ich möchte nur drei dieser Elemente herausgreifen, die mir besonders wichtig erscheinen.

Prägend für die Freie Schule Bochum von ihren Anfängen bis heute war immer eine spezifische *Atmosphäre*, ein besonderes *soziales Klima*. Insbesondere Besucher der Freien Schule Bochum betonen häufig, dass ihnen die besondere Atmosphäre der Schule am deutlichsten aufgefallen sei.[1] Aber auch für die Mitarbeiter der Schule ist das soziale Klima der Schule von großer Bedeutung. Was beispielsweise eine Lehrerin der Freien Schule Bochum in dem folgenden Zitat ausdrückt, gilt meines Erachtens ganz ähnlich für alle Lehrer und Lehrerinnen der Schule: »Auch wenn es manchmal laut und chaotisch bei uns zugeht, schätze ich das soziale Klima an unserer Schule sehr. Wichtig ist mir, dass die Schüler/innen neben der Lernarbeit Wärme, Geborgenheit und Akzeptanz in ihrem Schulalltag erleben.« (Kronsfeld 1998, S. 160) Versucht man, die besondere Atmosphäre der Schule mit Worten einzufangen, wä-

1 Doris Krammling-Jöhrens berichtet in ihrer Dissertation »Atmosphäre – eine ethnographische Untersuchung in der Glocksee-Schule« (1998) von der gleichen Erfahrung. Eine Grundannahme ihrer Dissertation ist die Einschätzung, dass der Begriff der *Atmosphäre* am dichtesten beschreibe, was das spezifische pädagogische Profil der Glocksee-Schule ausmache.

ren also Begriffe wie »Entspanntheit«, »Lebendigkeit«, »Wärme« und »Vertrautheit« wohl ebenso treffend wie »Chaos«, »Übermut« und »Un-Verschämtheit«.

Die besondere Atmosphäre der Schule hängt eng mit einem zweiten Kennzeichen ihrer Theorie und Praxis zusammen, nämlich der *Verbindung von Leben und Lernen* mit der inhaltlichen Schwerpunktsetzung auf *lebenspraktische Lernprozesse*. Seit ihrer Gründung war es der Freien Schule Bochum ein zentrales Anliegen, ein überschaubarer Ort des Lernens *und* Lebens zu sein. Eine organisatorische Voraussetzung für die Umsetzung dieses Anliegens ist sicherlich der Ganztagsbetrieb der Schule, der an allen Tagen der Woche ein gemeinsames Frühstück und Mittagessen mit einschließt. Auch wenn die Schule im Laufe der Jahre um ein Vielfaches größer wurde, ist sie doch für alle Beteiligten überschaubar geblieben und bietet insbesondere den Kindern und Jugendlichen großzügig Räume und Zeiten, über die sie frei verfügen können. Zahlreiche Ausflüge, Klassenfahrten oder das in der Grundschule übliche Schulschlafen sind weitere (für sich genommen sicherlich nicht exotische) Elemente, die die Schule für die Schülerinnen und Schüler als Lebensort und nicht nur als Lernort erfahrbar werden lässt. In einem Erfahrungsbericht resümiert eine Praktikantin der Schule ihre einschlägigen Erfahrungen wie folgt: »Der Alltag wird nicht in erster Linie um Unterricht und Lernen arrangiert, Unterricht und Lernen sind vielmehr in das Leben eingebettet.« (Rogall 1998, S. 169)

Über alle Jahre erhalten hat sich meines Erachtens auch die ungewöhnliche Vielfalt der Formen und Methoden des Lernens. Projekte, Freiarbeit, Wochenplanarbeit, Kursunterricht, Exkursionen und viele andere Formen des Lernens prägen das Lerngeschehen der Schule heute wie vor 15 Jahren. Die Einführung regelschulähnlicher Stundenpläne mit fachorientiertem Frontalunterricht in der Sekundarstufe I der Schule mag für manche Beteiligte und Außenstehende als herbe Enttäuschung und als Ende unterrichtlicher Vielfalt empfunden worden sein. Tatsächlich ist der Zeitanteil für andere Lernformen als der des herkömmlichen Frontalunterrichtes aber nach wie vor wesentlich größer als in den meisten anderen Schulen. Wenngleich also eine noch größere Vielfalt des Lerngeschehens in der Freien Schule Bochum ohne weiteres denkbar wäre, ist der Status quo doch ein Merkmal, das die Schule von anderen Schulen unterscheidet.

3. Adoleszenz und Schule – die theoretischen Grundlagen der Untersuchung

3.1 Einleitung

Die Begriffe Jugend, Adoleszenz und Pubertät wurden bisher synonym verwendet. Weil diese drei Begriffe aber für die vorliegende Arbeit von zentraler Bedeutung sind und in der Literatur mit unterschiedlichen Bedeutungen belegt werden, sollen sie einleitend kurz erörtert werden. Der Begriff »Jugend« bezeichnet die zwischen der Kindheit und dem Erwachsenenalter liegende Altersphase und kann als biologisches, entwicklungspsychologisches, soziologisches, kulturelles oder historisches Phänomen verstanden werden. Altersmäßig lässt sich die Jugendphase nur sehr unscharf abgrenzen (ca. 12 bis 25 Jahre), da die Zugehörigkeit zur »Gruppe« der Jugendlichen von unterschiedlichen Faktoren abhängt. »Ein verheirateter 22-jähriger Klempnergeselle mit einem Kind ist kaum noch Jugendlicher, ein 22-jähriger Student in einer WG schon eher, ein zweimal sitzen gebliebener 22-jähriger Abiturient mit Sicherheit.« (Gudjons 1993, S. 46)

Der Begriff der »Pubertät« bezieht sich demgegenüber eher auf den biologischen Reifungsvorgang des Jugendalters. Pubertät bezeichnet ein biologisches Geschehen, welches in erster Linie durch die Entwicklung der Fortpflanzungsfähigkeit und ihrer Begleiterscheinungen, aber auch durch einen Wachstumsschub gekennzeichnet ist. Während die physiologisch-geschlechtliche Entwicklung meist schon im Alter von 17/18 Jahren beendet ist (bei Mädchen früher als bei Jungen), sind die sozialen und emotionalen Folgen noch keineswegs verarbeitet. Der Begriff der »Adoleszenz« bezeichnet eben diese sozialen und emotionalen Folgen der biologischen Reifung und in einem weiteren Sinne die *psychosozialen Reifungsprozesse* des Heranwachsenden in ihrer Gesamtheit. Zusammengefasst lässt sich das Verhältnis der drei Begriffe also wie folgt bestimmen: Jugend bezeichnet die Altersphase zwischen Kindheit und Erwachsenenalter in ihrer Gesamtheit, Pubertät bezeichnet vor allem das biologische Geschehen und Adoleszenz den entwicklungspsychologischen, psychosozialen Aspekt dieses Alters. Weil es in der vorliegenden Studie hauptsächlich um den entwicklungspsychologischen Aspekt des Jugendalters geht, werde ich hauptsächlich den Begriff der Adoleszenz verwenden. Von Pubertät werde ich dann sprechen, wenn es primär um die Körperlichkeit der Jugendlichen geht, und von Jugend, wenn es mir um eine ganzheitliche, multidimensionale Sicht der bezeichneten Altersphase geht.

Wie es in Kapitel 4 noch näher ausgeführt werden wird, ist der Forschungsansatz der vorliegenden Studie methodologisch betrachtet sowohl induktiv wie deduktiv. Das heißt, es wird nicht nur versucht, auf der Grundlage von teilnehmenden Beobachtungen, Interviews etc. zu Erkenntnissen zu gelangen, die über die besondere

Situation in der Freien Schule Bochum hinaus Geltung beanspruchen dürfen. Auch das umgekehrte, nämlich deduktive Verfahren, also die Anwendung allgemeiner Erkenntnisse auf den konkreten Einzelfall (hier die Jugendlichen der Freien Schule Bochum) spielt in der methodologischen Konzeption der vorliegenden Studie eine wichtige Rolle.

Die theoretischen Grundlagen des deduktiven Verfahrens der Studie sind *gesellschafts- und subjekttheoretische Erkenntnisse zum Verhältnis von Jugend und Schule.* Mein Forschungsprojekt liegt damit genau im Schnittfeld von Jugendforschung und Schulforschung; zwei Disziplinen die, wie Tillmann (1987, S. 20) und Helsper (1993, S. 249) beklagen, zu lange unabhängig voneinander betrieben wurden. Die Tatsache, dass Jugendzeit und Schulzeit heute weitgehend zusammenfallen, bedeutet eben für die Schule, dass sie wesentlich durch Jugend und für die Jugend, dass sie wesentlich durch Schule geprägt wird (diesen Aspekt werde ich weiter unten noch ausführen).

Weil es in der vorliegenden Studie im Besonderen um die emotionale Dimension des Verhältnisses von Jugend und Schule geht – von der ich annehme, dass sie allen Beteiligten zu großen Teilen unbewusst ist –, stellt die psychoanalytische Jugendtheorie die wichtigste Bezugstheorie meiner Untersuchung dar. Als eine Theorie des Unbewussten kann die Psychoanalyse zeigen, wie Leben und Lernen in einer Schule von unbewusst-emotionalen Prozessen bestimmt werden. Der Reiz und besondere Wert der psychoanalytischen Jugendtheorie liegt meines Erachtens nicht zuletzt darin, dass sie sich gerade mit den *entwicklungsbedingten* emotionalen Schwierigkeiten und Nöten Jugendlicher im Prozess ihres Aufwachsens und ihrer Auseinandersetzung mit den Anforderungen von Familie, Schule und Gesellschaft beschäftigt.

Die von mir vorgenommene Schwerpunktsetzung auf Erkenntnisse der psychoanalytischen Jugendtheorie impliziert freilich nicht die Ausblendung anderer schul- und jugendtheoretischer Ansätze. Jugendliche lassen zwar eine entwicklungsbedingte Bedürfnislage erkennen, aber die adoleszente Entwicklung kann erst dann theoretisch anspruchvoll erfasst werden, wenn auch gesellschaftliche Rahmenbedingungen, unter denen sie sich vollzieht, mit bedacht werden. Vor der Erörterung der psychoanalytischen Jugendtheorie und ihrer Relevanz für schulpädagogische Fragen werde ich mich deshalb zunächst kultur- und gesellschaftstheoretischen Erkenntnissen zur heutigen Situation Jugendlicher zuwenden. Was die gesellschaftstheoretischen Grundlagen der Untersuchung angeht, liegt ein Schwerpunkt auf modernitäts- und zivilisationstheoretischen Ansätzen. Reproduktions- und qualifikationstheoretische, symbolisch-interaktionistische, historische oder sozioökologische Ansätze spielen demgegenüber in meiner theoretischen Orientierung eine untergeordnete Rolle.

3.2 Gesellschafts- und kulturtheoretische Erkenntnisse zum Jugendalter

In diesem Kapitel sollen solche gesellschafts- und kulturtheoretische Erkenntnisse zum Jugendalter möglichst prägnant zusammengefasst werden, die für die spezifische Fragestellung meiner Untersuchung relevant sind. Dabei werde ich zunächst die objektiven gesellschaftlichen Rahmenbedingungen der heutigen Jugendsituation reflektieren, um mich dann in einem zweiten Schritt einigen Aspekten kultureller Modernisierung zuzuwenden, bei denen es sich weniger um objektiv beschreibbare Fakten handelt, sondern um veränderte Wahrnehmungsgewohnheiten, Orientierungsmuster, Normalitätsvorstellungen und Verhaltensstile, deren theoretische Erfassung eines höheren interpretatorischen Aufwandes bedarf. Um besonders das heutige Verhältnis von Jugend und Schule schärfer in den Blick zu bekommen, werde ich in einem dritten Schritt analysieren, wie dieses sich im Laufe der letzten Jahrzehnte gewandelt hat. Abschließend sollen dann kurz einschlägige schulpädagogische Folgerungen reflektiert werden.

3.2.1 Gesellschaftliche Rahmenbedingungen der heutigen Jugendsituation

Vier Aspekte gesellschaftlicher Realität sind für die heutige Lebenssituation von Jugendlichen meines Erachtens von besonderer Bedeutung: Familie, Freizeit, Arbeit und Schule. Weil ich mich mit dem Wandel der Schule in Kapitel 3.2.3 noch näher auseinander setzen werde, möchte ich hier nur auf die ersten drei Aspekte eingehen.

Gesellschaftliche Veränderungen in der Familienstruktur werden in der pädagogischen Literatur meist nur im Zusammenhang mit der Lebenssituation von *Kindern* erörtert. Wenngleich Kinder sich beim Übergang ins Jugendalter zunehmend von ihren familiären Bindungen zu lösen beginnen, behält die Familie ihre Bedeutung als wichtige Sozialisationsinstanz auch im Jugendalter bei. Die wichtigsten familialen Strukturveränderungen der letzten Jahrzehnte sind allgemein bekannt und seien deshalb nur stichwortartig angesprochen: Familien werden immer kleiner, und Ehen werden immer häufiger geschieden; die Anzahl der Einzelkinder und der allein erziehenden Eltern wächst; Kontakte zur Generation der Großeltern werden seltener; neben der Familie etablieren sich zunehmend andere Lebens- und Gesellungsformen (Leben in Wohngemeinschaften, Single-Dasein etc.). Der adoleszente Loslösungskonflikt entwickelt unter diesen veränderten Voraussetzungen oftmals eine völlig andere Dynamik als in der klassischen Familiensituation mit Vater, Mutter und einem oder mehreren Geschwistern.

Auch der Bereich der Freizeit hat sich im Laufe der letzten Jahrzehnte erheblich gewandelt. Insbesondere durch die rasante Entwicklung der Kommunikationsmedien und der Informationstechnologie haben sich für die meisten Jugendlichen völlig neue Felder der Konsumtion erschlossen. Als 16-Jähriger heute gleichzeitig eine Stereoanlage, einen Fernseher und einen Computer mit Internet-Anschluss sein Eigen nennen zu können ist längst nicht mehr eine skurrile Besonderheit. Einerseits besteht heute also im Freizeitbereich ein materieller Reichtum vorher nie gekannten Ausmaßes, andererseits gibt es eine Minderheit von Jugendlichen aus unterprivilegierten Milieus, die von diesem materiellen Reichtum weitgehend ausgeschlossen sind. Würde man das Konsumverhalten dieser Jugendlichen mit dem eines Jugendlichen der 50er-Jahre vergleichen, so erschiene ihre »Armut« wohl kaum dramatisch.

Gleichwohl kann die Brisanz dieser Problematik meines Erachtens kaum überschätzt werden. Siegfried Bernfeld verglich die Lebenssituation unterprivilegierter Jugendlicher schon in den 20er-Jahren treffend mit der Situation des Tantalos, der – von den Göttern in die Unterwelt verstoßen – »ewig Hunger und Durst leiden muss, obwohl er bis zum Kinn im Wasser steht und über ihm in nächster Nähe die herrlichsten Früchte an den Bäumen hängen. Sooft er sich bückt, um zu trinken, senkt sich der Wasserspiegel, und sooft er nach den Früchten greift, entschwinden sie in der Luft.« (Hunger 1988, S. 493)

Im Zuge der wirtschaftlichen Globalisierung und der Entwicklung der Informationstechnologien haben sich auch in der Arbeitswelt tief greifende Strukturveränderungen ergeben. Während viele Berufe in den letzten 50 Jahren an den Rand der Bedeutungslosigkeit gedrängt wurden, entstanden vor allem im Bereich der Dienstleistungen und der Kommunikations- und Informationstechnologie völlig neue Berufssparten. Jugendliche werden heute auf dem Arbeitsmarkt mit erheblich gewandelten Qualifikationsanforderungen konfrontiert. Kaum jemand kann heute noch ernsthaft erwarten, der gleichen Berufstätigkeit sein ganzes Leben lang in ein und demselben Betrieb nachzugehen. Flexibilität, Selbstständigkeit und Teamfähigkeit sind wichtige Schlüsselqualifikationen geworden, um im Arbeitsmarkt zu bestehen.

Als besonders prekär stellt sich das Problem der Arbeitslosigkeit dar. Verbunden mit dem (international zu verzeichnenden) allmählichen Abbau des Sozialnetzes stellt die Arbeitslosigkeit für viele eine ernsthafte Bedrohung der eigenen Zukunft dar. Wie ernst Jugendliche dieses Problem nehmen, weist die jüngste Shell-Studie '97 beeindruckend nach. Neben der Umweltverschmutzung wird die Arbeitslosigkeit von Jugendlichen als das *zentrale* Problem betrachtet, welches sowohl die gesellschaftliche, wie die eigene Zukunft betrifft (vgl. Münchmeier 1998, S. 110). Jugendliche legen gegenüber diesen Krisenerscheinungen mehrheitlich eine zugleich fatalistische und pragmatische Haltung an den Tag. Politik, so die vorherrschende Meinung, sei außer Stande, diese Probleme in den Griff zu bekommen. Da man an den gesellschaftlichen Verhältnissen eh nichts ändern könne, müsse man sich eben mit ihnen arrangieren und für sich persönlich das Beste daraus machen (ebd., S. 114). Viele Jugendliche (wiederum insbesondere solche aus unterprivilegierten Milieus) fragen sich allerdings auch, ob es sich angesichts ihrer ungewissen Zukunft überhaupt noch lohnt, Vorbereitungsmühen in Kauf zu nehmen; eine Problematik, die im Übrigen auch unmittelbar für Schule folgenreiche Konsequenzen hat, denn in Zeiten hoher Arbeitslosigkeit wird der Tauschwert der Schulabschlüsse fraglich und schulische Lernanforderungen (»Ihr lernt hier für eure eigene berufliche Zukunft!«) verlieren dann tendenziell ihre Legitimation (vgl. Tillmann 1987, S. 31).

3.2.2 *Jugend in kulturellen Modernisierungen*

Vergleicht man die heutige Alltagskultur mit jener der 50er-Jahre, so springt zuallererst ins Auge, wie weitgehend unsere heutigen Lebensformen, Wertvorstellungen und Orientierungsmuster enttraditionalisiert sind. Die weit greifende Entbindung aus Traditionen brachte insbesondere in den späten 60er- und frühen 70er-Jahren eine euphorische und rauschhafte Dynamik mit sich, weil sie schlagartig neue Spielräume der Lebensführung eröffnete und von vielen als längst überfällige Befreiung aus einschränkenden Zwängen empfunden wurde. Im Zuge der kulturellen Modernisierung kam es zu einer weit reichenden Individualisierung und Pluralisierung von Lebensformen und Lebenswegen.

Heute, am Ende der 90er-Jahre ist die Enttraditionalisierung aller Lebensbereiche längst zu einer Selbstverständlichkeit geworden und wird von vielen Menschen auch als belastend und irritierend empfunden. Der Prozess der kulturellen Modernisierung ist also ambivalent zu beurteilen: Einerseits bedeutet er Freisetzung und erweiterte Entscheidungsspielräume, andererseits bedeutet er Isolierung und Orientierungslosigkeit. Angesichts der Tatsache, dass jeder Mensch im Alltag immer wieder mit anderen Arten der Lebensführung konfrontiert wird, steht er unter dem Druck, die eigene Lebensführung vor sich und seinen Mitmenschen legitimieren zu müssen. »Warum lebe ich eigentlich so, wie ich lebe, warum nicht anders?« Weil dem Einzelnen in der Moderne *theoretisch* alle Möglichkeiten offen stehen, ist er sehr oft dazu gezwungen, sich für die eine oder andere Option zu entscheiden. »Was ist gerade für mich jetzt das Beste? Soll ich lieber dies oder jenes tun?« Legitimationsdruck und Entscheidungszwänge zusammen machen den problematischen Gehalt oder, wie Ziehe (1991) es formuliert, den »Irritationsgehalt der Moderne« aus.

Belastend ist dieser Irritationsgehalt auch und gerade für Jugendliche. Entwicklungspsychologisch betrachtet ist das Jugendalter per se schon eine Phase gesteigerter Unsicherheit, welche nun durch den Irritationsgehalt der Moderne verdoppelt wird. Die Identitätsproblematik des Jugendlichen hat sich in der Moderne verschärft, weil er sich an nichts Sicheres mehr halten kann. Eine Rückkehr zu »alten« Sicherheiten ist weder möglich noch wünschenswert, »neue« Sicherheiten sind noch nicht in Sicht (vgl. Tillmann 1987, S. 31). Immer wieder wird der Jugendliche »auf sich selbst als einzigen ›Fixpunkt‹ im Meer der Unsicherheiten zurückgeworfen« (ebd., S. 30). Dieses Auf-sich-selbst-zurückgeworfen-Sein enthält zudem insofern eine bedenkliche Komponente, als die moderne Gesellschaft dazu tendiert, jedes Individuum für sein Schicksal selbst verantwortlich zu machen. Kennzeichnend für die Moderne ist geradezu ein *Wahn der Machbarkeit*, der jedes Individuum für seine Schwächen und sein Versagen verantwortlich und somit schuldig erklärt: »Wer zu dick ist, achtet eben zu wenig auf seine Figur!«, »Wer schlechte Berufschancen hat, hätte sich eben in der Schule mehr anstrengen müssen!« Alte Volksweisheiten wie »Jeder ist seines eigenen Glückes Schmied!« oder »Wo ein Wille ist, da ist auch ein Weg!« erhalten für Jugendliche in der Moderne tendenziell den bitteren Beigeschmack einer Schuldzuweisung.

Nicht unterschlagen werden sollte auch der Sachverhalt, dass Jugendliche die erweiterten Spielräume der Lebensführung, die die Moderne ihnen bietet, durchaus zu schätzen, nutzen und genießen wissen. Jugendliche sind heute längst nicht mehr so asketisch orientiert wie in den 50er-Jahren, haben weniger eine irrationale Ehrfurcht vor der älteren Generation und genießen schon in jungen Jahren einen prinzipiell unbeschränkten Zugang zur Erwachsenenkultur. Tillmann spricht dementsprechend vom »Ende der behüteten und asketischen Jugend« (Tillmann 1987, S. 25).

So folgenreich die kulturelle Modernisierung für die Lebenslage Jugendlicher auch immer sein mag, darf andererseits nicht vergessen werden, dass unsere »enttraditionalisierte und individualisierte Kultur« in weiten Teilen eben noch *nicht* enttraditionalisiert und individualisiert ist. Vor diesem Hintergrund kritisiert Ulrike Popp (1996) meines Erachtens ganz zutreffend, dass die Individualisierungsthese in der zeitgenössischen Jugendforschung oftmals überstrapaziert wird. Anhand von drei Beispielen fundiert sie ihre Kritik. Erstens habe sich trotz einer Auflösung der alten Klassendichotomie (Bürgertum versus Proletariat) nichts an der Tatsache geändert, dass die soziale Herkunft immer noch weitgehend über den Bildungsweg eines Kindes entscheidet. »An der Struktur der sozialen Ungleichheit im Bildungswesen haben Individualisierungsprozesse offensichtlich nur wenig geändert.« (Popp 1996, S. 33) Zweitens gibt es viele Jugendliche in Deutschland, vor allem solche aus Migrantenfamilien, die von der allseits beschworenen Individualisierung im Familienbereich kaum tangiert werden. Jugendliche aus Familien, die erst seit kurzer Zeit in Deutschland leben, seien wesentlich stärker in traditionelle Lebenszusammenhänge eingebunden, als die Individualisierungsthese dies in ihrer Pauschalität nahe lege. Drittens, so Popp, haben sich auch traditionelle Geschlechtsrollen bis heute kaum aufgelöst, weder im Bewusstsein der Jugendlichen noch auf der Ebene der politischen Rahmenbedingungen. »Das Dilemma der Doppelorientierung zwischen Beruf und Familie bestimmt den weiblichen Lebensverlauf maßgeblich, trotz Individualisierung.« (Ebd., S. 34)

3.2.3 *Jugend und Schule im Wandel*

In einem Beitrag zum »Wandel des Verhältnisses von Jugend und Schule seit 1960« plädiert Tillmann (1987) für eine Zusammenführung von Jugend- und Schulforschung. Angesichts der Tatsache, dass Jugendzeit und Schulzeit heute weitgehend zusammenfallen, sei es notwendig geworden, Jugendprobleme als Schulprobleme zu diskutieren und umgekehrt (Tillmann 1987, S. 20). Dabei ist die lebensgeschichtliche Überschneidung von Jugendzeit und Schulzeit historisch betrachtet noch ein relativ junges Phänomen. Noch zu Beginn der 60er-Jahre besuchten etwa 70% aller Schüler und Schülerinnen die Volksschule, verließen schon nach der achten Klasse die Schule und traten zu diesem Zeitpunkt im Grunde genommen erst in ihre »Jugendphase« ein.

Zwischen 1960 und 1973 kam es dann aber zu einem Wirtschaftswachstum, in dessen Folge auch der Bildungsbereich stark ausgebaut wurde. Die Schulpflichtzeit wurde ausgeweitet, und vor allem strebten jetzt wesentlich mehr Schüler und Schülerinnen einen höheren Bildungsabschluss an. Zu verzeichnen war allerdings nicht nur eine lebensgeschichtliche Ausdehnung der Schulzeit (um etwa zwei Jahre), sondern, bedingt durch mehr Unterrichtsstunden, Hausaufgaben, lange Anfahrtswege etc., ebenso eine alltägliche Ausweitung der Schulzeit.

Im Zuge der Bildungsexpansion kam es also dazu, dass immer mehr Heranwachsende immer mehr Zeit in der Schule verbrachten. Parallel dazu reduzierte sich für Jugendliche die Bedeutung von Arbeit und Erwerbstätigkeit. Jugend wurde aus dem Bereich der Arbeit heraus- und in die Schulen hineingedrängt. Einerseits erhöhten sich damit bei den meisten Jugendlichen Bildungschancen und Möglichkeiten der adoleszenten Selbsterprobung. Die Möglichkeit, über die Verrichtung gesellschaftlich nützlicher Arbeit das eigene Selbstwertgefühl zu stabilisieren, wurde damit aber den meisten Jugendlichen genommen.

Diese Problematik verstärkte sich nochmals mit dem Ende des Wirtschaftswachstums 1973, in dessen Folge sich der Zugang zu Berufen und Ausbildungen erschwerte und sich die Arbeitslosigkeit als ein scheinbar unlösbares gesellschaftlich-politisches Dauerproblem etablierte. Um im Konkurrenzkampf um Ausbildungs- und Arbeitsplätze bestehen zu können, entwickelten immer mehr Jugendliche das Bestreben, möglichst hohe Qualifikationen zu erreichen. Jugendliche, die (ob mit oder ohne eine höhere Qualifikation) heute auf dem Arbeitsmarkt zunächst nicht zu vermitteln sind, werden über Umschulungen, Zusatzausbildungen, berufsvorbereitende Jahre u.Ä. auf »Warteschleifen« (Hurrelmann) gesetzt, womit die Teilhabe an gesellschaftlich nützlicher Arbeit weiter hinausgezögert wird.

Die Bildungsexpansion der 60er- und frühen 70er-Jahre war verknüpft mit einer weit reichenden Bildungsreform. Tillmann sieht die nachhaltigsten Veränderungen der damaligen Bildungsreform in der Modernisierung der Curricula und den veränderten Umgangsformen. Zentrale Mechanismen und Organisationsstrukturen (wie der dreigliedrige Aufbau des Schulsystems, die Auslese- und Zensierungspraxis oder die Dominanz des kognitiven Lernens) seien zwar unverändert geblieben, die *Schulkultur* habe sich aber doch erheblich gewandelt.

Kennzeichnend für die neuere Schulkultur seien zunächst Merkmale, die man mit Begriffen wie »Rationalisierung«, »Technisierung« oder »Effektivierung« umschreiben könne (ebd.). Im Zuge der Bildungsreform bürgerten sich technokratische Vorstellungen der Machbarkeit und Effektivität in die Schule ein – man denke etwa an den Neubau unüberschaubar großer Schulkomplexe oder an die Einführung ausgefeiltester Lernzieldiagnosen und curricularer Feinstplanung – , die für die damalige allgemein verbreitete Fortschritts- und Modernitätsgläubigkeit durchaus symptomatisch waren. Fauser und Schweitzer kritisieren an der Reformidee der 60er-Jahre, nämlich allen Jugendlichen eine wissenschaftliche Grundbildung zu vermitteln, die ihnen das Verständnis für die Fragen der heutigen Gesellschaft eröffnet, und sie so auf die Anforderungen der Gesellschaft vorzubereiten, sie sei einseitig kognitiv orientiert gewesen und habe deshalb notwendigerweise scheitern müssen (Fauser/ Schweitzer 1983, S. 183ff.).

Neben einer bedenklichen Technokratisierung des Schulbetriebes hat sich nach Tillmann im Zuge der Bildungsreform aber auch positiv ein offenerer Umgangstil zwischen allen Beteiligten eingebürgert. Jedenfalls könne man sagen, »dass Heranwachsende in der heutigen Schule weit weniger als vor zwanzig Jahren reglementiert und autoritär behandelt werden. Der Kommunikationsstil wird heute weit weniger durch Befehl und Gehorsam, viel stärker durch Argumentieren und Verhandeln, auch durch kritische Anmerkungen und Rückmeldungen von Schülern bestimmt. Schließlich ist nicht zu übersehen, dass Jugendliche heute viel stärker als vor 25 Jahren individuelle Anteile, Lebensstile und Kommunikationsmuster in die Schule einbringen können.« (Tillmann 1987, S. 27)

Betrachtet man nun die Ergebnisse empirischer Studien zur Schulzufriedenheit, so ergibt sich das verblüffende Ergebnis, dass trotz gestiegener Bildungschancen und humanisierter Kommunikationsformen die jugendliche Schulkritik seit 1960 massiv angestiegen ist. Diese Kritik richtet sich insbesondere, wie Helsper (1993) hervorhebt, auf die institutionelle Kernzone der Schule, also den Unterricht, auf Tests, Zeugnisse, den schulischen Leistungsdruck und auf das Verhältnis zu den Lehrern. Demgegenüber richten sich positive Schulbezüge eher auf die informellen Randzonen: auf Schulausflüge und schulische Freizeit, die Möglichkeit zu einer »sorglosen« Jugendzeit und – ganz zentral – auf die Möglichkeit, in der Schule Gleichaltrige zu treffen (vgl. Helsper 1993, S. 262f.).

Dass sich die Schule trotz aller Reformen der letzten Jahrzehnte im Hinblick auf ihren institutionellen Kern kaum verändert hat und die Schulzufriedenheit der Jugendlichen nicht größer geworden ist, ist meines Erachtens kaum verwunderlich, wenn man die Institution Schule *zivilisationstheoretisch* betrachtet.

Die Institution Schule stellt sich im Empfinden des Schülers ambivalent dar. Indem sie den Schüler von gesellschaftlich nützlicher Arbeit freistellt (der Begriff »Schule« geht etymologisch auf den griechischen Begriff »scholé« zurück, d.h. Freisein von Geschäften, Muße), eröffnet sie ihm einerseits den Zugang zu einer erweiterten Welterfahrung und befreit ihn aus der Enge seiner Alltagserfahrung. Andererseits besteht eine wesentliche Funktion der Institution Schule in der Fortsetzung der schon in Familie und Kindergarten angelegten zivilisatorischen Zurichtung des Selbst (Rumpf sprach auch treffend von der Schule als »Instrument zivilisatorischer Zähmung menschlicher Sinnlichkeit«). Norbert Elias beschreibt die Zivilisierung des Kindes in seinem Buch »Über den Prozess der Zivilisation« als eine Rekapitulierung des kollektiven Zivilisationsprozesses:

»Die Distanz zwischen dem Verhalten und dem ganzen psychischen Aufbau der Kinder auf der einen, der Erwachsenen auf der anderen Seite vergrößert sich im Laufe des Zivilisationsprozesses. (...) Der spezifische Prozess des psychischen ›Erwachsenwerdens‹ in den abendländischen Gesellschaften, der den Psychologen und den Pädagogen heute oft genug Anlass zum Nachdenken gibt, ist nichts anderes als der individuelle Zivilisationsprozess, dem jeder Heranwachsende in den zivilisierten Gesellschaften als Folge des jahrhundertelangen, gesellschaftlichen Zivilisationsprozesses von klein auf automatisch in höherem oder geringerem Grade und mit mehr oder weniger Erfolg unterworfen wird.« (Elias, zit. n. Rutschky 1988, XXXIII)

Psychoanalytisch betrachtet besteht dieser »individuelle Zivilisationsprozess« in einer Art »Selbstunterdrückung«: Das Kind muss lernen, die Befriedigung spontan auftretender (insbesondere aggressiver) Bedürfnisse aufzuschieben oder gar ganz auf sie zu verzichten; vollsinnliche Befriedigungsformen müssen zunehmend durch sublimierte ersetzt werden; ein nicht unerheblicher Anteil der Triebenergie muss verleugnet und so ins Unbewusste abgedrängt werden. Wenngleich die zivilisierte Gesellschaft zweifelsohne dem Individuum auch Lustmomente bietet, die ohne sie nicht zu haben wären, liegt es nahe, dass dieser Prozess für jeden heranwachsenden Menschen äußerst schmerzhaft ist und für das verantwortlich ist, was Freud das »Unbehagen in der Kultur« nannte. Die »Selbstunterdrückung« stellt gewissermaßen ein »erzwungenes Opfer« (vgl. Bietau, Breyvogel, Helsper 1981, S. 341) dar, welches der Heranwachsende erbringt, um in einer auf Triebsublimierung und Triebkontrolle basierenden Gesellschaft überhaupt bestehen zu können.

Auf Grund des pubertären Triebschubs erlangt die zivilisatorische Zurichtung des Selbst gerade in der Adoleszenz eine neue Schärfe. Es ist meines Erachtens nun gerade der institutionelle Kern der Schule, der die zivilisatorische Zurichtung des Selbst sicherstellt und deshalb zivilisationstheoretisch betrachtet nicht aufgegeben werden kann. Schule kann die Art ihrer disziplinarischen Machtausübung zwar subtiler gestalten und psychologisch verfeinern – von ihrer Funktion der zivilisatorischen Zurichtung würde die Gesellschaft sie aber erst entbinden, wenn eine andere Institution diese Funktion übernähme. Jugendliche werden also meiner Einschätzung nach gegenüber der Institution Schule immer (mehr oder weniger scharfe) Kritik äußern, denn sie erfahren sie *auch* (natürlich nicht nur!) als disziplinierende und nivellierende Institution. Ich gehe freilich davon aus, dass die Form der zivilisatorischen Zurichtung historisch bedingt einer ständigen Wandlung unterliegt. Genauso wird die Schule, solange sie als gesellschaftliche Institution bestehen bleibt, ihre Qualifikations-, Selektions- und Legitimationsfunktion (Fend) aller Voraussicht nach niemals verlieren; die Frage der konkreten Ausgestaltung und Erfüllung dieser Funktionen wird aber immer wieder aufs Neue zu stellen sein.

So sind beispielsweise auch gewandelte Qualifikationsanforderungen der Institution Schule ein zentrales Thema der gegenwärtigen Schuldebatte. Angesichts veränderter gesellschaftlicher Rahmenbedingungen (siehe dazu meine Ausführungen in Kap. 2.1) wird diskutiert, inwieweit die Schule von einer Lehranstalt zu einem »Haus des Lernens« werden müsse, in dem Schüler nicht nur Wissen horten, sondern vor allem das »Lernen lernen«, also befähigt werden, sich selbstständig Kenntnisse und Fähigkeiten anzueignen. Messner konstatiert diesbezüglich einen weit reichenden Transformationsprozess, in dem die traditionelle mehr und mehr von einer neuen Schulkultur abgelöst werde. »Nach dem traditionellen Bild besteht das Kernmuster von Schule darin, dass Schüler gemeinsam versammelt werden, um – in Gruppen Gleichaltriger aufgeteilt – fächerweise bei einzelnen Lehrerinnen und Lehrern im Zeittakt aufeinander folgender Unterrichtstunden dieselben Lehrinhalte nach einem vorentworfenen Lernweg im annähernd selben Tempo aufzunehmen und durchzuarbeiten. Das soziale Zusammenleben gruppiert sich in der Regel um den im Zentrum stehenden Unterrichtszweck.« (Messner 1999, S. 4) Ganz anders ist die neue Schule konzipiert: Diese versteht sich als ein Ort weitgehend selbstverantwortlichen

Lernens der Schüler, bei dem die Lehrer eher Lernberater, Lernhelfer und Moderatoren sind. Was sie den Schülern also voraushaben, ist nicht in erster Linie Wissen, sondern Erfahrung als Lernende. Messner räumt zwar ein, dass sich dieses neue Muster von Schule vor allem in der Programmatik der gegenwärtigen Schulentwicklungsbewegung ankündige, also keineswegs als überall bereits realisierte Praxis zu verstehen sei. Seine Einschätzung aber, dass sich in vielen Schulen schon entsprechende Veränderungen vollzogen haben, ist meines Erachtens durchaus zutreffend.

Neben diesen (in Ansätzen an einigen Schulen schon realisierten) Forderungen nach einer neuen, modernisierten Lernkultur wird die Schule gegenwärtig »mit Forderungen nach Intensivierung ihrer Arbeitsdisziplin und Leistungskultur konfrontiert« (ebd., S. 10). Im Zuge der Globalisierung ist der gesellschaftliche Konkurrenzdruck gestiegen. Immer wieder äußern Vertreter aus Wirtschaft und Politik die Befürchtung, dass Deutschland seine Wettbewerbsfähigkeit verliere, wenn die Leistungskultur in den Schulen nur mittelmäßig sei. Genau dies belegte aber jüngst eine internationale Vergleichstudie (TIMSS), in der die Leistungen von Schülern aus 41 Ländern in den Naturwissenschaften und in Mathematik miteinander verglichen wurden. Dass die Leistungen deutscher Siebt- und Achtklässler in diesen Fächern im internationalen Vergleich nur mittelmäßig ausfielen, führte zu einer folgenreichen öffentlichen Debatte, in der alte Forderungen, wie die nach einer regelmäßigen vergleichenden Überprüfung des Leistungsstandes von Schülern, nach externen Evaluierungen und einer ökonomisch orientierten Effektivierung der schulischen Leistungskultur, mit neuer Vehemenz und Schärfe erhoben wurden. Messner weist die Forderung nach einer Verbesserung der schulischen Leistungskultur keineswegs zurück, kritisiert aber die in dieser Debatte beobachtbare Tendenz, das »ökonomisch Innovative umstandslos zum pädagogisch Notwendigen« zu erklären (ebd., S. 9).

Überträgt man diese Haltung auf die Schulforschung, so wären insbesondere solche Forschungsprojekte von aktuellem Interesse, die das Thema der Leistung nicht ignorieren, aber in einen umfassenderen theoretischen Kontext einbetten. Die Ergebnisse eines sehr anspruchvoll und aufwändig konzeptionierten Forschungsprojektes dieser Art veröffentlichte Fend in seiner Studie »Der Umgang mit Schule in der Adoleszenz – Aufbau und Verlust von Lernmotivation, Selbstachtung und Empathie« (1997). Ein bemerkenswertes Ergebnis dieser Studie liegt beispielsweise darin, dass, wie es ja auch in der vorliegenden Untersuchung vorausgesetzt wird, die Anstrengungsbereitschaft von Schülern beim Übergang von der Kindheit in die Adoleszenz zwar deutlich nachlässt; das Ausmaß der emotionalen Zuwendung zur Schule ist freilich, so Fend, nicht nur altersbedingt, was vor allem der Vergleich zur Schweiz zeige. Hier fühlen sich auch in der 9. Klasse noch mehr Schüler »sehr wohl« als deutsche Schüler in der 6. Klasse (Fend 1997, S. 334). Insgesamt sei die Leistungsdistanz bei deutschen Schülern doppelt so groß wie in der Schweiz (ebd., S. 333). Deutlich beobachtbar sei auch, so ein weiteres Ergebnis der Studie, dass sich das Leistungsselbstbild von Schülern und Schülerinnen mit dem Eintritt in die Adoleszenz fachlich ausdifferenziere. Sie definieren sich also nicht mehr einfach nur als »schlechte« oder »gute Schüler«, sondern gewinnen einen differenziertes Bild ihrer fachlichen

Stärken und Schwächen (»Fremdsprachen sind nicht mein Ding, dafür bin ich in Mathe ein Ass!«). Insgesamt wird die Bedeutung der Leistung für das Selbst einer Person in der Adoleszenz neu vermessen: »Bei vielen wird ›Leistung‹ und ›Begabung‹ aus der Kernzone des Selbst ausgeschieden, andere sehen in ihren Leistungen noch bewusster als in der Kindheit einen zentralen Teil ihres Selbst. Sie behalten und entwickeln Ambitionen, etwas können und leisten zu wollen.« (Ebd., S. 341) Entscheidend sind hier allerdings nicht allein die objektiven Leistungen, sondern vielmehr die Frage, wie diese von Eltern, Lehrern und Altersgleichen interpretiert werden.

Was Fends Studie nicht zuletzt zeigt, ist die Tatsache, wie komplex die Leistungsbereitschaft und -fähigkeit Jugendlicher mit ihrer Selbstachtung und ihrer emotionalen Befindlichkeit verflochten ist. Ich stelle dies abschließend ausdrücklich fest, um damit meiner Einschätzung Nachdruck zu verleihen, dass die vorliegende Arbeit an dem Leistungsthema der gegenwärtigen Schuldebatte keineswegs vorbeiläuft. Indem ich in dieser Arbeit Möglichkeiten und Grenzen einer geglückten adoleszenten Reifung im schulischen Kontext analysiere, werden implizit auch die emotionalen Voraussetzungen zur Entwicklung eines positiven Leistungsselbstbildes thematisiert. Meines Erachtens wäre jedenfalls die Vorstellung naiv, Schule könne die Fachleistungen von Schülerinnen und Schülern verbessern, ohne deren emotionale Befindlichkeit zu berücksichtigen.

3.2.4 Schulpädagogische Folgerungen

Dass die Schule sich in ihrer Aufgabe der Verteilung beruflicher Chancen (Selektionsfunktion) am Leistungsprinzip orientiert, hält Fend prinzipiell für gerechtfertigt (Fend 1997, S. 344). Fend plädiert aber dafür, das Leistungsprinzip durch das Humanitäts- und das Solidaritätsprinzip zu ergänzen. Es gelte zwischen diesen Prinzipien eine Balance zu finden, um Schülerinnen und Schüler weder zu überfordern noch zu unterfordern. »Die Maximierung des Leistungsprinzips würde oft erfordern, die Grenzen der kognitiven Belastbarkeit durch Maximalinvestitionen in Lernanstrengungen zu testen. Das Humanitätsprinzip würde oft eher nahe legen, das Bewusstsein des eigenen Wertes und der eigenen Würde zu stärken und den jungen Menschen so zu akzeptieren, wie er ist, damit er mit sich selbst eins sein und die eigene Würde bewahren kann. Damit wird der Konflikt zwischen potenzieller Überforderung und mögliche Entwicklungschancen versäumender Orientierung am ›Glück des Kindes‹ unübersehbar.« (Fend 1997, S. 345)

Bezogen auf die gegenwärtige, durch die TIMS-Studie neu entfachte Debatte um die Leistungskultur in deutschen Schulen weist auch Messner (1999) eine Orientierung der Schule am Leistungsprinzip nicht pauschal zurück. Ausdrücklich benennt er die »Entfaltung einer Kultur fachlicher Leistungen« als eine der sieben wichtigsten Dimensionen zukünftiger Schulentwicklung. Deutlich wendet sich Messner aber gegen die Tendenz, das aus dem gesellschaftlichen Konkurrenzdruck Gebotene zum Maßstab von Schulentwicklung zu machen und in der Wirtschaft bewährte Methoden der Qualitätssicherung und Effektivitätssteigerung umstandslos auf die Schule zu übertragen. Messner tritt also dafür ein, »dass der Prozess der Schulentwicklung aus pädagogischer Sicht nicht einfach der Anpassung an die spätmoderne Industrieförmigkeit überlassen werden darf. Die neuen, betriebswirtschaftlich erfolgreichen Managementtechniken, an denen hier für das Lernen Maß genommen wird, mögen zur Durchlüftung der Schule als Betrieb – das ist sie ja auch! – sehr hilfreich sein; andererseits bergen sie die Gefahr, schulisches Lernen und Arbeiten zu einlinig als technisch handhabbaren Prozess nach dem Muster von Produktionsprozessen zu interpretieren. Ein um Mündigkeit und das Sich-Bilden von Heranwachsenden bemühtes Einwirken hat es jedoch mit einer wesentlich komplexeren Materie zu tun, weil das Ziel des Lernens nicht einfach im anderen produziert, sondern nur auf dem Weg über die Herausforderung von dessen nie völlig verfügbarer Eigenaktivität erreicht werden kann.« (Messner 1999, S. 12) Die Aufgabe einer verantwortungsbewussten Pädagogik sieht Messner also darin, als Teil und Korrektiv im Prozess der Schulentwicklung zu wirken und Werte wie Bildung, Mündigkeit und Kreativität auch dann zu verteidigen, wenn sie von der Ökonomie nicht eingefordert werden.

Fauser und Schweitzer konstatieren in ihrem Beitrag (1983) eine problematische Ausgrenzung der Jugend aus der Arbeitswelt, die Jugendlichen tendenziell die Möglichkeit genommen habe, über gesellschaftlich nützliche Arbeit das eigene Selbstwertgefühl zu stabilisieren. Ähnlich wie Messner begreifen sie die Pädagogik im Prozess der Schulentwicklung als ein Korrektiv, welches dieser Ausgrenzung entgegenzuwirken habe. »Schule darf die in der gesellschaftlichen Entwicklung angelegte Ausgrenzung der Jugendlichen nicht noch ihrerseits verstärken. Ihre pädagogische Verantwortung liegt vielmehr darin, dieser Ausgrenzung entgegenzuwirken und auf das Bedürfnis nach *Verbundenheit* und *Teilhabe* einzugehen.« (Fauser, Schweitzer 1983, S. 185)

Fauser und Schweitzer fordern des Weiteren, dass Schule endlich zu einem Ort werden müsse, an dem Jugendliche ihre Interessen und Bedürfnisse in der Gegenwart wenigstens ein Stück weit verwirklichen können. Angesichts der gesunkenen Legitimität schulischer Anforderungen unter den gegenwärtigen gesellschaftlichen Rahmenbedingungen erinnert auch Tillmann daran, dass Schule nur dann bildende Wirkung entfalten kann, wenn sie ihre Schüler auch erreicht. »Es gilt, Abschied zu nehmen von der Vorstellung, die Schulzeit sei eine Phase, in der wegen irgendwelcher zukünftiger Chancen hier und jetzt Verzicht zu leisten sei. Schule muss sich vielmehr als Aufenthaltsort von Jugendlichen verstehen, in der diese sinnerfüllende, befriedigende und identitätsbedeutsame Tätigkeiten in der Gegenwart vollziehen können.« (Tillmann 1987, S. 31) Gerade weil Schule zum dominierenden Bereich im Jugendalter geworden sei, gelte es nun, sie zu einem angenehmen sozialen Erfahrungsraum in dieser wichtigen Lebensphase umzugestalten. Bei dieser Umgestaltung dürfe die Schule allerdings ihren Charakter als ein Ort distanzierten Nachdenkens und der Auseinandersetzung mit kultureller Überlieferung nicht verlieren. Die gegenwärtig wichtigste Aufgabe der Jugendschule sieht Tillmann dementsprechend darin, das Verhältnis zwischen Nähe und Distanz im schulischen Lernen neu auszubalancieren, wobei Schule stärker als bisher die Nähe zur sozialen Wirklichkeit und zu den Problemen der Jugendlichen suchen solle.

Nicht in unmittelbarem Widerspruch, aber doch gewissermaßen quer zu den Forderungen von Fauser, Schweitzer und Tillmann liegen die normativen Ausführungen Ziehes. Ziehe hält es angesichts kultureller Modernisierungsprozesse für wenig innovativ, im schulischen Kontext eine größere Nähe der Lernthemen und Lernsituationen zur Lebenswelt Jugendlicher anzustreben, weil Jugendlichen auch außerhalb der Schule schon längst alle Themen zugänglich seien. Stattdessen plädiert Ziehe dafür, das »Verhältnis von Schule und Jugendlichen nicht nur empirisch, sondern normativ als ein *Differenzverhältnis* zu konzipieren und ein Identitätsverhältnis gar nicht anzustreben. Aus meiner Position heraus ist das Abstandsverhältnis von Schule und Jugend gar nicht als beklagenswert zu betrachten, sondern wir sollten diese Differenz anerkennen und wollen. Das würde Spielräume für beide Seiten schaffen. Schule kann und muss sich dann als ein gesellschaftlicher Teilbereich mit einer Eigenlogik begreifen, also mit einer deutlichen Unterscheidbarkeit von anderen Bereichen. Schule, auch eine gute Schule, repräsentiert dann den Jugendlichen gegenüber eine Differenz, sie ist die Repräsentanz eines *Anspruchs*. Ihre Ansprüchlichkeit sollte nicht in Stresserzeugung bestehen, aber die Schule kann gar nicht umhin, von den Schülern den Verzicht auf unmittelbare Horizontanschlüsse zu erwarten. Sie sollte für diesen Verzicht anregen, erleichtern, ermutigen, ihn anerkennen und auch Befriedigungserfahrungen bereitstellen. Aber – sie sollte sich nicht auf dem Versprechen einer grundsätzlichen Orientierung an den Schüler-Horizonten gründen. Und die Jugendlichen in ihrer Lebenswelt sind, nicht nur faktisch, sondern auch im normativen Sinne, bloß sektorial in die Schule einbezogen, nur in ihrer Rolle als Schülerinnen und Schüler. Jugendlicher zu sein kann und soll anderes und mehr bedeuten. Also ist es ebenso den Jugendlichen zuzugestehen, gegenüber der Schule eine Differenz zu repräsentieren.« (Ziehe 1999, S. 529f.)

Ziehe konzipiert also das Verhältnis von Jugend und Schule als ein Differenzverhältnis, plädiert aber gleichzeitig auch für eine Überbrückung dieser Differenz. Auf der kognitiven Ebene soll Schule Jugendliche in die Lage versetzen (und entsprechende Erfahrungsräume schaffen), sich situativ gegen den gesellschaftlich dominanten »Thematisierungssog« (vgl. Ziehe 1998, S. 48ff.) abzuschirmen. Auf der Ebene der Sozialformen soll Schule keine weitere »Informalisierung« anstreben, sondern sich über die Gestaltung von Gruppenregeln, Ritualen und symbolischen Strukturen um »öffentliche Intensität« und um eine »dichte« Atmosphäre bemühen. Auf der innersubjektiven Ebene des Selbstverhältnisses soll Schule den Jugendlichen dabei helfen, dass sie zu sich selbst, ihren eigenen Bedürfnissen und Präferenzen Distanz entwickeln können. Auf allen drei Ebenen geht es Ziehe also nicht um die Potenzierung der gesellschaftlichen Tendenzen der Thematisierung, Informalisierung und Subjektivierung, sondern ganz im Gegenteil um die Einführung von Fremdheitsmomenten, durch die die oft langweilige und stillose Schulrealität spannender und stilvoller werden könnte. »Auf dem Weg zu einer besseren Schule muss heute zur geschickten Methodik eine gekonnte Stilistik hinzutreten.« (Ebd., S. 531)

Thesenartig zusammengefasst würden kulturtheoretisch relevante Orientierungen einer im Sinne der referierten Autoren pädagogisch wünschenswerten Jugendschule darin liegen:

- sich den gewandelten Qualifikationsanforderungen der Arbeitswelt und dem Anspruch einer Verbesserung der schulischen Leistungskultur gegenüber nicht ignorant zu verhalten, aber dennoch die Schulentwicklung nicht einfach der Anpassung an spätmoderne Industrieförmigkeit zu überlassen;
- angesichts einer heute weitgehend enttraditionalisierten und pluralisierten Gesellschaft, die für jeden Einzelnen erweiterte Entscheidungsspielräume, aber auch belastende Entscheidungszwänge mit sich geführt hat, einen Schwerpunkt auf die Vermittlung von Orientierungskompetenz und Autonomiefähigkeit zu legen;
- angesichts der historisch gewachsenen Ausgrenzung der Jugendlichen von gesellschaftlich nützlicher Arbeit diesen – etwa in Form von Praktika oder einer stadtteilorientierten Projektarbeit – die Möglichkeit zu eröffnen, das eigene Selbstwertgefühl über die Verrichtung »echter« und gesellschaftlich nützlicher Arbeit zu stabilisieren;
- sich in ihrer Selektionsfunktion weiterhin am Leistungsprinzip zu orientieren, dieses aber stärker durch das Humanitäts- und Solidaritätsprinzip zu ergänzen und u.U. auch einzudämmen;
- Schule als einen Lebens- und Erfahrungsraum zu konzipieren, in dem für die Jugendlichen subjektiv bedeutsame Dinge ausgelebt und persönliche Interessen eingebracht werden können;
- Schule weiterhin als einen Ort distanzierten Nachdenkens und der Auseinandersetzung mit kultureller Überlieferung zu konzipieren, in dem aber gleichzeitig auch Sinn, Glück und Befriedigung für die Jugendlichen im Hier und Jetzt erfahrbar wäre;
- Schule und Jugend als ein Differenzverhältnis zu konzipieren, aber dennoch diese Differenz durch die Einführung von »Fremdheitsmomenten« (Ziehe) zu überbrücken versuchen.

3.3 Psychoanalytische Erkenntnisse zum Jugendalter

Das folgende Kapitel bietet keinen vollständigen Überblick über die psychoanalytische Jugendtheorie, sondern erörtert nur jene theoretischen Modelle, die im empirischen Teil der Arbeit wieder explizit aufgegriffen werden. So bleiben beispielsweise Erkenntnisse zum unterschiedlichen Verlauf der männlichen und weiblichen Adoleszenz weitgehend ausgespart, obgleich sie vom Autor als ein wesentlicher Bestandteil der psychoanalytischen Jugendtheorie angesehen werden.

3.3.1 Entwicklungsaufgaben der Adoleszenz

Wie jedes Lebensalter, so hat auch das Jugendalter seine spezifischen Vorzüge, Nöte, Problemlagen und Aufgaben, die es zu bewältigen gilt. Aus psychoanalytischer Sicht ist das Jugendalter für die Entwicklung der Persönlichkeit und das seelische Wachstum des Menschen eine besonders wichtige Phase. Freud (1905) sprach von der »Zweizeitigkeit der Sexualentwicklung« und meinte damit den Sachverhalt, dass die psychosexuelle Entwicklung des Menschen in zwei Schüben verläuft: Der erste vollzieht sich in der frühen Kindheit und mündet in die Latenzzeit ein, der zweite setzt mit der Reifung der Sexualorgane ein, vollzieht sich also im Jugendalter, und mündet ins Erwachsenenalter ein. Während das Jugendalter gemeinhin – nicht nur von der Psychoanalyse – als eine besonders konfliktträchtige und »schwierige« Phase angesehen wird, birgt es doch gleichzeitig auch, wie Erdheim herausstreicht, die Chance einer Neustrukturierung der Persönlichkeit. »Der Triebdurchbruch der Pubertät lockert die vorher in der Familie gebildeten psychischen Strukturen auf und schafft damit die Voraussetzungen für eine nun nicht mehr durch den familiären Rahmen beengte Neustrukturierung der Persönlichkeit, die neue Erfahrungen ermöglicht.« (Erdheim 1982, S. 276)

Eine zentrale Entwicklungsaufgabe der Adoleszenz ist also die »Neustrukturierung der Persönlichkeit«. Wie lässt sich diese noch sehr allgemein und abstrakt gehaltene Formulierung weiter ausdifferenzieren und konkretisieren? Eine prägnante, häufig zitierte Differenzierung unternahm Laufer mit der Unterscheidung von vier Entwicklungsaufgaben der Adoleszenz (vgl. Bohleber/Leuzinger 1981, S. 123f.):

1) Die physiologisch-hormonelle Reifung des Körpers erfordert eine Umstrukturierung des eigenen Körperbildes und eine Integration erwachsener Genitalität in dasselbe.
2) Der Jugendliche muss sich von den realen Eltern, insbesondere deren inneren Repräsentanzen (infantile Identifikationen und Objektbeziehungen) loslösen.
3) Ein (meist) heterosexuelles Liebesobjekt muss gefunden werden. Vorstufen dazu sind Onaniefantasien und Beziehungen ohne allzu große Festlegung.
4) Eine eigene Identität muss gefunden werden. Nach einer Phase des Experimentierens erfolgen identifikatorische Festlegungen auf einen Beruf, einen sexuellen Partner, eine Lebensform.

Zweifellos sind differenzierte Systematisierungen wichtiger Entwicklungsaufgaben in der Adoleszenz denkbar und zweifellos ließen sich Laufers Formulierungen auch gleich zu Beginn mit relativierenden Erläuterungen versehen. Vorläufig mag seine Unterscheidung der vier Entwicklungsaufgaben aber als eine erste Orientierungshilfe so unkommentiert stehen bleiben.

Die Umstrukturierung des eigenen Körperbildes und die Integration erwachsener Genitalität in dasselbe ist eine Aufgabe, die Jugendlichen ganz unterschiedlich schwer fällt. Während manche Jugendliche auf die ersten Anzeichen ihrer sexuellen

Reifung eher mit Scham und Irritation reagieren, gibt es andere Jugendliche, die dieselben eher freudig wahrnehmen und – seien es etwa bei männlichen Jugendlichen die ersten Brusthaare – stolz zur Schau tragen. Die erste Ejakulation bei Jungen oder die erste Menstruation bei Mädchen sind subjektiv höchst bedeutsame Erlebnisse, das Wachsen der Schamhaare wird aufmerksam verfolgt, Hautunreinheiten können die Selbstsicherheit des Auftretens empfindlich stören. In jedem Fall impliziert die Herausbildung der primären und sekundären Geschlechtsmerkmale den Abschied vom kindlichen Körper und die Notwendigkeit, sich mit dem neuen Körper zu arrangieren. Die Integration erwachsener Genitalität in das neue Körperbild ist eine Aufgabe, welche Freud triebpsychologisch als die Unterordnung der Partialtriebe unter das Primat der Genitalzone interpretierte. Diese Unterordnung vollzieht sich nach Freud »durch den Mechanismus der Ausnutzung der Vorlust, wobei die sonst selbstständigen sexuellen Akte, die mit Lust und Erregung verbunden sind, zu vorbereitenden Akten für das neue Sexualziel, die Entleerung der Geschlechtsprodukte, werden« (Freud 1905, S. 133). Wo diese Unterordnung nicht gelingt, entstehen nach Freud die so genannten Perversionen: die Lust beispielsweise, den eigenen Körper dem Sexualpartner zu präsentieren, verselbstständigt sich und wird zum eigentlichen Endziel der Sexualerregung (Exhibitionismus).

Die zweite wichtige Entwicklungsaufgabe der Adoleszenz bezeichnet Freud als »Objektfindung« und meint damit die Fähigkeit und Bereitschaft des Jugendlichen, eine Person zum Liebesobjekt und Sexualpartner zu wählen. Die »Objektfindung« entspricht also in etwa dem, was Laufer als die dritte Entwicklungsaufgabe der Adoleszenz bezeichnet. Eine gelungene Objektfindung, bei der Sinnlichkeit und Zärtlichkeit zusammenströmen, setzt nach Freud aber das voraus, was Laufer gesondert als die zweite adoleszente Entwicklungsaufgabe herausstreicht: die äußere *und* innere Ablösung von den Eltern. Das Inzesttabu verhindert, dass der Jugendliche seinen Partner in den Eltern sucht. Gleichzeitig mit der Überwindung der inzenstuösen Fantasien vollzieht sich die äußere Ablösung von den Eltern. Misslingt dem Jugendlichen die innere Ablösung von seinen Eltern, so stehen ihm letztlich nur zwei Wege offen: Er kann entweder zärtlich lieben ohne Sinnlichkeit, indem er den Partner wie die Eltern verehrt oder sinnlich lieben ohne Zärtlichkeit, indem er den Partner zwar sinnlich begehrt, als Person aber verachtet (vgl. Kannicht 1985, S. 73). Die Entwicklungsaufgabe der Loslösung von den Eltern lässt sich theoretisch von der *Identitätsfindung* bzw. Individuation (als der nach Laufer vierten adoleszenten Entwicklungsaufgabe) zwar relativ klar voneinander trennen. In der Realität sind beide Prozesse aber aufs Engste miteinander verknüpft und sollten auch nicht als eine strikte Abfolge verschiedener Entwicklungsschritte angesehen werden. Viele Autoren sprechen deshalb auch von dem »adoleszenten Loslösungs- und Individuationsprozess« und thematisieren beide Prozesse sinnigerweise nur im Zusammenhang. Weil der Begriff der »Individuation« aber keineswegs genau das Gleiche meint wie der Begriff der »Identitätsbildung« oder »Identitätsfindung« und zum zweiten der Begriff der »Identität« in der psychoanalytischen Jugendtheorie heute auch sehr umstritten ist, möchte ich das Thema der *Identitätsbildung* im nächsten Kapitel gesondert behandeln. Der Schwerpunkt der folgenden Ausführungen wird dementsprechend auf dem Prozess der inneren Loslösung von den Eltern liegen, ohne ihn von dem der Individuation gedanklich zu trennen. Auch erlaube ich mir vorläufig (wie es im Übrigen in der einschlägigen Literatur auch sehr verbreitet ist) die synonyme Verwendung der beiden Begriffe Individuation und Identitätsbildung.

Die benannte Entwicklungsaufgabe des Jugendlichen besteht nun darin, die kindlichen Identifikationen, Idealisierungen und Objektbeziehungen aufzugeben und stattdessen neue Identifikationen mit Personen außerhalb der Familie aufzubauen. Alle Werte und Verhaltensorientierungen, mit denen das schutzbedürftige Kind sich identifiziert hatte, werden vom Jugendlichen einer sondierenden Prüfung unterzogen, gleichzeitig baut er – zunächst »auf Probe« – neue Objektbeziehungen und Identifizierungen auf und entwickelt so eine neue Selbststruktur. Winterhager-Schmid beschreibt diesen Prozess folgendermaßen: »Das jugendliche Selbst ist ein ›virtuelles Selbst‹, d.h. es ist ein Selbst, das noch ›in Arbeit‹ ist. Diese ›Arbeit‹ an der je eigenen Identität geschieht über vielfältige kleine Identifikationen ›auf Probe‹, in denen das Selbst seine spezifische Tönung des Erlebens an den Angeboten der Kultur umformen kann. Das wachsende Ich präsentiert sich seiner Umgebung in kleinen Akten der Selbstdarstellung, erfährt darauf Resonanz durch wichtige andere und gewinnt dadurch, dass es erfährt, wie es von anderen gesehen wird, eine deutlichere Kontur seiner selbst.« (Winterhager-Schmid 1993, S. 37) Ganz ähnlich wie Winterhager-Schmid betrachten Garlichs und Leuzinger-Bohleber die adoleszente Identitätsbildung als ein erprobendes Verhalten und als einen »Spiegelprozess im Ich«: »In einem kreativen Prozess wird ›vor dem inneren Auge‹, also in der Fantasie, z.B. eine bestimmte in der Realität erlebte Berufs- oder Geschlechtsrolle ausprobiert und geprüft, ob man sich mit dieser identisch fühlen kann, sich in ihr wieder findet. Durch solche Proberealisierungen und identifikatorischen Festlegungen wird eine eigene Identität gebildet.« (Leuzinger-Bohleber, Garlichs 1993, S. 116)

Eine gelungene Identitätsbildung setzt so gesehen voraus, dass der Jugendliche sich selbst in möglichst unterschiedlichen Feldern erproben kann und jeweils Resonanzen durch wichtige andere (sowohl Gleichaltrige wie Erwachsene) erhält. Denn je größer die Facette der Selbstaspekte ist, in denen sich der Jugendliche selbst kennen lernen und erproben kann, desto wahrscheinlicher wird er zu einer subjektiv und real tragfähigen Selbstdefinition kommen, die gleichermaßen um die Relativierung der eigenen Stärken und die Integration der eigenen Schwächen bemüht ist.

Die Entwicklungsaufgabe der Selbsterprobung und inneren Loslösung von den Eltern stellt die seelischen Kräfte des Jugendlichen auf eine harte Probe. Ihre Bewältigung gestaltet sich daher in aller Regel sehr konfliktreich. Anna Freud vertrat vor diesem Hintergrund die provokante These, dass der konfliktfreie Pubertätsverlauf weder normal noch wünschenswert sei. Im Gegenteil sei gerade das »Weiterbestehen von innerem Gleichgewicht und Harmonie während der Pubertät eine abnorme, nicht eine normale Erscheinung« (A. Freud 1960, S. 10).

Warum sich der adoleszente Loslösungs- und Individuationsprozess aus psychoanalytischer Sicht notwendigerweise konfliktträchtig gestalten muss, begründet

Winnicott (1979) damit, dass Heranwachsen ja letztlich bedeute, an die Stelle der Erwachsenen zu treten und deren machtvolle Positionen in der Generationenfolge zu übernehmen. Winnicott geht nun davon aus, dass sich dies beim Jugendlichen in unbewussten Mordfantasien niederschlägt, die allerdings meist nur in entstellter bzw. sublimierter Form (Spiel mit Gefahrensituationen, Selbstmordfantasien, Fantasien von Verfolgung) ausgelebt werden (vgl. Winnicott 1979, S. 162ff.). Das Nicht-Ausleben der aggressiven Impulse führe aber zu einem Gefühl der inneren Leere, und um dieses Gefühl zu überwinden, sucht der Jugendliche die *Konfrontation*. Hinter dem aufbegehrenden Verhalten Jugendlicher vermutet Winnicott also das Bedürfnis, auf Grenzen zu stoßen, sich an diesen Grenzen zu reiben und somit das unerträgliche Gefühl der Unterlegenheit und inneren Leere zu überwinden. Jugendliche brauchen deshalb nach Winnicott erwachsene Bezugspersonen, die der jugendlichen Suche nach Konfrontation nicht ausweichen, sondern beherzt ihren eigenen Standpunkt vertreten und Grenzen setzen können, ohne dabei die Angriffe der Jugendlichen aus ihrer überlegenen Position heraus zu vergelten. Das stolze Gefühl einer selbst errungenen Reife und Autonomie stellt sich beim Jugendlichen also erst dann ein, wenn er sich seine Freiheiten gleichsam »erkämpft« hat. Werden ihm aber die Vorrechte und Freiheiten des Erwachsenenalters wie auf einem goldenen Tablett dargereicht, verfestigt sich das Gefühl der inneren Leere und Hilflosigkeit. »Dem Jugendlichen, dem sich kein Erwachsener entgegenstellt, dem der Sieg über einen Erwachsenen gleichsam geschenkt würde, könnte sein Erwachsen-Werden nicht als Ergebnis einer eigenen Anstrengung bewusst werden.« (Kannicht 1985, S. 159)

Winnicotts Sichtweise ist meines Erachtens zugute zu halten, dass sie den adoleszenten Loslösungsprozess nicht harmonisiert und zudem die wenig bedachte *entwicklungsfördernde* Komponente konflikthafter Auseinandersetzungen herausstreicht. Andererseits kann eine zu einseitige Betonung der Konfrontation und des »Kampfes« zwischen den Generationen den falschen Eindruck erwecken, die »vollständigste« Loslösung von den Eltern sei gleichzeitig auch die beste. Tatsächlich ist die innere Loslösung des Jugendlichen von seinen Eltern nämlich nie eine absolute. Der Jugendliche, der sich von seinen kindlichen Objektbeziehungen, Identifizierungen und Idealisierungen losgelöst hat, ist damit noch nicht zu einem »unbeschriebenen Blatt« geworden. Adoleszente Individuation ist, wie Helm Stierlin es ausdrückt, immer »bezogene Individuation« (vgl. Kannicht 1985, S. 192). Die vollständige Ablösung von den Eltern kann nicht Ziel der Adoleszenz sein, da auch menschliche Reife nicht in einer größtmöglichen Unabhängigkeit von anderen Menschen besteht. Im Gegenteil verlangt und ermöglicht ein höheres Niveau an Individuation auch ein höheres Niveau an Bezogenheit. Die einseitige Betonung von Autonomie und Loslösung als vermeintlich allgemein gültiges Entwicklungsziel der Adoleszenz ist in den letzten Jahren auch von feministischen Autor/innen wie beispielsweise Carol Gilligan kritisiert worden. Bei Mädchen, so ein wichtiges Ergebnis ihrer einschlägigen Studien (vgl. Thies 1998, S. 274), sei in aller Regel weniger der klassische Loslösungskonflikt das zentrale Thema, sondern die Bewältigung von Beziehungsaufgaben.

Der Begriff der adoleszenten Loslösung ist außerdem insofern zu differenzieren, als der mit ihm bezeichnete Prozess auch als eine nachträgliche Aufbereitung der Kindheit verstanden werden kann. Erfahrungen, Eindrücke und Erinnerungsspuren der Kindheit werden in der Adoleszenz umgearbeitet und erhalten einen neuen Sinn und eine neue psychische Wirksamkeit.[1] Jugendlich zu sein, bedeutet nicht nur, zukunftsgerichtet eine neue Identität zu entwerfen, sondern schließt auch immer die Beschäftigung mit der eigenen Vergangenheit ein. Wie bin ich der geworden, der ich heute bin? Peter Blos (1962, S. 153f.) führt in diesem Zusammenhang eine eigenwillige, aber anregende Verwendung des psychoanalytischen Traumabegriffs ein. Traumatische Erfahrungen sind seiner Ansicht nach nicht notwendigerweise einschränkende und hemmende Erfahrungen, sondern zunächst einmal nur Erfahrungen, die den individuellen Charakter des Menschen formen. Sie bilden gleichsam den Grundton der »Themen«, mit welchen sich der Mensch zeit seines Lebens beschäftigen wird. Keine Biografie ist frei von traumatischen Erfahrungen. Was diese aber im Einzelnen ausmacht und wie sie im weiteren Leben verarbeitet werden, ist das, was das Einzigartige jeder menschlichen Seele ausmacht. Der pubertäre Triebschub bewirkt nun eine Wiederbelebung frühkindlicher Traumata. Indem der Jugendliche sich nach innen wendet und seinem Geworden-Sein nachspürt, fühlt er, was seine ureigene Vergangenheit und somit die Grundlage seiner unverwechselbaren Identität ist. »Traumareste stellen eine volle Beziehung zwischen der Gegenwart und einer dynamisch aktiven Vergangenheit her und richten so die historische Kontinuität im Ich auf, die für ein Gefühl von Sicherheit, Ziel und Harmonie zwischen Gefühl und Handlung verantwortlich ist.« (Blos, zit. n. Kannicht 1985, S. 110) Adoleszente Individuation setzt so betrachtet also gerade nicht den radikalen Bruch mit der eigenen Vergangenheit voraus. Vielmehr ist sie im gelungenen Falle durch eine Verschmelzung von Gegenwart und Vergangenheit gekennzeichnet.

3.3.2 Identitätsbildung als zentrale Entwicklungsaufgabe?

Den Begriff der Identität hat am nachhaltigsten Erikson in die psychoanalytische Jugendtheorie eingeführt. Erikson (1956) entwarf ein theoretisches Modell von acht Lebenszyklen, in denen die Adoleszenz die fünfte Stufe darstellt und deren zentrale Entwicklungsaufgabe die Identitätsbildung ist. Identität im Sinne Eriksons kann grob als ein Gefühl des Gleichseins und der Kontinuität mit sich selbst und anderen beschrieben werden. Verfehlt der Jugendliche seine Entwicklungsaufgabe, so tritt eine »Identitätsdiffusion« ein, die sich als Zersplitterung des Selbstbildes, als ein Gefühl der Verwirrung und des Verlustes der Mitte äußert.

Die Identitätsbildung beginnt nach Erikson dort, wo die Brauchbarkeit der kindlichen Identifikationen endet. Das Kind definiert sich noch weitgehend über die

1 Vgl. hierzu den Begriff der »Nachträglichkeit«, wie Erdheim (1993) ihn in seinem Aufsatz »Psychoanalyse, Adoleszenz und Nachträglichkeit« entfaltet.

Identifikation mit seinen Eltern (»Ich will so wie Mama und Papa sein!«) und deren Normen (»Ich will so sein, wie Mama und Papa das gut finden!«). In der Adoleszenz wird diese Selbstdefinition erheblich modifiziert. Die meisten Kindheitsidentifikationen werden zunächst aufgegeben, manche werden aber auch nur modifiziert, und manche finden unverändert Einlass in die adoleszente und später erwachsene Identität. Der Bereich der Identifikationen stellt nach Erikson allerdings nur einen Aspekt unter vielen dar, die bei der Identitätsbildung eine Rolle spielen: »Genetisch betrachtet, zeigt sich der Prozess der Identitätsbildung als eine *sich entfaltende Konfiguration*, die im Laufe der Kindheit durch sukzessive Ich-Synthesen und Umkristallisierungen allmählich aufgebaut wird; es ist eine Konfiguration, in die nacheinander die konstitutionellen Anlagen, die Eigentümlichkeiten libidinöser Bedürfnisse, bevorzugte Fähigkeiten, bedeutsame Identifikationen, wirkungsvolle Abwehrmechanismen, erfolgreiche Sublimierungen und sich verwirklichende Rollen integriert worden sind.« (Erikson 1956, S. 129)

Rekonstruiertes Modell des psychischen Apparates

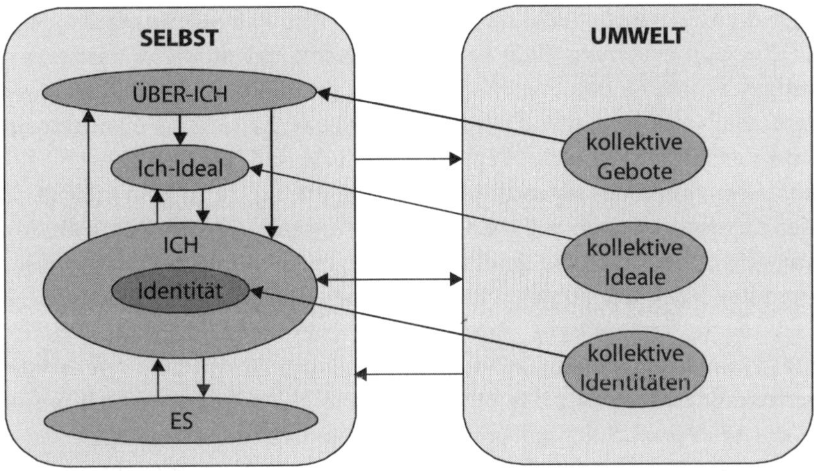

Frei nach Erikson (1956)

Erikson spricht in seinen Werken häufig von der »Ich-Identität«, betont aber, dass der Begriff der Identität sowohl im Sinne einer Identität des *Ich* (die zwischen den Ansprüchen des Es, des Über-Ich und der Umwelt regulierende und ausgleichende Instanz der Persönlichkeit) als auch im Sinne einer Identität des *Selbst* (verstanden als die sich aus allen psychischen Instanzen zusammensetzende Gesamtheit der Persönlichkeit) aufgefasst werden könne (ebd., S. 161f.).

Entscheidend sei vielmehr, dass es sich bei der Identität um eine Funktion des psychischen Apparates handele, ein psychisches Gleichgewicht herzustellen. »Die Funktion der Ich-Identität besteht darin, die Summe der Selbstvorstellungen, die aus den durchlebten Krisen der Kindheit stammen, zu sortieren und zu integrieren. Die

Identität ist durch das mehr oder weniger tatsächlich erreichte, jedoch immer wieder zu revidierende Realitätsgefühl des Selbst gekennzeichnet, wogegen die Bilderwelt des Ideal-Ichs eine Anzahl anzustrebender, aber nie ganz erreichter Idealziele des Selbst wäre.« (Erikson 1956, S. 161)

Die Identitätsbildung ist kein innerpsychischer Prozess, der sich unabhängig von der Umwelt abspielt. Im Gegenteil betont Erikson immer wieder deren soziale Komponente und verweist auf den Tatbestand, wie weitgehend viele Menschen ihre individuelle Identität über die Zugehörigkeit zu kollektiven Identitäten (»Ich bin Buddhist!«, »Ich bin ein Punk!«, Ich bin Deutscher!« »Ich bin Handwerker!«) definieren.

Eriksons Theorie der Identitätsbildung (insbesondere sein Modell von acht Lebenszyklen der menschlichen Entwicklung) wurde in weiten Kreisen intensiv rezipiert und gehört heute zu den populärsten Konzepten der psychoanalytischen Jugendtheorie. Gleichwohl ist diese Theorie keineswegs unumstritten. Erikson wurde vorgeworfen, mit seiner harmonisierenden Darstellung der Adoleszenzentwicklung verkenne er, wie entwicklungsfördernd es für Jugendliche gerade sei, sich phasenweise mit sich selbst und anderen *nicht* identisch zu fühlen (vgl. Kannicht 1985, S. 129ff.). Andere Autoren wie Helsper kritisieren, das Identitätskonzept Eriksons klammere die Widersprüchlichkeit menschlicher Subjektivität aus und ziele tendenziell auf eine von Widersprüchen bereinigte Persönlichkeit, die es aber erst recht in der heutigen postmodernen Gesellschaft nicht geben könne. Das Identitätskonzept bedeute deshalb für den Jugendlichen ein Zwangsverhältnis: »Die widersprüchliche subjektive Vielfalt der Wünsche, Sehnsüchte, Ideale und Normen usw. soll Kohärenz erhalten. Diese Arbeit des jugendlichen Ichs, die die eigene Subjektivität in die Passform der Identität bringen soll, bedeutet die Anwendung von Kontrolle und Ausgrenzung gegenüber den nicht gesellschaftsfähigen, den unbewussten, »wilden«, den rebellierenden Teilen der Subjektivität.« (Helsper 1983, S. 127) Ähnlich wie Helsper kritisieren auch feministische Autor/innen, Eriksons Konzept impliziere einen »Identitätszwang«. Hagemann-White definiert diesen Begriff als »den sozialen, aber auch verinnerlichten Zwang, das Selbst als mit sich selbst identisch zu präsentieren und so die Widersprüchlichkeit im Subjekt auszuschließen, zu entwerten und zu verleugnen, die doch aus gesellschaftlichen Widersprüchen entsteht und Veränderungspotenziale in sich birgt« (Hagemann-White 1997, S. 67).

Meines Erachtens sind solche kritischen Einwände gegen das Identitätskonzept Eriksons durchaus berechtigt; sie machen es allerdings nicht in seiner Gesamtheit hinfällig, sondern relativieren es nur. Identität in einem erweiterten, die Vorstellungen Eriksons relativierenden Sinne beinhaltet also die Möglichkeit einer Widersprüchlichkeit im Subjekt und bleibt immer nur eine *vorläufige*, keine irreversible Identität. Die modernisierte Gesellschaft fordert den Subjekten gewissermaßen eine flexible Identität ab. Ein ganzes Leben lang »immer der Gleiche sein« wird dysfunktional, wenn sich die Lebensumstände im Laufe eines Lebens häufig und radikal ändern. In diesem eingeschränkten Sinne kann die Identitätsbildung meiner Meinung nach aber durchaus als zentrale Entwicklungsaufgabe der Adoleszenz bezeichnet werden.

3.3.3 *Entwicklungsphasen der Adoleszenz*

Das bekannteste Phasenmodell der psychoanalytischen Jugendtheorie ist die von Peter Blos (1962) vorgenommene Unterscheidung der folgenden fünf Phasen: Präadoleszenz, Frühadoleszenz, eigentliche Adoleszenz, Spätadoleszenz und Postadoleszenz. Ein wenig bekannteres, aber ebenso schlüssiges Phasenmodell entwirft Annette Streeck-Fischer in ihrem Aufsatz »Entwicklungslinien der Adoleszenz« (1994). Anders als Blos beschäftigt sie sich aber nur mit der Frühadoleszenz, der mittleren Adoleszenz und der Spätadoleszenz. Streeck-Fischers Phasenmodell stellt keine Alternative zu dem Blosschen Modell dar und widerspricht ihm nur in wenigen Details. Es legt den Schwerpunkt der Betrachtung aber auf andere Aspekte der adoleszenten Entwicklung und soll deshalb im Folgenden mit berücksichtigt werden.

Angesichts der großen Schwankungsbreite der adoleszenten Entwicklung und der zahlreichen Faktoren (Geschlechtszugehörigkeit, hormonell-physiologische Reifung, familiäre Rahmenbedingungen, Schul- oder Arbeitsverhältnis usw.), von denen die Schnelligkeit abhängt, mit der die verschiedenen Phasen erreicht bzw. durchlaufen werden, machen beide Autoren keine konkreten Altersangaben zu den jeweiligen Phasen. Auch wird – sicherlich zu Recht – immer wieder betont, dass die einzelnen Phasen in der Realität unmittelbar ineinander überfließen und es deshalb unmöglich sei, klare Grenzlinien zwischen den einzelnen Phasen zu ziehen. Wenn ich in der folgenden Tabelle trotzdem den Versuch einer altersmäßigen Zuordnung der einzelnen Phasen unternehme, möchte ich diese Skepsis nicht als unbegründet zurückweisen. Stattdessen soll die Tabelle nur offen legen, in welchem Alter bzw. in welchen Jahrgangsstufen die den Phasen jeweils zugeschriebenen Phänomene meinem Eindruck nach *hauptsächlich* und *typischerweise* (also nicht ausschließlich!) zu beobachten sind. Meine Beobachtungen beziehen sich dabei in erster Linie auf mein Untersuchungsfeld, also die Freie Schule Bochum. Die Tabelle erhebt also nicht den Anspruch, für alle Schulen zu gelten.

Subphase	**Alter**	**Schulklasse**
Präadoleszenz	ca. 11 – 12	5. – 6.
Frühadoleszenz	ca. 13 – 14	7. – 8.
Eigentliche (bzw. »mittlere«) Adoleszenz	ca. 15 – 16	9. – 10.
Spätadoleszenz	ca. 17 – 19	Berufsschule/Gymnasium
Postadoleszenz	ca. 20 – 30	Arbeit/Studium

Da meine Untersuchung sich nur auf die Jahrgänge 7 bis 10 bezieht, möchte ich die beiden Phasen der Frühadoleszenz und der eigentlichen Adoleszenz schwerpunktmäßig erörtern. Die beiden angrenzenden Phasen der Präadoleszenz und Spätadoleszenz werden entsprechend kürzer erörtert, die Phase der Postadoleszenz gar nicht, da ihre Phänomenologie für die Jahrgänge 7 bis 10 meines Erachtens in keiner Weise zutrifft.

Die Präadoleszenz (nach Blos)

Charakteristisch für die Präadoleszenz ist die quantitative Zunahme des Triebdrucks, der sich, da noch keine neuen Triebziele auftauchen, in frühkindlichen Formen der libidinösen und aggressiven Triebabfuhr äußert. Ein typischer Abwehrmechanismus dieser Phase ist also die Regression. Typisch für viele Jungen sind in dieser Phase eine diffuse Motilität, sadistische und anale Aktivitäten, ein Hang zur Unsauberkeit, Sammelleidenschaft und die Abwertung alles Weiblichen. Mit dieser Abwertung versucht der Junge den regressiven Sog zur präödipalen Mutter abzuwehren. Mädchen wehren den regressiven Sog zur archaischen Mutter demgegenüber nicht durch ein überkompensatorisches Betonen der eigenen Geschlechtsrolle ab, sondern durch eine Identifikation mit der Aktivität und Übermacht der archaischen Mutter.[1] Typisch für Mädchen ist in dieser Phase dementsprechend das Bemühen, Anerkennung in Jungengruppen zu finden und gegenüber anderen Mädchen wie Jungen zu agieren. Ziehe führt hierzu aus: »Bei beiden Geschlechtern steht also im Zentrum der Präadoleszenz die Auseinandersetzung mit der präödipalen Mutter: Während sie sich jedoch für den Jungen bedrohlich-kastrierend darstellt und daher durch homosexuelle Identifikation abgewehrt werden muss, bedeutet sie für das Mädchen die Versuchung, Schutz in der Regression zu suchen, was durch phallisch-aktive bzw. heterosexuelle Identifikation abgewehrt wird. Die aus dieser Konstellation erwachsende vorübergehende Angleichung des Mädchens an die Jungen berechtigt also zu der Feststellung, dass die ›klassische‹ Präadoleszenz zunächst eine gewisse ›Maskulinisierung‹ beinhaltet.« (Ziehe 1975, S. 149)

Die Frühadoleszenz (nach Blos und Streek-Fischer)

In der Frühadoleszenz erfolgt eine Loslösung von den Eltern und deren inneren Repräsentanzen. Im Zuge dieser Loslösung verliert der Jugendliche an Über-Ich-Stärke, da dieses ja ursprünglich durch die Identifikation mit den Normen und Geboten der Eltern entstanden war, welche nunmehr entidealisiert werden. Die Schwächung des Über-Ichs bewirkt Gefühlszustände der inneren Leere und des inneren Aufruhrs und äußert sich häufig durch eine zurückgehende Diszipliniertheit.

Gleichzeitig kommt es häufig zu gleichgeschlechtlichen Freundschaften mit gegenseitiger Idealisierung und einer latent homosexuellen Färbung. Die Idealisierung des gleichgeschlechtlichen Freundes erfolgt nach Blos nach dem Schema der »narzisstischen Objektwahl«: »Irgendein Charakteristikum des anderen wird zugelassen und geliebt, da es eine Qualität darstellt, die das Subjekt selbst gerne hätte, und in der Freundschaft besitzt er es dann ›in Stellvertretung‹.« (Blos 1962, S. 93) Aus dieser Idealisierung erwächst allmählich ein eigenes Ich-Ideal, welches dem Leben des Adoleszenten einen neuen Sinn gibt und der Aufrechterhaltung des verletzlichen Selbstwertgefühls dient (vgl. ebd., S. 94).

1 Das Sich-verfügbar-Machen einer großen aktiven Macht in Form des *Reitens* mag der psychodynamische Hintergrund für die auffällige Begeisterung vieler Mädchen dieses Alters für Pferde sein.

Streek-Fischer stellt in ihren Überlegungen zur Psychodynamik der Frühadoleszenz den Begriff der »Abschirmung« in den Mittelpunkt. Die Latenz, so Streek-Fischer, sei noch durch ein Bedürfnis nach einer Welt geteilter Bedeutungen und einem »Wir-Gefühl« gekennzeichnet (»Ich verhalte mich so, wie meine Eltern das gut finden.«). In der Frühadoleszenz löst sich dieses Gefühl aber auf, unpassend gewordene Selbst- und Objektbilder werden hinterfragt, und es vollzieht sich eine Distanzierung von den elterlichen Vorstellungen. Parallel zu dieser Distanzierung entwickelt sich ein »innerer Wahrnehmungsraum«, der nach außen abgeschirmt wird. »Die zwei Wirklichkeiten, die sich nun herausdifferenzieren, sind einmal die, die der Jugendliche innerlich erlebt und zunehmend nach außen abschirmt, und zum anderen die, die er nach außen hin zu sein vorgibt.« (Streek-Fischer 1994, S. 511) Diese Abschirmung ist aber keine vollständige, sie bezieht sich v.a. auf das Erleben körperlicher Veränderungen, welches die »Schamkrise« verursacht: Den biologischen Reifungsvorgängen am eigenen Körper »hinterherzuhinken« führt zu dem beschämenden Erleben, sich im Blick auf sich selbst wie in den Augen anderer fremd zu sein. Das Abschirmungsverhalten äußert sich bei Jungen eher in einer nach außen gerichteten Distanzierung vom Erwartungshorizont der Erwachsenen, bei Mädchen eher in einer zunehmenden Aufmerksamkeit für sich selbst. Während Jungen in erster Linie ihre Geschlechtsorgane libidinös besetzen, besetzen Mädchen tendenziell ihren ganzen Körper als Sexualorgan und geraten deshalb, so Streek-Fischer, häufiger in Situationen, die Schamgefühle erzeugen.

Weder die Schamkrise noch das Abschirmungsverhalten werden von Streek-Fischer als pathologisch eingestuft, sondern als notwendige erste Schritte zur Herausbildung einer Identität. Pädagogisch relevant ist insbesondere ihr Hinweis, dass Therapeuten oder Erzieher in der Wahrnehmung von Frühadoleszenten leicht in die Position des eindringenden, vereinnahmenden Objekts geraten, welches die abgeschirmten Bereiche des eigenen Erlebens gefährdet. In keiner anderen Phase seien Jugendliche deshalb so schwer zugänglich und gleichsam »immun« gegen erzieherische Beeinflussung. Auch die mit der Schwächung des Über-Ichs einhergehende mangelnde Diszipliniertheit macht die Frühadoleszenz aus pädagogischer Sicht zu einer besonders »schwierigen« Phase.

Die eigentliche Adoleszenz (Blos) bzw. mittlere Adoleszenz (Streek-Fischer)

Die von den Eltern abgelöste Libido richtet sich in der eigentlichen Adoleszenz zunächst auf das eigene Selbst – Blos spricht in diesem Zusammenhang von dem »narzisstischen Durchgangsstadium« – und dann auf ein nicht-inzestuöses, meist heterosexuelles Objekt. Die heterosexuelle Objektbesetzung, d.h. die Fähigkeit, zu einem gegengeschlechtlichen Partner eine intime Beziehung aufzubauen und damit verbunden die Entwicklung der Geschlechtsidentität, ist ein zentrales Entwicklungsziel der eigentlichen Adoleszenz.

Die Hinwendung zum anderen Geschlecht vollzieht sich nach Blos über den Mechanismus der »sexuellen Polarisation« (vgl. Blos 1962, S. 119ff.). Das heißt, die bisexuelle Einstellung der Frühadoleszenz wird aufgegeben und es bildet sich eine irreversible Identität der Männlichkeit oder Weiblichkeit heraus. Die geschlechtsfremde Komponente der eigenen Identität und des eigenen Trieblebens wird dabei dem heterosexuellen Partner überlassen. Es ergibt sich ein Gefühl der Ganzheit, weil die eigenen geschlechtsfremden Tendenzen nicht verloren, sondern im Partner aufgehoben sind. Blos schreibt hierzu:

»Man kann oft und sehr leicht in der eigentlichen Adoleszenz beobachten, wie die Tatsache des Sich-Verliebens oder die, einen Freund oder Freundin zu finden, ein bemerkenswertes Hervortreten der maskulinen oder femininen Züge bewirkt. Diese Verschiebung zeigt an, dass die geschlechtsfremden Tendenzen dem anderen Geschlecht eingeräumt worden sind und nun im gegenseitigen Besitzen der Partner geteilt werden können.« (Ebd., S. 119)

Typisch für das »narzisstische Durchgangsstadium« in der eigentlichen Adoleszenz ist eine gesteigerte Erlebnisintensität, eine gesteigerte Sensibilisierung der Wahrnehmung (vor allem für körperliche Phänomene) und eine erhöhte Sublimierungsfähigkeit, welche die ungewöhnliche intellektuelle und künstlerische Kreativität dieses Lebensalters erklären. »Adoleszente künstlerische Produktionen sind oft unverhüllte Autobiografie und erreichen ihren Höhepunkt in der Zeit, wenn die Libido von der Objektwelt abgezogen wird, oder zu einer Zeit der entweder homo- oder heterosexuellen zielgehemmten Liebe. Die schöpferische Leistung stellt also das Bemühen dar, die dringende Aufgabe der inneren Verwandlung zu vollbringen. Die Besetzungen des Denkens und der Introspektion erlauben eine Konzentration und Hingabe an den schöpferischen Prozess – in Gedanken und Bilddarstellungen –, die in den vorausgehenden und folgenden Perioden des Lebens beim Durchschnittsmenschen fast unbekannt sind.« (Blos 1962, S. 147)

Mehr noch als in der Frühadoleszenz divergiert in der eigentlichen Adoleszenz die Art und Weise, wie Jugendliche die Herausforderungen dieses Alters individuell zu meistern suchen. Während sich einige Jugendliche gewissermaßen weigern, erwachsen zu werden, gibt es bei anderen Jugendlichen eine Tendenz, die noch nicht erlangte Reife vorzutäuschen und einem Ideal von Erwachsenheit zu entsprechen, ohne dies tatsächlich authentisch tun zu können. Beiden Typen gemeinsam ist aber der Anspruch, gleichzeitig über die Rechte der Kindheit und des Erwachsen-Seins verfügen zu dürfen. »Die Neigung, Kindheitsprivilegien aufrechtzuerhalten und dabei aber gleichzeitig Erwachsenenvorrechte zu beanspruchen, ist fast ein Synonym für die Adoleszenz selbst.« (Blos 1962, S. 129)

Die schon in der Frühadoleszenz einsetzende »Schamkrise« und das Bemühen des Jugendlichen, sein labilisiertes Selbstgefühl zu stabilisieren, stehen bei Streek-Fischer im Mittelpunkt ihrer Überlegungen zur mittleren Adoleszenz. »Wenn die Eltern entmachtet sind und der Jugendliche mit zunehmender Erfahrung von relativer Unzulänglichkeit als Folge eines ›developmental lag‹ von Schamüberflutung bedroht ist, versucht der, sein labilisiertes Selbstgefühl mit Hilfe von verschiedenen narzisstischen Konfigurationen zu stabilisieren.

Solche Konfigurationen sind:

- ein aggrandisiertes Selbst,
- ein dissoziiertes Selbst mit narzisstischem Rückzug,
- ein turbulentes Selbst mit borderline-ähnlichem Agieren.« (Streek-Fischer 1994, S. 518)

Die Unterscheidung von drei narzisstischen Selbstkonfigurationen ist als ein theoretisches Modell zu betrachten und schließt selbstverständlich nicht aus, dass es in der Realität vielfältige Mischformen dieser Konfigurationen gibt. Streek-Fischer betont allerdings, männliche Jugendliche hätten häufiger ein aggrandisiertes Selbst und weibliche Jugendliche häufiger ein dissoziiertes Selbst.

- Beim Typus des *aggrandisierten Selbst* werden unliebsame Selbstaspekte von Unzulänglichkeit, Hilflosigkeit und mangelnder Kompetenz verleugnet und gleichzeitig auf andere, v.a. die Eltern projiziert. Solche Jugendlichen stabilisieren sich also mit einem aufgeblähten Größenselbst (»Mir gehört die Welt!«) bei gleichzeitiger Abwertung realer Objekte.
- Beim Typus des *dissoziierten Selbst* existieren Ideal-Selbst-Aspekte vom Real-Selbst abgespalten, also dissoziiert in Form von Tagträumen und der Identifikation mit Idolen. Als Probehandlungen erfüllen diese Fantasien eine Vorbereitungsfunktion für soziale Kontakte. Die Abwertung des realen Selbst steht hier im Vordergrund, dient aber paradoxerweise auch der Stabilisierung des Selbstgefühls, etwa so, wie Nietzsche es in einem Aphorismus ausdrückt: »Wer sich selbst verachtet, achtet sich dabei aber immer noch als Verachtender.« Kennzeichnend für den Typus des dissozierten Selbst sind narzisstisches Vermeidungsverhalten zum Zwecke der Schamminderung sowie Leeregefühle und depressive Reaktionen.
- Beim Typus des *turbulenten Selbst* wechseln die Selbstzustände zwischen »himmelhoch jauchzend und zu Tode betrübt«. »Sie pendeln zwischen Aufwertung und Abwertung ihrer selbst und äußerer Objekte hin und her und setzen innere Konfliktspannungen in äußere gelebte Aktionen um, um sich im nächsten Moment ganz zurückzuziehen.« (Ebd., S. 520)

In allen drei Konfigurationen erfüllt meist auch die Gleichaltrigengruppe eine stabilisierende Funktion. »Übergangsobjekte« (im Sinne Winnicotts) wie eine punkige Frisur oder eine Skater-Hose stärken das Wir-Gefühl der peer-group. Solche Accessoires, aber auch Pop-Musik, Videos, Computerspiele, Fantasieliteratur oder Idole bieten sich als Projektionsflächen für gute und böse Selbstanteile. Ohne auf solche Projektionsflächen vorübergehend zurückzugreifen, wären die meisten Jugendlichen kaum in der Lage, ihre Entwicklungsaufgabe zu meistern. Tagträumereien, adoleszente Übergangsobjekte und narzisstische Selbstkonfigurationen sind also – vorausgesetzt es bleibt bei vorübergehenden Phänomenen – ebenso entwicklungsfördernd wie das Abschirmungsverhalten der Frühadoleszenz.

Die Spätadoleszenz (Blos, Streek-Fischer)

Was Erikson als die zentrale Entwicklungsaufgabe der gesamten Adoleszenz überhaupt begreift, nämlich die endgültige Herausbildung einer beruflichen und geschlechtlichen Identität, steht nach Blos erst in der Spätadoleszenz im Zentrum des psychischen Geschehens. Im Zuge der Identitätsbildung kommt es zu identifikatorischen Festlegungen auf einen Beruf, eine bestimmte Rolle im gesellschaftlichen Leben und eine bestimmte Charakterstruktur. Die Gefühle werden konstanter, die Selbstachtung nimmt zu und zweckbezogene Handlungen treten in den Vordergrund. Blos spricht in diesem Zusammenhang auch von der Herausbildung des Selbst als einem »neuen Ordnungsprinzip«. Das subjektive Erleben des Selbst vermittele ein Gefühl von Ich-Identität. Der Jugendliche »fühlt ›sich selbst‹, er bemerkt eine Einheit des inneren und äußeren Erlebens an Stelle der fragmentierten Exzesse der Adoleszenz« (Blos 1962, S. 217).

Nach Streek-Fischer ist die Spätadoleszenz vor allen eine Phase der Entwicklung zunehmend realistischer Selbst- und Objektbilder. In Verbindung mit dem Erwerb von vielfältigen Kompetenzen und positiven Bestätigungen söhnt sich der Jugendliche immer mehr mit seinen realen Möglichkeiten aus. Omnipotenz- und Masturbationsfantasien werden zunehmend bedeutungslos. Fehlen allerdings positive Bestätigungen (im Bereich der Arbeit oder der Liebe) kann das narzisstische Durchgangsstadium auch zu einem defensiven Dauerzustand werden. Angesichts der Tatsache, dass identifikatorische Festlegungen immer auch eine narzisstische Kränkung beinhalten, weil sie die Illusion der Omnipotenz zerstören, ist die Gefahr einer Fixierung des Adoleszenten im narzisstischen Durchgangsstadium durchaus ernst zu nehmen. »Man kann nur in einem sehr beschränkten Maße gleichzeitig Handwerker, Künstler, Sozialwissenschaftler und Jurist werden. Zu Gunsten einer vertieften Qualifikation für einen Wissenschaftszweig, einen Beruf etc. muss auf viele andere potenziell mögliche Identitäten verzichtet werden.«(Leuzinger-Bohleber, Garlichs 1993, S. 117)

3.3.4 Abwehr- und Stabilisierungsmechanismen in der Adoleszenz

Das psychische Gleichgewicht des Menschen ist gerade in der Adoleszenz immer wieder ernsthaft gefährdet. Die Entwicklungsaufgabe einer realitäts- und ich-gerechten Umstrukturierung der eigenen Persönlichkeit fordert dem Jugendlichen den Einsatz all seiner Kräfte ab, unter ungünstigen Umständen überfordert sie ihn. In solchen Fällen greift der Jugendliche (mehr oder weniger unbewusst) auf bestimmte Mechanismen zurück, die sein psychisches Gleichgewicht wieder stabilisieren. Die *Askese* und die *Intellektualisierung* wären klassische Beispiele für solche Mechanismen. Anna Freud (1936) sah deren vorrangige Funktion darin, den adoleszenten Triebschub abzuwehren, der für viele Jugendliche beängstigend sei, und nannte diese Mechanismen deshalb »Abwehrmechanismen«. In einem späteren Beitrag (1960) unterscheidet Anna Freud vier weitere Abwehrmechanismen, deren Funktion aber nicht die Triebabwehr sei, sondern die Abwehr der infantilen Bindungen (vgl.

Anna Freud 1960, S. 14ff.): *Libidoverschiebung, Verkehrung der Affekte ins Gegenteil, Rückwendung der Libido auf die eigene Person* und *Regression.*

Libidoverschiebung wird im Verständnis Anna Freuds dann zu einem adoleszenten Abwehrmechanismus, wenn der Jugendliche seine Libido plötzlich und mit einem Schlag von den Eltern abwendet und auf neue Objekte richtet. »Die Richtung, die die Libido in diesen Fällen nimmt, ist an und für sich normal, aber die Plötzlichkeit der Veränderung, der Umschlag ins volle Gegenteil der neuen Objektwahl und die übertriebene Stärke der neuen Bindungen verraten den reaktiven Abwehrcharakter des Vorgangs.« (Ebd., S. 14) Wenn die Affekte des Adoleszenten gegen seine Eltern sich plötzlich in ihr Gegenteil verkehren, also aus Liebe Hass und aus Bewunderung Verachtung wird, spricht Anna Freud von einer *Verkehrung ins Gegenteil.* Entgegen ihrer bewussten Wahrnehmung bleiben Jugendliche in einem solchen Fall an ihre Eltern innerlich gebunden. Die Bindung wirkt entwicklungshemmend, denn sie lässt keinen Raum für unabhängiges Handeln oder wachsende Selbstständigkeit, das Agieren spielt sich weiterhin im Rahmen der Familie ab. Von einer *Rückwendung der Libido auf die eigene Person* spricht Anna Freud, wenn dem Jugendlichen seine Umwelt so Angst erregend erscheint, dass er seine Libido nicht von der eigenen Person abzuziehen vermag und so im narzisstischen Durchgangsstadium verhaftet bleibt. »Wo Angst und Hemmung den Weg zu den Objekten der Außenwelt verlegen, bleibt die Libido im Rahmen der eigenen Person, wo sie verschiedene Verwendung finden kann.« (Ebd., S. 18) Die *Regression* begreift Anna Freud als die elementarste Form adoleszenter Angstabwehr. Sie führt zu einer Störung der Ich-Funktionen, in deren Folge Außen- und Innenwelt nicht mehr klar voneinander unterschieden werden können. »Eine Regression dieser Art entzieht den ödipalen (und vielen präödipalen) Fantasien die Besetzung und wirkt dadurch als Angstbeschwichtigung. Die Herabsetzung der Angst ist aber nur vorübergehend. An Stelle der Angst vor den Objektbesetzungen tritt nach kurzer Zeit eine durch die Identifizierung ausgelöste panikartige Reaktion, die ich an anderer Stelle (...) als Angst vor Hörigkeit und Persönlichkeitsverlust beschrieben habe.« (Ebd., S. 19)

Zusammengenommen kann festgehalten werden, dass es sich bei »Abwehrmechanismen« im Sinne Anna Freuds um übersteigerte Formen normaler adoleszenter Entwicklungsprozesse handelt. All diese Mechanismen, so betont sie ausdrücklich, könnten auch als Wege aufgefasst werden, mit denen der Jugendliche sein psychisches Gleichgewicht wieder herstellt. Entwicklungshemmend und pathologisch würden diese Abwehrmechanismen erst, wenn »das Ich unter dem Druck überstarker Angst jedes Maß und jede vernünftige Auswahl unter den zur Verfügung stehenden Methoden vernachlässigt« (ebd., S. 21).

Im Gegensatz zu Anna Freud spricht Peter Blos demgegenüber hauptsächlich von »Stabilisierungsmechanismen« (vgl. Blos 1962, S. 202ff.). Die von Anna Freud beschriebenen Abwehrmechanismen werden von ihm unter diesen Begriff subsumiert: Bei diesen handele es sich um »defensive Stabilisierungsmechanismen« (vgl. Kannicht 1985, S. 99f.). Weitere Stabilisierungsmechanismen sind nach Blos die *Adaption*, die *Kompensation* und die *Restitution*.

Unter *Adaption* versteht Blos in Anlehnung an Hartmann das Vermögen des Individuums, entweder die Umwelt an die eigene Person anzupassen (alloplastische Adaption) oder umgekehrt die eigene Person an die Umwelt anzupassen (autoplastische Adaption). Die *Kompensation* dient dem Individuum in erster Linie zur Regulierung des Selbstwertgefühls, indem persönliche Schwächen durch die forcierte Förderung persönlicher Stärken ausgeblendet oder in ihrer Bedeutung relativiert werden. »Geistige oder körperliche Mängel, die als eine narzisstische Zurücksetzung empfunden werden, regen das – oft forcierte – Überwuchern spezieller Gaben an, und arbeiten so dem drohenden Nachlassen der Selbstachtung entgegen.« (Blos 1962, S. 207)

Mit dem Begriff *Restitution* bezeichnet Blos schließlich Mechanismen, die verhüten, dass die Objektlibido in der narzisstischen Durchgangsphase der Adoleszenz durch Ableitung auf das Selbst völlig aufgebraucht wird. Indem sich der Jugendliche an bestimmte Tätigkeiten oder Identifizierungen (z.B. mit der peer-group) »festklammert«, verhindert er, sich libidinös völlig von seiner Umwelt zu lösen.

Schon bei zwei prominenten Klassikern der psychoanalytischen Jugendtheorie werden die beiden Begriffe »Abwehrmechanismen« und »Stabilisierungsmechanismen« also keineswegs einheitlich behandelt. Ebenso ausgeblieben ist bisher eine differenzierte theoretische Systematisierung dieser Mechanismen. Immer da, wo diese Mechanismen in der Literatur aufgezählt werden – sei es nun unter dem Aspekt der Abwehr oder unter dem der Stabilisierung –, wird auf den Versuch einer umfassenden Systematisierung von vornherein verzichtet. Ich sehe mich leider außer Stande, im Rahmen der vorliegenden Arbeit diese schwer wiegende, aber wohl auch nicht ganz zufällige Lücke[1] in der psychoanalytischen Jugendtheorie zu schließen. Auch werde ich die beiden genannten Begriffe synonym gebrauchen, bevorzuge dabei allerdings den Begriff der Stabilisierung, da er mir erstens im Sinne Blos' als der umfassendere erscheint und zweitens selbst Anna Freud, die im Übrigen nur von Abwehrmechanismen sprach, betonte, dieselben könnten auch als Wege aufgefasst werden, das psychische Gleichgewicht zu stabilisieren. Die wichtigsten Abwehr- und Stabilisierungsmechanismen sollen im Folgenden jeweils kurz erläutert werden. Ich habe mich dabei auf jene Mechanismen beschränkt, die gerade in der Adoleszenz eine besondere Rolle spielen oder zumindest eine besondere Ausprägung erfahren. Universell verbreitete Abwehrmechanismen, wie beispielsweise die Verdrängung, die Isolierung oder die Projektion, sollen also nicht erläutert werden.

Regression (Peter Blos)

»Zeitlich gesehen setzt die Regression eine genetische Reihenfolge voraus und bezeichnet die Rückkehr des Subjekts zu Etappen, die in seiner Entwicklung bereits

1 Ich denke, dass die zahlreichen Überschneidungen der einzelnen Mechanismen sowie die reale Verwobenheit dessen, was mit den Begriffen »Abwehr« und »Stabilisierung« inhaltlich gemeint ist, diese Lücke im Theoriegebäude der psychoanalytischen Jugendtheorie leicht erklärlich machen.

überschritten sind (libidinöse Stufen, Objektbeziehungen, Identifizierungen etc.). Formal gesehen bezeichnet die Regression den Übergang zu Ausdrucksformen und Verhaltensweisen eines vom Standpunkt der Komplexität, der Strukturierung und der Differenzierung aus niedrigeren Niveaus.« (Laplanche/Pontalis 1967, S. 436)

Im Gegensatz zu der klinisch orientierten Sichtweise Anna Freuds, die die Regression als eine weitgehend pathologische Abwehrform begreift, betonen andere Autoren (Blos, Erikson, Ziehe, Hirblinger u.a.) die entwicklungsfördernde Funktion der Regression in der Adoleszenz. Blos geht so weit, die psychische Umstrukturierung durch Regression als »die größte psychische Leistung der Adoleszenz« (Blos, zit. n. Hirblinger 1992, S. 92) zu bezeichnen. Die Bedeutung der Regression liegt darin, dass der Jugendliche nur im Rückgriff auf die Sicherheit und Trieblust gewährende Komponente infantiler Objektbeziehungen neue tragfähige Beziehungen aufbauen kann. Regressiv zu sein bedeutet für den Jugendlichen, sich durch den Rückgriff auf Bekanntes bzw. die Wiederholung psychisch zu entlasten und Kraft zu schöpfen. Der Jugendliche holt gleichsam Anlauf, um den weiten und schwierigen Sprung ins Erwachsen-Sein zu schaffen, so wie Nietzsche es in einem Aphorismus ausdrückt: »Man sagt, er geht zurück, und das tut er auch, weil er versucht, einen großen Sprung zu machen.« Seelisches Wachstum in der Adoleszenz setzt also ein dialektisches Wechselverhältnis von Regression und Progression voraus. Das heißt der Jugendliche muss sich gleichermaßen auf Erlebnisse des psychodynamischen »Rückschritts« einlassen können wie auf Erlebnisse der Veränderung und des Fortschreitens.

Askese (Anna Freud)

Kennzeichnend für die frühe Adoleszenz ist ein Triebschub, der sich noch nicht als eine qualitative Veränderung des Trieblebens äußert, sondern zunächst nichts anderes ist als eine quantitative Zunahme des Triebdrucks. Aus Angst, von den eigenen Trieben gleichsam »überflutet« zu werden, reagieren manche Jugendliche mit einem Abwehrmechanismus, der zuerst von Anna Freud (1936) als »Askese« bezeichnet wurde. Gemeint ist damit eine rigorose Triebfeindlichkeit, die tendenziell jedem Triebbedürfnis die Befriedigung versagen möchte. »Jedem ›Ich will‹ des Triebes wird ein ›Du darfst nicht‹ des Ich entgegengestellt.« (Anna Freud 1936, S. 151) Die Triebfeindlichkeit des asketischen Jugendlichen hat einen gefährlich fortschreitenden Charakter und kann sich bis auf die alltäglichsten körperlichen Bedürfnisse erstrecken, etwa dann, wenn der Jugendliche sich den gewöhnlichsten Kälteschutz versagt. Typisch für den asketischen Jugendlichen ist weiterhin, dass sein Asketismus in bestimmten Phasen immer wieder in einen Triebexzess umschlägt.

Kannicht schlägt vor, die von Anna Freud beschriebenen Abwehrmechanismen der Askese und der Intellektualisierung nicht als Triebabwehr aufzufassen, sondern als Versuche, verschiedene Lebensentwürfe auszuprobieren. Die Askese sei so gesehen als Versuch zu verstehen, die Grenzen eines unbeschränkten Trieblebens und die damit verbundenen Freiheiten und Zwänge auszuloten (vgl. Kannicht 1985, S. 92).

Intellektualisierung (Anna Freud)
Der Abwehrmechanismus der Intellektualisierung äußert sich nach Anna Freud als ein unstillbares Verlangen, über abstrakte Themen (z.B. philosophische oder weltpolitische) nachzudenken und zu reden. Das faktische Handeln des Jugendlichen sei von diesen Denkleistungen jedoch in aller Regel unbeeinflusst. »Seine Gedankenarbeit entspricht eher einer gespannten Wachsamkeit für die Triebvorgänge in seinem Inneren und einem Umsetzen dessen, was er spürt, in abstrakte Gedanken. (...) Was sich im Intellektuellen äußert, wäre also eine Schilderung der Triebvorgänge.« (Anna Freud 1936, S. 158) Durch die Intellektualisierung seiner Triebvorgänge versucht der Jugendliche also, sie derart ›materialisiert‹ besser handhaben und beherrschen zu können. Denken bezeichnete Freud als ein »Probehandeln unter Verwendung kleinster Triebquantitäten« (zit. n. ebd., S. 160). Die Verbindung von Triebvorgängen mit Wortvorstellungen ist ein wichtiger Schritt der Triebbeherrschung. Die adoleszente Intellektualisierung ist so gesehen eine Übersteigerung einer grundlegenden Form der Triebbewältigung. Adorno warnte im Übrigen davor, das adoleszente Intellektualisieren vorschnell als ›nutzlos‹ abzuwerten. Gerade weil das adoleszente Denken von unmittelbaren Zwecken und vom Handeln distanziert ist, sei es so wertvoll. (vgl. Kannicht 1985, S. 93)

Was ich oben bereits über den Abwehrmechanismus der Askese sagte, gilt meines Erachtens auch für die Intellektualisierung: Sie spielt heute nur noch für eine kleine Minderheit von Jugendlichen eine entscheidende Rolle.

Agieren (Peter Blos)
Typisch für viele Jugendliche ist ein hemmungsloser Aktionsdrang und ein schauspielerisches Benehmen, welches oftmals zu anmaßenden und unangebrachten Handlungen führt und von Blos in seinem Beitrag »Die Funktion des Agierens im Adoleszenzprozess« (1964) als Abwehrmaßnahme gegen die Passivität interpretiert wird. Die für solche Jugendlichen in anderen Situationen typische Lethargie, der Antriebsmangel und die Abneigung zu handeln, seien ein Indiz für die defensive Qualität dieser Handlungen. Die Bedeutung, die Blos dem Agieren in Bezug auf die adoleszente Entwicklung beimisst, wird deutlich, wenn er die These aufstellt, die Aktion, das Agieren sei in gleicher Weise für Jugendliche typisch, wie es das Spiel für Kinder und die sprachliche Kommunikation für Erwachsene sei (Blos 1964, S. 120).

Blos führt den unbändigen Aktionsdrang Jugendlicher auf die Verarmung des Ich zurück, die sich aus der Loslösung von den infantilen Liebesobjekten ergibt: »Die Loslösung von den internalisierten Liebes- und Hassobjekten wird von einem tiefen Gefühl des Verlustes und der Isolierung begleitet, wie auch von einer schweren Verarmung des Ich, die für die ungestüme Zuwendung des Adoleszenten zur Außenwelt, also zur sensorischen Stimulierung und zur Aktivität, außerordentlich verantwortlich ist. Der Jugendliche wendet sich so ungestüm der Realität zu, da er sich ständig in Gefahr befindet, sie zu verlieren.« (Ebd., S. 127) Die Gefahr eines Realitätsverlustes ist nun eng verbunden mit einem regressiven Drang zur Passivität, der ebenfalls abgewehrt werden muss: »Der Jugendliche hat ein Bedürfnis, seine Hilflosigkeit durch Handlungen zu verneinen, seine Unabhängigkeit von der aktiven archaischen Mutter durch Übertreibungen zu bestärken und dem regressiven Drang zur Passivität entgegenzuwirken, indem er so weit geht, seine Abhängigkeit von der Realität selbst zu verneinen.« (Blos 1964, S. 124)

Verleugnung (Shmuel Erlich)
Der Begriff der Verleugnung wird in der psychoanalytischen Jugendtheorie meist mit der Schwäche und Verletzlichkeit des adoleszenten Ich in Verbindung gebracht. Der Jugendliche neigt dazu, eigene Unzulänglichkeiten zu verleugnen, um sein verletzliches Selbstwertgefühl zu stabilisieren. Erlich stellt in seinem einschlägigen Beitrag (1993) die zunächst paradox erscheinende These auf, dass viele Jugendliche auch genötigt sind, ihre eigene Stärke und Reife zu verleugnen. Immer wieder wurden dem Jugendlichen in seiner Kindheit Wünsche mit der einfachen Begründung versagt, er sei noch nicht groß genug. Seine inzwischen errungene körperliche und geistige Reife signalisiert ihm aber, dass er nun alle Implikationen des Erwachsenen-Status prinzipiell auf sich nehmen kann. Niemand wagt ihm mehr zu sagen: »Warte, bis du groß bist!« Der Schritt des Erwachsen-Werdens ist in seiner vollen Konsequenz aber so groß und weit reichend, dass der Jugendliche davor zurückschreckt. »Er muss seine Stärke verleugnen, um nicht vorzeitig den vollen Konsequenzen aus dem, was und wo er wirklich ist, gegenüberzustehen.« (Erlich 1993, S. 226) Insofern die Verleugnung der eigenen Reife dem Jugendlichen Zeit schafft, den adoleszenten Entwicklungsaufgaben gerecht zu werden, ist sie entwicklungsfördernd. Andererseits führt die Verleugnung zu einer Ich-Spaltung, in deren Folge der Jugendliche Zustände erlebt, in denen er entweder sich selbst oder seine äußere Realität als unwirklich erlebt. Ebenso wie andere Abwehr- und Stabilisierungsmechanismen auch birgt die Verleugnung also gleichermaßen Chancen und Gefahren für die adoleszente Entwicklung. »Für den Jugendlichen kann Verleugnung der Integration dienen und Entwicklungsvorstöße fördern, aber ebenso kann sie einen Aufschub und ein Innehalten bewirken. Sie kann die Anstrengungen des Jugendlichen, sich von Elternfiguren zu trennen und auf eigenen Füßen zu stehen, unterstützen, indem sie die dadurch hervorgerufenen Ängste nicht anerkennt. Aber sie kann auch die letzte Verweigerung der Autonomie darstellen, der Fähigkeit, die Welt auf eigene Weise und in eigenen Begriffen zu erkennen.« (Ebd., S. 238)

Uniformismus (Peter Blos)
Die Neigung Jugendlicher, sich den Verhaltens- und Kleidungsvorschriften einer Gruppe Gleichaltriger anzupassen, bezeichnet Blos als »Uniformismus«. Der Anschluss an eine Gruppe vermittelt dem Jugendlichen ein Gefühl der Sicherheit und ist geeignet, Angstgefühle abzuwehren. »Es ist ein Gruppenphänomen, das das Individuum innerhalb der Gruppe gegen die Angst, woher sie auch immer stammen mag, schützt. (...) Individuelle Unterschiede und emotionale Bereitschaft werden weitgehend ignoriert in einem überstürzten Hasten nach Selbstbehauptung und Gleichheit, die den Eindruck früher Reife vortäuschen.« (Blos 1962, S. 138) Als die

Neigung, sich nach der Loslösung von den Eltern verstärkt einer peer-group zuzuwenden und die eigene Identität wesentlich über die Zugehörigkeit zu dieser Gruppe zu definieren, ist der Uniformismus ein universell verbreitetes Jugend-Phänomen. Zu einem Abwehrmechanismus im engeren Sinne wird er freilich erst dann, wenn die eigene Individualität dem Hang zum Gleichsein nachhaltig unterworfen wird (vgl. dazu die Studie von ostdeutschen Jugendcliquen von Bohnsack u.a. 1997).

Vermeidungsverhalten (Thomas Ziehe)
Typisch für heutige Jugendliche ist nach Ziehe (vgl. Ziehe 1975) die Tendenz, Situationen zu vermeiden, die das Risiko des Versagens beinhalten. Jugendliche fürchten die narzisstische Kränkung, erfahren zu müssen, dass sie den strengen Anforderungen ihres Ich-Ideals nicht genügen. Deshalb ziehen sie sich häufig aus unbekannten Bereichen der Realität zurück und versteifen sich auf jene Bereiche, in denen sie sich ohnehin schon sicher fühlen. »Dieser Rückzug kann ein realer sein (ein buchstäbliches Flüchten oder Wegbleiben aus bestimmten kränkenden Situationen) oder aber darin bestehen, dass der Grad der Affekte, die in gefährlichen Situationen beteiligt werden, extrem niedrig gehalten wird.« (Ziehe 1980, S. 23) Die unter Jugendlichen weit verbreitete, zumindest dem eigenen Selbstverständnis nach angestrebte »*Coolness*« kann so gesehen auch als Ausdruck narzisstischen Vermeidungsverhaltens betrachtet werden.

Symbolbildung (Hirblinger)
Zu den Eigenarten des Jugendalters gehört eine außergewöhnliche intellektuelle und künstlerisch-musische Kreativität. Peter Blos erklärt diesen Umstand psychoanalytisch mit der narzisstischen Besetzung des Selbst, wie sie für die meisten Jugendlichen in der eigentlichen Adoleszenz kennzeichnend ist. »Die erhöhte Introspektion oder die psychische Nähe zu den internen Prozessen zusammen mit Distanz vom äußeren Objekt geben dem Adoleszenten einen Grad von Freiheit des Erlebens und Zugang zu seinen Gefühlen, die einen Zustand von feiner Empfindsamkeit und feinem Wahrnehmungsvermögen fördern.« (Blos 1962, S. 147) Eigene (meist unbewusste) Konflikte, traumatische Erfahrungen, aber auch Wünsche und Fantasien in Form schöpferischer Kreativität auszudrücken (sehr verbreitet ist bei Mädchen zum Beispiel das Tagebuch-Schreiben) ist für den Jugendlichen entlastend, weil dieselben auf diesem Wege zumindest teilweise objektbezogen werden. Die kreativen »Werke« und künstlerischen Produktionen des Jugendlichen geben oft einen unmittelbaren Eindruck von den inneren Nöten des Jugendlichen und sind als solche »unverhüllte Autobiografie« (ebd.).

Die Formulierung »unverhüllte Autobiografie« impliziert nicht, dass dem Jugendlichen selbst der autobiografische Aspekt seines kreativen Wirkens bewusst wäre. Dieses nimmt vielmehr in aller Regel *symbolische* Formen an, welches von neurotischen Formen sowohl praktisch wie theoretisch schwer zu unterscheiden ist. »Die Erscheinungsformen des Neurotischen und des Kreativen gehen in der Adoleszenz völlig fließend ineinander über.« (Hirblinger 1992, S. 115) Ab einem bestimmten

Punkt ihrer Entwicklung zeigen die meisten Jugendlichen das Bemühen, »das, was bislang konkretistisch ausagiert wurde und werden musste, symbolisch zu fassen« (ebd.). Hirblinger schlägt vor, in solchen Fällen von »Symbolbildung« zu sprechen.

Abschließend sei noch einmal ausdrücklich bemerkt, dass *alle* oben beschriebenen Abwehr- und Stabilisierungsmechanismen nicht von vornherein als krankhafte Erscheinungen des Seelenlebens Jugendlicher missverstanden werden sollten. Ganz im Gegenteil spielen sie häufig eine entwicklungsfördernde Rolle. Erst in übersteigerten Formen, oder wenn der Jugendliche sich auf nur einen dieser Mechanismen versteift, entfalten sie eine entwicklungshemmende Wirkung und lassen sich sinnvoll als »pathologisch« einstufen. »Es wäre nicht schwer zu zeigen, dass jeder Einzelne der oben geschilderten Typen von Pubertätslösungen einen potenziell brauchbaren Weg zur Wiederherstellung des psychischen Gleichgewichts vorstellt, einen Weg, der nur in die Irre geführt hat, weil das Ich unter dem Druck überstarker Angst jedes Maß und jede vernünftige Auswahl unter den zur Verfügung stehenden Methoden vernachlässigt.« (Anna Freud 1960, S. 21) Anna Freud wertet es also eher als ein günstiges Zeichen, wenn sich der Jugendliche zur Stabilisierung seines psychischen Gleichgewichts flexibel der unterschiedlichen Mechanismen bedient und dabei in seinem Benehmen zwischen Extremen hin und her schwankt: »Unberechenbarkeit und Unverlässlichkeit gehören meiner Ansicht nach zum Bild des normalen Jugendlichen. Während der Dauer der Pubertät kann der Jugendliche nicht anders: Er wehrt seine Triebregungen ab, gibt ihnen aber auch nach; er vollbringt Wunder an Selbstbeherrschung, ist aber auch ein Spielball seiner Gefühle; er liebt seine Eltern und hasst sie zugleich; er ist gleichzeitig in voller Revolte und voller Abhängigkeit; er will nichts von seiner Mutter wissen, sucht sie aber unvermittelt zu vertraulichen Aussprachen; es ist bereit, sich selbst aufzugeben und anderen hörig zu werden, sucht aber gleichzeitig seine eigene Identität; er hat mehr künstlerisches Verständnis, ist idealistischer, großzügiger und uneigennütziger als je vorher und nachher; aber er ist auch das Gegenteil: egoistisch, selbstsüchtig und berechnend. Zu jeder anderen Lebenszeit würden innere Widersprüche dieser Art Symptome eines krankhaften Zustands sein. In der Pubertät haben sie andere Bedeutung. Sie sind nicht mehr als ein Hinweis darauf, dass es Zeit braucht, eine für das erwachsene Leben brauchbare Persönlichkeit aufzubauen, dass das Ich nach Lösungen sucht, sie aufnimmt und wieder verwirft und zögert, endgültige Entscheidungen zu treffen.« (Ebd., S. 22)

3.3.5 Adoleszenz und Narzissmus

> »*Gute Jugend glaubt, dass sie Flügel habe und dass alles Rechte auf ihre herbrausende Ankunft warte, ja erst durch sie gebildet, mindestens durch sie befreit werde.*«
> (Bloch, zit. n. Erdheim 1982, S. 284)

Aus den bisherigen Ausführungen ist bereits deutlich geworden, dass der Begriff des *Narzissmus* in der psychoanalytischen Jugendtheorie eine zentrale Rolle spielt. Nachdem sich der Jugendliche innerlich von seinen Eltern gelöst hat und bevor er sich neuen Objekten zuwendet, richtet er einen Großteil seiner libidinösen Energien zunächst auf das eigene Selbst. Blos sprach deshalb auch von einer »narzisstischen Durchgangsphase«, in der sich der Jugendliche selbst zum Objekt seiner Libido nimmt. Ich möchte im Folgenden zwei neuere Ansätze der psychoanalytischen Jugendtheorie skizzieren, die den adoleszenten Narzissmus in den Mittelpunkt ihrer Betrachtung stellen: zum Ersten den Ansatz von Mario Erdheim, wie er ihn in seinem Buch »Die gesellschaftliche Produktion von Unbewusstheit« (1982) entfaltet, und zum Zweiten das umstrittene, meines Erachtens aber nach wie vor sehr anregende theoretische Modell eines »neuen Sozialisationstypus«, wie Thomas Ziehe es zuerst 1975 in seinem Buch »Pubertät und Narzissmus« entwirft.

Erdheim legt in seiner Auseinandersetzung mit dem Narzissmusbegriff ein besonderes Schwergewicht auf die adoleszenten Größen- und Allmachtsfantasien. Die genetische Entwicklung dieser Fantasien nimmt nach Erdheim schon im pränatalen Zustand ihren Anfang (vgl. Erdheim 1982, S. 305f.) Die Illusion der Größe und Allmacht im intrauterinen Zustand erfährt zwar durch den Geburtsakt eine erste Einschränkung, lebt unter der Bedingung einer guten Versorgung aber im frühen Säuglingsalter zunächst fort. Früher oder später kommt es beim Säugling aber zu einer Erkenntnis der realen Hilflosigkeit und zu einem Zusammenbruch der Illusion von Größe und Allmacht, was (nach dem Geburtsakt) die zweite narzisstische Kränkung darstellt. In der Regel verarbeitet das Kind diese Kränkung, indem es die Illusion der Allmacht auf die Eltern projiziert und so wiedergewinnt. Infolge der inneren Loslösung von den Eltern in der Adoleszenz kommt es zu einem Rückbezug der Größen- und Allmachtsfantasien auf sich selbst. Der Jugendliche bekommt das Gefühl, kein Ziel sei ihm unerreichbar, alle Möglichkeiten stünden ihm offen und letztlich könne er jedes Problem meistern.

Diese Allmachtsfantasien bilden die Basis für die Aufrichtung des Ich-Ideals (vgl. ebd., S. 309f.), einer neuen Instanz der Persönlichkeit, die sich aus narzisstischen Energien aufbaut und ein Vorbild darstellt, an das das Subjekt sich anzugleichen sucht. Das Ich-Ideal ermöglicht eine Integration der Allmachtsfantasien ins Ich und schlägt, wie Wagner-Winterhager dies prägnant formuliert, eine Brücke zwischen Ich und Über-Ich: »Ein wichtiges Thema der Adoleszenz ist die Integration von Über-Ich und Ich-Ideal im Dienste des Ich. Das Ich-Ideal als Erbe der narzisstischen kindlichen Allmachtssituation ermöglicht es dem Jugendlichen, ein Projekt von sich selbst voraus zu träumen. Das Über-Ich als Erbe der ödipalen Niederlage ermöglicht es, dieses Vollkommenheitsprojekt des Selbst in den relativierenden Zusammenhang der Generationenkette zu stellen: nicht Übermensch zu werden, wie das Ich-Ideal es nahe legt, sondern ein achtbarer Mensch in achtbaren Lebenszusammenhängen zu werden und daraus Selbstachtung zu gewinnen; dies könnte grob als Ergebnis einer gelungenen Integration beider Anteile gekennzeichnet werden (...).« (Wagner-Winterhager 1989, S. 44f.)

Aus schulpädagogischer Perspektive ist nun von besonderem Interesse, dass Erdheim das Verhältnis zwischen adoleszenten Allmachtsfantasien und Arbeit als ein

Dilemma begreift. »Das Dilemma zwischen Allmachtsfantasien und Arbeit könnte zusammen mit dem Ablösungsprozess von der Familie als das zentrale Dilemma des Adoleszenten bezeichnet werden. Vom Gelingen des Letzteren wird seine Liebesfähigkeit und von der Lösung des Ersteren die Kreativität seiner Arbeit abhängen.« (Erdheim 1982, S. 312) Die Allmachtsfantasien sind zwar insofern eine Stärke des Jugendlichen, als sie ihn kreativer und begeisterungsfähiger machen als den Erwachsenen, der sich mit der Realität arrangiert und seine Allmachtsfantasien weitgehend verleugnet hat. Gleichzeitig hindern die Allmachtsfantasien den Jugendlichen aber daran, sich auf nur eine Sache zu konzentrieren, denn dies hieße, alle anderen Möglichkeiten aufzugeben und seine Anlagen einzuschränken. Arbeit zeigt die Grenzen der Allmacht auf und bedeutet insofern für den Adoleszenten eine narzisstische Kränkung.

Erdheim unterscheidet in seinem Buch »Die gesellschaftliche Produktion von Unbewusstheit« vier Möglichkeiten, den Widerspruch zwischen Allmachtsfantasien und Arbeit aufzulösen, von denen aber nur die vierte die volle Entfaltung menschlicher Kreativität und die »Versöhnung zwischen adoleszentem Narzissmus und Welt« ermögliche (ebd., S. 310ff.). Anschließend entwirft er eine interessante Typologie von vier Formen der Adoleszenz, welche sich den vier Verarbeitungsformen des oben skizzierten Dilemmas zuordnen lassen (ebd., S. 316ff.). Stichwortartig möchte ich diese Typologie hier wiedergeben:

1) **Zerbrochene Adoleszenz (Verleugnung der Allmacht, Projektion derselben ins Über-Ich; Folge: Fetischisierung der Arbeit).** Werden im Verlauf der Adoleszenz die Größen- und Allmachtsfantasien verleugnet, gewissermaßen »zerbrochen«, spricht Erdheim von der »zerbrochenen Adoleszenz«. Die »Scherben« dieser Fantasien werden ins Über-Ich eingelagert und erzeugen ein Ich, das starke Einbußen an alloplastischem Vermögen erlitten hat und vor allem auf Grund von gesellschaftlichen Zwängen handelt. Geschwächt ist ebenfalls die synthetische Funktion des Ich, d.h., es kommt zu einer Partialisierung der Identität (»In jeder Gruppe verhalte ich mich so, wie es von mir verlangt wird.«).
2) **Eingefrorene Adoleszenz (Projektion der Allmachtsfantasien ins Private bzw. in die Freizeit; Folge: entfremdete Arbeit).** Charakteristisch für die eingefrorene Adoleszenz ist die Erstarrung des Ich. Weil das Individuum von inneren Konflikten absorbiert wird, kann es sich kaum mit der Außenwelt auseinander setzen, zieht sich ins Private zurück und projiziert seine Allmachtsfantasien nur noch auf die Freizeit. Charakteristisch für die eingefrorene Adoleszenz ist eine gewisse Innerlichkeit und depressive Grundstimmung. Ähnlich wie bei der zerbrochenen Adoleszenz behält das Über-Ich seine beherrschende Position und verhindert die Herausbildung eines Ich-Ideals.
3. **Ausgebrannte Adoleszenz (Verleugnung der Arbeit und des Realitätsprinzips; Folge: Verwahrlosung, Kriminalität).** Charakteristisch für die ausgebrannte Adoleszenz ist das Weiterwirken der frühen Traumatisierungen bei gleichzeitigem Voranschreiten der Reifungsprozesse. Dieses Weiterwirken verstärkt die destruk-

tive Potenz der Adoleszenz. »Was ausbrennt, ist das, was die Adoleszenz zur ›zweiten Chance‹ macht, d.h. vor allem auch die Fähigkeit, auch als Erwachsener an der Kultur teilzunehmen, sie zu bewahren und weiterzuentwickeln.« (Ebd., S. 321) Die Allmachtsfantasien und das Ich schlagen sich bei diesem Typus auf die Seite des Es, während die Realität und die Anforderungen des Über-Ich verleugnet werden. Solche Jugendliche glorifizieren nicht selten Prostituierte und Gangster. Schuldgefühle, soziale Bindungen und Verpflichtungen, die die Realisierung der Es-Strebungen verhindern könnten, müssen unbewusst gemacht werden.

4. **Verlängerte Adoleszenz (Abarbeitung der Allmachtsfantasien an der Realität; Folge: selbst bestimmte Arbeit).** Erdheim bezeichnet den seines Erachtens gelungenen Typus der Adoleszenz in Anlehnung an Bernfeld als »verlängerte Adoleszenz«. Damit betont er, dass die Neustrukturierung der Persönlichkeit in »heißen« (d.h. sich rasant wandelnden) Gesellschaften Zeit braucht und den Jugendlichen im Sinne Eriksons ein psychosoziales Moratorium zuzugestehen ist, in dem sie ihre Kreativität experimentell erproben können. Konflikthafte Auseinandersetzungen sind dabei unvermeidlich, denn sie tragen zur Wiedergutmachung früher erlittener Traumen bei. Indem der Jugendliche später als Erwachsener seine Allmachtsfantasien auf dem Wege der selbst bestimmten Arbeit an der Realität abarbeitet, nähert er sich allmählich seinem Ich-Ideal an und leistet einen Beitrag zur Weiterentwicklung der Kultur.

Nur in der verlängerten Adoleszenz kommt es also nach Erdheim zu einer »Versöhnung« zwischen den adoleszenten Größenfantasien und der Realität. Winterhager-Schmid (1993) stellt die These auf, dass eine solche Versöhnung durch die Anforderungsstruktur der Institution Schule strukturell erschwert werde. Schule, so Winterhager-Schmid, bedeutet für den Jugendlichen strukturell eine Zumutung und eine Verletzung des adoleszenten Größenselbst. Ausgerechnet in der Lebensphase, in der der Jugendliche mit großen Hoffnungen und Erwartungen seine eigene Zukunft entwirft, wird ihm durch die Schule unmissverständlich signalisiert, dass er eigentlich noch unfertig und noch nicht recht brauchbar sei, dass er noch viel lernen müsse, um sich im Leben der Erwachsenen behaupten zu können. Dem Selbstwertgefühl der Jugendlichen wird hierdurch eine empfindliche Wunde zugefügt. Die Schule verletzt also das jugendliche Größenselbst, indem sie den Jugendlichen immer wieder mit seiner Unvollkommenheit konfrontiert. Winterhager-Schmid sieht in dieser Problematik eine wesentliche Ursache der gemeinhin als »Disziplin- oder Motivationskonflikte« erörterten Schwierigkeiten mit Jugendlichen in der Schule.

»Das gerade im Jugendalter neu erwachende starke Bedürfnis, um seiner selbst ganz und gar und ohne Einschränkungen geliebt und bewundert sein zu wollen – und dies ist der Kern der narzisstischen Größenselbstfantasien – kann durch die Anforderungsstruktur in der Schule nicht im ersehnten Maß befriedigt werden. Solche Jugendlichen, die die Schule als ernsthafte Bedrohung ihres Größenselbst erfahren, neigen dazu, sich für die erlittenen Kränkungen mehr oder weniger subtil zu ›rächen‹, indem sie ihren Lehrerinnen und Lehrern Gefolgschaft, Bewunderung, freudige Zustimmung verweigern, sich eher ignorant, desinteressiert, abwesend präsentieren, indem sie also den Lehrerinnen und Lehrern die dringend benötigte narzisstische Zufuhr verweigern.« (Winterhager-Schmid 1993, S. 36)

Diese kränkende Seite der Schule kann nach Winterhager-Schmid nur dann abgemildert werden, wenn es gelingt, die ich-fernen Anforderungen der Kultur mit ich-nahen Ausformungen eines persönlichen Ich-Ideals zu verbinden. Auf dem Wege *schulischer Arbeit* würde es dann – um in den Worten Erdheims zu sprechen – zu einer Abarbeitung der Allmachtsfantasien an der Realität gesellschaftlicher Anforderungen kommen.

In seiner 1975 veröffentlichten Studie »Pubertät und Narzissmus« entwirft Ziehe das Konzept eines neuen, narzisstisch strukturierten Sozialisationstypus, dessen psychodynamische Struktur sich grundlegend von dem alten Sozialisationstypus unterscheide, wie ihn beispielsweise Erich Fromm in seiner Studie »Autorität und Familie« (1936) beschreibt. Das erkenntnisleitende Interesse seiner Überlegung ist der Versuch, die Veränderungen der psychischen Struktur zu verstehen, die der so genannten »Motivationskrise« Jugendlicher zu Grunde liegen, um Ansätze zu ihrer Überwindung aufzeigen zu können. Ziehe führt diese veränderte psychische Struktur zurück auf einen Wandel des psychischen Verhältnisses zwischen Eltern und Kind (vgl. Ziehe 1980, S. 14ff.).

In der klassischen Psychoanalyse wurde der Ödipus-Komplex, d.h. insbesondere die kindliche Unfähigkeit, die Übermacht der Vaterfigur realitätsangemessen zu verarbeiten, und die hierdurch bedingte, häufig lebenslange Selbstunterdrückung durch Schuldgefühle gegenüber den strengen Verboten des Vaters als der Kernkonflikt psychischer Krankheit betrachtet. Mitscherlich hat mit seinem Begriff der »vaterlosen Gesellschaft« diesbezüglich auf eine grundlegende Veränderung hingewiesen. Nicht mehr die zwanghafte Identifikation mit der Vaterfigur sei heute die zentrale Grundlage psychischer Erkrankung, sondern die zunehmende Unfähigkeit, sich überhaupt noch mit einer Vaterfigur identifizieren zu können. Die ursprünglich machtvolle und autoritäre Vaterrolle hat deutlich an Substanz verloren. Die Bedeutung der Mutter für die psychische Entwicklung des Kindes wurde im Zuge dieses Prozesses allmählich vorrangig. Diese familialen Strukturveränderungen stehen nun in einem bedeutungsvollen Zusammenhang mit allgemein-gesellschaftlichen Veränderungen, die Ziehe in Anlehnung an Habermas und Negt als spätkapitalistische Modernisierungsprozesse interpretiert (Ziehe 1975, S. 56ff.). Diese haben für das Individuum unter anderem ein erhöhtes Anspruchsniveau im Hinblick auf die Entfaltung der eigenen Subjektivität zur Folge, gleichzeitig führen sie aber auch zu normativer Verunsicherung, kommunikativer Verarmung und erhöhtem Arbeitsstress.

Ziehe geht davon aus, dass Mütter angesichts dieser belastenden Faktoren dazu neigen, das ihnen »ausgelieferte« Kind unbewusst für die eigene emotionale Stabilisierung zu funktionalisieren (Ziehe 1980, S. 16f.). Die Mutter-Kind-Beziehung erhält einen übermäßig engen, symbiotischen Charakter, den das Kind ins Unbewusste aufnimmt und dort aufbewahrt. Dieser narzisstische Urzustand der Mutter-Kind-

Symbiose wird repräsentiert durch das Bild der »guten Mutter«, welches von dem Bild der realen Mutter abgetrennt wird. Auf diese Weise nistet sich eine psychische Disposition im Kinde ein, die alle späteren Beziehungen im Leben durch den latenten Wunsch nach Symbiose, Omnipotenz und Diffusität einzufärben droht. Die Problematik des »Neuen Sozialisationstypus« besteht also weniger in einer strengen Über-Ich-Bildung und neurotischen Autoritätsfixierung als vielmehr in der Verarbeitung frühest-kindlicher Allmachtsfantasien und Trennungsängste. Ziehe weist ausdrücklich darauf hin, dass es sich bei dieser als »narzisstische Störung« gekennzeichneten Problematik aber keineswegs um einen alltagssprachlich verstandenen »Narzissmus« im Sinne einer eitlen Selbstgefälligkeit handelt: »Vielmehr handelt es sich um ein strukturelles Auseinanderklaffen von eigenen Handlungsmöglichkeiten und ihrer Bewertung durch das Ich-Ideal. Die eigenen Handlungsmöglichkeiten sind gebunden durch ständiges Symbiosestreben gegenüber anderen, das einen Großteil der psychischen Energien beansprucht, und nachfolgende Trennungsangst und Enttäuschungsgefühle. Das heißt: ›Erfolg‹ vermag sich vor den Maßstäben des unreifen Ich-Ideals kaum, und wenn, dann nur kurzfristig, einzustellen. (...) Den einzigen Ausweg aus dieser ›Schusslinie‹ des kränkenden eigenen Ich-Ideals bildet vielfach eine Verhaltensweise, die als Vermeidungsverhalten bezeichnet wird. Der Betreffende zieht sich so weit wie möglich aus der Realität heraus, zumindest aus den Bereichen und Situationen, die das Risiko des Versagens beinhalten.« (Ebd., S. 17f.)

Als starke affektive Distanz gegenüber den Anforderungen und Angeboten der Schule und als ein allgemeiner Mangel an Motivation äußert sich ein solches narzisstisches Vermeidungsverhalten im Bereich der Schule besonders deutlich. Ziehe stellt allerdings kritisch fest, dass diese Motivationskrise häufig als Bedürfnislosigkeit missverstanden wird und hält es deshalb für wichtig, die Begriffe »Bedürfnis« und »Motivation« klar voneinander zu unterscheiden (vgl. Ziehe 1977, S. 33f.) Während Bedürfnisse gewissermaßen »tiefer« liegen, d.h. unmittelbar an das Triebgeschehen gekoppelt sind, haben Motive einen engeren Bezug zur Handlung und zum Sprachsystem. Die Problematik des neuen Sozialisationstypus besteht gerade darin, dass die sein Verhalten und Erleben steuernden narzisstischen Bedürfnisse der Selbstverständigung und Selbstreflexion nur bedingt zugänglich sind, weil sie in einem Lebensalter wurzeln, das noch vorsprachlich ist. Die für viele Jugendliche kennzeichnende Uninteressiertheit für Lerngegenstände jedweder Art, wurzele also nicht in einer vermeintlichen Bedürfnislosigkeit, sondern in der Unfähigkeit, die eigenen Bedürfnisse in sprach- und handlungsfähige Motive umzusetzen. Lehrer sollten deshalb nach Ziehe verstärkt darum bemüht sein, die Bedürfnisse der Jugendlichen aus ihrem »apathisch« wirkenden Verhalten gleichsam herauszulesen, um sie so bei der schwierigen Aufgabe zu unterstützen, die eigenen Bedürfnisse in Handlungsmotive umzusetzen. Die Herausforderung für den pädagogisch Tätigen im Umgang mit dem neuen Sozialisationstypus besteht also darin, die hermeneutische Fähigkeit zu entwickeln, auch jene Bedürfnisse und Interessen wahrzunehmen, die auf Grund ihrer Verankerung im frühesten Lebensalter strukturell dazu neigen, in einer gewissen Latenz zu verbleiben. Erfahrungsverarbeitung in dem eingeschränkten Sinne eines

Grübelns und Forschens im eigenen Selbst geht bei den jugendlichen Schülern auf Grund ihrer psychischen Struktur ohnehin schon immer vor sich. »Inhalte, Wissen, Begriffe und Interpretationen, mit denen Schüler konfrontiert werden (in der Schule, der Gleichaltrigengruppe, in den Medien), werden zuerst und hauptsächlich danach befragt, was sie ›für das eigene Leben‹ bedeuten könnten. Die ›Anwendbarkeit‹ für sich selbst wird tendenziell zum Hauptmaßstab für die Stabilität eigener inhaltlicher Interessen der Jugendlichen.« (Ziehe 1980, S. 26)

3.3.6 Schulpädagogische Folgerungen

> »*Unsere besten Tugenden sind als Reaktionsbildungen und Sublimierungen auf dem Boden der bösesten Anlagen erwachsen. Die Erziehung sollte sich vorsorglich hüten, diese kostbaren Kraftquellen zu verschütten und sich darauf beschränken, die Prozesse zu befördern, durch welche diese Energien auf gute Wege geleitet werden.*« (Freud 1913, S. 129)

Was sich aus den oben dargelegten Erkenntnissen der psychoanalytischen Jugendtheorie schulpädagogisch folgern lässt, ist einerseits zwar von einigen Autoren (z.B. Winterhager-Schmid und Ziehe) explizit formuliert worden. Andere Autoren wie Blos, Bernfeld oder Erikson äußern sich als Psychoanalytiker allerdings nicht zu schulpädagogischen Fragen, sodass sich nur implizit schulpädagogische Folgerungen aus ihren Theorien ableiten lassen. Unabhängig von der Frage, ob sie explizit oder implizit in den referierten Texten enthalten sind, lassen sich alle Folgerungen grob unterscheiden in solche, die die Beziehung zwischen Lehrern und Schülern betreffen, vor allem die »erzieherische« Haltung Erwachsener im Umgang mit Jugendlichen, und solche, die die inhaltliche, methodische und didaktische Gestaltung des Unterrichtes und des Schullebens betreffen. Ich werde zunächst die schulpädagogischen Folgerungen auf der Beziehungsebene erörtern.

Ganz allgemein und pauschal formuliert sollte der Lehrer darum bemüht sein, dem Jugendlichen in der Bewältigung seiner Entwicklungsaufgaben hilfreich zur Seite zu stehen. Lehrer können beispielsweise die Aufgabe der Loslösung von den Eltern unterstützen, indem sie sich selbst für idealisierende Identifikationen anbieten. Voraussetzung dafür wiederum ist, dass sie sich selbst mit ihrer Rolle als Erwachsene ausgesöhnt haben und dementsprechend für die Jugendlichen glaubwürdige Modelle des Erwachsenseins repräsentieren. Seine entwicklungsfördernde Bedeutung erhält der Lehrer als ein erwachsenes Gegenüber, an dem man sich abarbeiten kann, der nicht vorschnell moralisierend oder strafend reagiert und der es aushalten kann, dass Jugendliche auch andere *inhaltliche* Positionen vertreten als er selbst.

Zwar muss man als Lehrer damit rechnen, dass die meisten Jugendlichen eher Gleichaltrige oder »Helden« aus der Medienwelt idealisieren werden. Immer wieder gab und gibt es aber auch Jugendliche, denen die innere Loslösung von den Eltern und der Aufbau neuer sozial-emotionaler wie inhaltlich-kognitiver Orientierungen besser gelingt, wenn sie vorübergehend ihre idealisierende Identifikation auf andere Erwachsene in ihrem Lebensumfeld (u.a. Lehrer) richten. Eine besonderer Nachholbedarf besteht meines Erachtens diesbezüglich bei männlichen Lehrern. Da Jungen ohnehin stärker als Mädchen zu einer Idealisierung omnipotenter Helden aus der Medienwelt neigen, wiegt es besonders schwer, wenn Männer aus Angst, projizierten Erwartungen nicht gerecht werden zu können und enttäuschen zu müssen, sich nicht in idealisierende Übertragungs-Beziehungen mit adoleszenten Jungen verstricken lassen wollen. Denn gerade dies könnte die Problematik einer »kompensatorischen Versicherung eigener Männlichkeit« bei männlichen Jugendlichen (vgl. Streeck-Fischer 1997, S. 56) abmildern.

Erwachsene sollten weiterhin im Umgang mit Jugendlichen fähig und bereit sein, Konflikte auszutragen und Grenzen zu setzen. Viele Jugendliche suchen geradezu die Konfrontation (Winnicott) mit Erwachsenen und können dann am wenigsten einen harmoniesüchtigen und konfliktscheuen Lehrer gebrauchen, der die adoleszente Suche nach Konfrontation letztlich ins Leere laufen lässt. Der adoleszenten Neigung, gleichzeitig die Privilegien der Kindheit und des Erwachsenenalters zu beanspruchen, sollten sich Lehrer nicht unterordnen, sondern konsequent an Erwachsenheit appellieren. Was Freud als eine allgemein gültige Aufgabe der Erziehung betrachtete, nämlich die »Anregung zur Überwindung des Lustprinzips, zur Ersetzung desselben durch das Realitätsprinzip« (Freud 1911, S. 36), erhält somit im Jugendalter eine neue Brisanz. Angesichts der entwicklungsfördernden Bedeutung der Regression (Blos) sollten Lehrer aber gleichzeitig auch das kindlich-regressive im Verhalten Jugendlicher aushalten und auf adoleszente Blödeleien mit Gelassenheit reagieren können. Adoleszente Individuation vollzieht sich in einer Dialektik von Regression und Progression, wobei es illusionär wäre, diese Dialektik gleichsam zum Pol der Progressionsinteressen hin verschieben zu wollen. »Die Idee pädagogischen Fortschritts speist sich dann gerade aus der Vorstellung, Schritt für Schritt könne ein Übergewicht der Progressionsinteressen vor denen der Regression etabliert werden.« (Ziehe, Stubenrauch 1982, S. 108)

Aus den einschlägigen Arbeiten Streeck-Fischers kann gefolgert werden, dass Erwachsene im Umgang mit Jugendlichen vor allem vermeiden sollten, bei den Jugendlichen Schamgefühle zu erzeugen und dementsprechend auch mit ironischen oder zynischen Bemerkungen sehr vorsichtig und zurückhaltend sein sollten. Viele Jugendliche sind für Schamgefühle besonders anfällig und tendieren zu einem sozialen Rückzug, um gar nicht erst in beschämende Situationen zu gelangen. Insbesondere in der Frühadoleszenz gerät man als Pädagoge, so Streeck-Fischer, für Jugendliche leicht in die Position des eindringenden, vereinnahmenden Objekts, welches die abgeschirmten Bereiche des eigenen Erlebens gefährdet. Lehrer sollten diese Abschirmungsbedürfnisse und die Unzugänglichkeit Frühadoleszenter akzeptieren und keine weitere Intimisierung der Beziehung anstreben.

In einem Diskussionspapier der Glocksee-Schule (Ziehe 1977) weist Ziehe darauf hin, dass viele pädagogische Prämissen, die im Umgang mit ödipal bzw. autoritär strukturierten Schülern durchaus ihren Sinn haben, dem neuen Sozialisationstypus kaum noch angemessen sind. Während das pädagogische Bemühen im Umgang mit dem ödipalen Typus – ganz im Sinne der antiautoritären Erziehung – in erster Linie darauf gerichtet sein sollte, Autoritätsängste und Unterlegenheitsgefühle der Kinder abbauen zu helfen, stellt sich die Situation für den narzisstischen Typus ganz anders dar: Er hat weniger Probleme damit, den Erwachsenen als beängstigende Übermacht zu empfinden, sondern Probleme mit der Objektkonstanz, d.h., es fällt ihm schwer, den Erwachsenen als eine kontinuierliche Person wahrzunehmen, einmal ist der Erwachsene nur »gut«, ein anderes Mal nur »schlecht«. Ziehe schlägt deshalb vor, Kindern und Jugendlichen gegenüber eine »Verhaltensweise zu repräsentieren, die nicht so sehr von der dauernden Sorge getragen ist, ›bin ich zu mächtig?‹, sondern von der Sorge, ›bin ich zu diskontinuierlich?‹« (ebd., S. 39). Auch der Leistungsdruck spielt im Erleben des ödipalen und des narzisstischen Typus jeweils eine ganz unterschiedliche Rolle. Während der ödipale Typus am ehesten dadurch remotiviert wird, dass man jeden Leistungsdruck von ihm wegnimmt, besteht das Problem des narzisstischen Typus darin, auf Grund seiner maßlosen inneren Ansprüche (Omnipotenzstreben – Versagensängste) gar nicht erst mit etwas Neuem anfangen zu können. Für ihn ist es deshalb vordringlich, ihm die Anfänge des Lernens zu erleichtern und seine Frustrationstoleranz zu stärken. Eine dritte Dimension der psychischen Struktur des narzisstischen Typus sieht Ziehe in dem latenten Streben nach Diffusität und der damit korrespondierenden Angst vor Konturiertheit. Um dieser Dimension gerecht zu werden, geht es – anders als beim ödipalen Typus – weniger um Entmoralisierung, sondern um Verbindlichkeit, d.h., der Erwachsene sollte sozusagen eine Person mit »Ernstcharakter« sein, die für sich selbst und für andere verbindlich sein kann.

Vor dem Hintergrund, dass sich die adoleszente Identitätsbildung als ein Prozess der Selbsterprobung vollzieht, stellte Winterhager-Schmid die Forderung auf, dass sich Schule den Jugendlichen »als ein Möglichkeitsraum für intellektuell-kognitive wie auch soziale Selbsterprobungen darstellt« (Winterhager-Schmid 1993, S. 37). Je größer die Facette der Selbstaspekte ist, in denen sich der Jugendliche selbst kennen lernen und erproben kann, desto wahrscheinlicher wird er zu einer subjektiv und real tragfähigen Selbstdefinition kommen, die gleichermaßen um die Relativierung der eigenen Stärken und die Integration der eigenen Schwächen bemüht ist. Durch eine Vielfalt der Lernformen und -orte, insbesondere durch außerschulisches Lernen sollten Schulen der Sekundarstufe I Jugendlichen vielfältige Erfahrungsfelder bieten, in denen sich diese jeweils neu erproben können.

Denkt man an die ungewöhnliche Kreativität und Schöpferkraft Jugendlicher in der eigentlichen Adoleszenz (Blos), dann kommt es darüber hinaus darauf an, in der Schule »Spielräume für sublimierende Verarbeitung« (vgl. Kind 1997, S. 42) zu schaffen. Jugendliche müssen die Chance erhalten, auch im schulischen Rahmen emotionale Konflikte auf dem Wege künstlerisch-musischer oder intellektueller Tätigkeit sublimierend zu verarbeiten.

Angesichts der großen Bedeutung, die der Gleichaltrigen-Gruppe für die allermeisten Jugendlichen zukommt, sollte Schule auch vielfältige Möglichkeiten der Kommunikation zwischen Schülern schaffen. Schule kann und soll zwar die entwicklungsfördernde Funktion einer außerschulischen peer-group nicht ersetzen, mit den ihr eigenen Sozialformen kann sie den Jugendlichen aber ganz neue Räume und Möglichkeiten der Kommunikation mit Gleichaltrigen erschließen. So bieten beispielsweise geschlechtshomogene Räume der Kommunikation für weibliche Jugendliche in der Schule die Chance, eine kritische Distanz zu vorherrschenden Normen der Geschlechtsidentität zu gewinnen. Flaake schreibt hierzu:

»Einen Ausweg aus dieser subtilen Abhängigkeit von Männern, wenn es um die Bestätigung von Weiblichkeit geht, kann m.E. darin bestehen, dass Frauen sich ihren Körper auf eigene Weise aneigenen, dass Frauen untereinander eine Form finden, ihrer Weiblichkeit Wert zu verleihen. Für adoleszente Mädchen bedeutet das, dass es für sie Räume geben muss, in denen sie sich ihren Körper ohne Druck durch männliche Blicke aneignen können, in denen sie die Möglichkeit haben, sich über Erfahrungen, Ängste, Wünsche, Hoffnungen und Enttäuschungen auszutauschen und auf diese Weise eine kritische Distanz zu herrschenden Normen zu entwickeln.« (Flaake 1992, S. 146)

Aber auch für männliche Jugendliche können solche Freiräume von großer Bedeutung sein. Krebs resümiert vor dem Hintergrund seiner Auseinandersetzung mit der männlichen Adoleszenz, dass Jugendliche unabhängig von ihrem Geschlecht »pädagogische Orte benötigen, wo sie Anerkennung für ihre Selbstentwürfe finden können und das Experimentieren mit herrschenden und alternativen Codes des Verhaltens möglich ist« (Krebs 1997, S. 143).

Ziehes obige Erörterungen zum pädagogischen Umgang mit dem neuen Sozialisationstypus sowie Erdheims Gedanken zu adoleszenten Größen- und Allmachtsfantasien legen nahe, in der Sekundarstufe I ein Arbeitsklima zu schaffen, welches es Jugendlichen erleichtert, mit dem Lernen überhaupt anzufangen und sich auf nur einen Lerngegenstand zu konzentrieren. Angesichts der ausgeprägten Über-Ich-Schwäche in der Frühadoleszenz, welche sich nicht zuletzt in einer vorübergehend schwindenden Fähigkeit zur Selbstdisziplinierung äußert, gilt es hier in besonderer Weise, diese Schwäche durch Rituale, klare Regeln und Strukturen zu kompensieren. In der eigentlichen Adoleszenz sollten dann die Grundlagen für die zentrale Fähigkeit der Spätadoleszenz gelegt werden: nämlich sich auf einen bestimmten Beruf und eine bestimmte Rolle im gesellschaftlichen Leben identifikatorisch festzulegen. Jugendliche sollten vorher möglichst viele Felder des gesellschaftlichen Lebens kennen gelernt haben und ihre Allmachtsfantasien so weit relativieren können, dass die Festlegung auf einen bestimmten Beruf nicht mehr als eine unerträgliche narzisstische Kränkung empfunden werden muss. In einer Gesamtschule wie der Freien Schule Bochum macht es dabei natürlich einen entscheidenden Unterschied, ob die Jugendlichen den Hauptschulabschluss oder das Abitur anstreben. Während die späteren Gymnasiasten in der 10. Klasse in beruflicher Hinsicht noch keine identifikatorischen Festlegungen treffen müssen, steht für die anderen die folgenreiche Entscheidung für eine bestimmte Lehre oder eine berufsorientierte Weiterbildung unmittelbar bevor.

Thesenartig zusammengefasst würden psychoanalytisch relevante Orientierungen einer im Sinne der referierten Autoren pädagogisch wünschenswerten Jugendschule darin liegen:

- als Lehrer Kontinuität, Ernst, Zuverlässigkeit und Verbindlichkeit auszustrahlen, den Jugendlichen gegenüber glaubwürdige Modelle des Erwachsenseins zu repräsentieren und sich für idealisierende Identifikationen anzubieten;
- als Lehrer an Erwachsenheit zu appellieren, fähig und bereit zu sein, Konflikte auszutragen und Grenzen zu setzen, gleichzeitig aber auch kindlich-regressive Verhaltensweisen der Jugendlichen gelassen hinnehmen zu können;
- als Lehrer die Abschirmungsbedürfnisse und die pädagogische Unzulänglichkeit Jugendlicher, v.a. in der frühen Adoleszenz, zu akzeptieren und eine von den Jugendlichen nicht gewollte Intimisierung der Schüler-Lehrer-Beziehung zu vermeiden;
- als Lehrer die hermeneutische Fähigkeit zu entwickeln, latente Bedürfnisse und Lerninteressen zu erkennen, welche die Jugendlichen selbst nicht artikulieren können (kognitive Empathie);
- durch einen erfahrungsorientierten Unterricht sowie eine Vielfalt der Orte, Inhalte und Formen des Lernens Schule als einen Möglichkeitsraum für adoleszente Selbsterprobung zu konzipieren;
- Spielräume für sublimierende Verarbeitung zu schaffen, um den Jugendlichen die Möglichkeit zu geben, entwicklungsbedingte oder biografisch bedingte Konflikte auf einer symbolischen Ebene auszudrücken und zu bearbeiten;
- über das Pausengespräch in der peer-group hinaus vielfältige Möglichkeiten der Kommunikation und Interaktion zwischen den Jugendlichen zu schaffen und dabei auch geschlechtshomogene Räume der Kommunikation bereitzustellen;
- angesichts der leichten narzisstischen Kränkbarkeit Jugendlicher ein Arbeitsklima, Unterrichtsstrukturen und Lernformen zu etablieren, welche den Jugendlichen die Anfänge des Lernens erleichtern und ihnen nahe legen würden, ihre Allmachtsfantasien an der Realität abzuarbeiten;
- die Über-Ich-Schwäche in der Frühadoleszenz durch klare und konsequent eingehaltene Regeln, Rituale und Strukturen zu kompensieren;
- die strukturell kränkende Seite der Institution Schule durch eine Verbindung der ich-fernen Anforderungen der Kultur mit ich-nahen Ausformungen eines persönlichen Ich-Ideals so weit wie möglich abzumildern.

4. Von der Datenerhebung zum theoretischen Konstrukt – Methodik und Anlage der Untersuchung

4.1 Methodologische Vorüberlegungen

Das erkenntnisleitende Interesse und die theoretischen Grundlagen der vorliegenden Studie sind oben bereits erörtert worden. Weil die Konzipierung des Forschungsdesigns der Studie aber von dem Anspruch getragen war, eine dem Gegenstand adäquate Methodik zu entwickeln, sei an das erkenntnisleitende Interesse noch einmal kurz erinnert. Vor dem Hintergrund einer die heutige Schulrealität prägenden Kluft zwischen den Lernangeboten und -anforderungen der Schule auf der einen und den Bedürfnissen und Interessen Jugendlicher auf der anderen Seite, wird am Beispiel der Freien Schule Bochum der Frage nachgegangen, welche Möglichkeiten und Grenzen im schulischen Kontext bestehen, die entwicklungsbedingte emotionale Bedürfnislage Jugendlicher angemessen aufzugreifen und entwicklungsfördernd zu bearbeiten. Die konkrete Lernpraxis einer reformerischen Sekundarschule soll also systematisch und detailliert rekonstruiert werden, wobei die unbewusst-emotionale Dynamik schulischer Kommunikations- und Interaktionsprozesse vor dem Hintergrund einschlägiger Erkenntnisse der pschoanalytischen Jugendtheorie in den Mittelpunkt des Interesses gerückt wird. Im Hinblick auf dieses spezifische Forschungsinteresse kann zunächst konstatiert werden, dass bislang vergleichbare empirische Untersuchungen – zumindest im deutschsprachigen Raum – nicht durchgeführt wurden und die vorliegende Studie somit Neuland betritt. Es gibt zwar durchaus eine Reihe bemerkenswerter Arbeiten, die bei einem gleichen Erkenntnisinteresse und mit einer ebenfalls psychoanalytischen Orientierung ähnlich wie die vorliegende Studie eine Fokussierung auf die unbewusst-emotionale Dynamik schulischer Interaktionsprozesse vornehmen (beispielhaft seien hier die oben behandelten Arbeiten von Ziehe, Winterhager-Schmid, Erdheim und Hirblinger genannt), diese beruhen aber nicht (z.B. bei Erdheim 1983) oder nur in eingeschränktem Maße (z.B. bei Hirblinger 1999) auf einer wissenschaftlich-empirischen Erhebung. Zudem konzentrieren sie sich durchweg *nicht* auf eine reformerische Sekundarschule.

Da es also bislang zu der hier interessierenden Forschungsfrage kaum empirisch gewonnene Hypothesen oder Theorieansätze gibt, deren Gültigkeit überprüft werden könnte, bieten sich für die vorliegende Studie *qualitative Forschungsmethoden* an, die im Unterschied zu quantitativen Forschungsmethoden eher geeignet sind, theoretische Konstrukte zu generieren als zu überprüfen. Der zweite wesentliche Grund für die methodisch qualitative Orientierung der vorliegenden Studie hängt mit ihrem besonderen Gegenstand zusammen. Die Art und Weise, wie ein Jugendlicher in der Interaktion mit seinen Lehrern und Mitschülern seine emotionale Bedürfnislage zum Ausdruck bringt, kann methodisch nur durch ein dynamisch-prozessuales und flexibles Vorgehen angemessen erfasst werden, welches sich darum bemüht, die subjektiven Sinnstrukturen, die alle Beteiligten der untersuchten Lebenswelt ihrem alltäglichen Handeln unterlegen, verstehend zu rekonstruieren. Anderenfalls bestünde die Gefahr, theoretische Vorannahmen über die Bedürfnislage Jugendlicher dem Untersuchungsgegenstand gleichsam »überzustülpen« und neue, unbekannte Aspekte des Gegenstandes gar nicht in den Blick zu bekommen. Soziale Realität – wie beispielsweise die Kommunikations- und Interaktionsprozesse in einer Schule – kann nicht als eine »objektivierbare« Gegebenheit verstanden werden, sondern vielmehr als ein interpretativer Prozess, in dem sich die Handelnden durch *aktive Sinndeutungen* der Erwartungen oder Verhaltensweisen der jeweiligen Handlungspartner aufeinander beziehen. Wissenschaftstheoretisch orientiert sich die vorliegende Studie also an Grundannahmen des *interpretativen Paradigmas*, welches wissenschaftliche Aussagen nicht als schlichte Abbildung der Realität begreift, sondern als Deskription der Konstitutionsprozesse sozialer Wirklichkeit (vgl. Lamnek 1993a, S. 42f.).

Die vorliegende Studie ist insofern methodologisch als eine *Feldforschung* angelegt, als sie in der natürlichen Umgebung der zu Beobachtenden durchgeführt wurde. Wie jede Feldforschung ist auch die vorliegende Studie von einem Dilemma zwischen Identifikation und Distanz gekennzeichnet (vgl. Lamnek 1993b, S. 311ff.). Um die beobachtete Lebenswelt aus der Sicht der Akteure zu verstehen, ist es notwendig, sich als Forscher zumindest partiell mit dieser Lebenswelt zu identifizieren. Die Aufgabe, die in der Erhebungsphase gemachten Erfahrungen auch kritisch zu reflektieren, setzt aber gleichzeitig ein gewisses Maß an Distanz zu dem Untersuchungfeld und seinen Akteuren voraus. Im Laufe des Forschungsprozesses habe ich mich dementsprechend um eine situationsspezifisch zwar auspendelnde, insgesamt aber ausgewogene Balance zwischen den beiden Polen der Identifikation und Distanz bemüht, um sowohl der Gefahr einer überspitzten Identifikation mit den vorherrschenden Verhaltensweisen, Deutungsmustern und normativen Orientierungen der Akteure (in der Ethnologie auch als »Go-ing native« bezeichnet) wie der Gefahr einer einseitig distanzierten Haltung zu entgehen, welche einen verstehenden Nachvollzug dieser Orientierungen unmöglich gemacht hätte.

4.2 Verfahren der Datenerhebung

In der vorliegenden Studie werden vier gängige Methoden der qualitativen Sozialforschung, nämlich die teilnehmende Beobachtung, qualitative Interviews, Gruppendiskussionen und die Analyse alltagskultureller Dokumente miteinander kombiniert. Ziel dieser Methodentriangulation ist es, unterschiedliche Aspekte des Forschungsthemas erfassen und wechselseitig aufeinander beziehen zu können. Während die Sammlung und Analyse alltagskultureller Dokumente sowie die teilnehmenden Beobachtungen auf die Erfassung der konkreten Alltagspraxis der untersuchten Schulkultur zielen, richten sich die Interviews und die Gruppendiskussionen auf den Sinn, welche die Beteiligten *bewusst* ihrer Alltagspraxis unterlegen. Vor einer näheren Erörterung der vier gewählten Verfahren der Datenerhebung soll die folgende Abbildung einen groben Eindruck vermitteln, inwieweit diese den beiden zentralen Forschungssträngen der Arbeit zuzuordnen sind und welche Bedeutung ihnen im gesamten Forschungsprojekt zukommt (grafisch veranschaulicht durch die unterschiedliche Größe der entsprechenden Felder).

Zuordnung der Datenbasis zu den beiden Hauptsträngen der Untersuchung

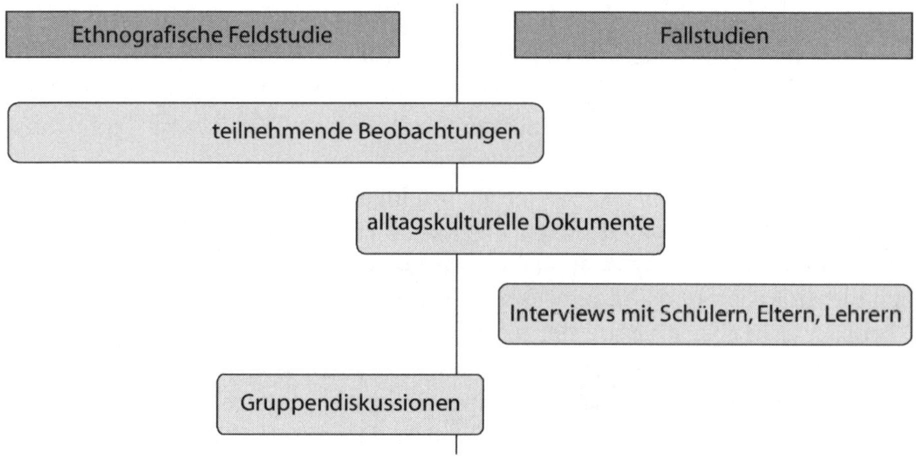

Die umfassendste Datenbasis der Studie sind teilnehmende Beobachtungen im Unterricht, die überwiegend für die ethnografische Feldstudie, zum Teil aber auch für die beiden Fallstudien relevant waren. An zweiter Stelle stehen acht Interviews mit Schülern, Lehrern und Eltern, die sich ausschließlich den beiden Fallstudien zuordnen lassen. Die Sammlung alltagskultureller Dokumente und die beiden durchgeführten Gruppendiskussionen stehen an dritter Stelle. Abgesehen von der Beteiligung des »Falles« Tom an einer der beiden durchgeführten Gruppendiskussionen, lassen sich diese eindeutig der ethnografischen Feldstudie zuordnen, während die Sammlung und Analyse alltagskultureller Dokumente in etwa für beide Forschungsstränge gleichermaßen relevant waren, in den Fallstudien aber häufiger aufgegriffen werden.

Zu den teilnehmenden Beobachtungen

Der vorliegenden Studie liegen Protokolle teilnehmender Beobachtungen von insgesamt 59 Schultagen zu Grunde, die in zwei Klassen der Freien Schule Bochum durchgeführt wurden. Zu Beginn des Untersuchungszeitraumes (Januar 1997) handelte es sich um die Klasse bzw. Stammgruppe 6/7 und die 9. Klasse. Weil die 9. Klasse zum Ende des Schuljahres 1997/1998 die Schule verließ, erstreckte sich der Beobachtungszeitraum hier auf anderthalb Jahre, in der Stammgruppe 6/7 dagegen auf zwei Jahre. (Im Schuljahr 1998/1999 handelte sich sich dann um die Gruppe 8/9.) Die Beobachtungen wurden überwiegend ganztägig durchgeführt, in einzelnen Fällen beziehen sich die Protokolle aber auch nur auf den Vormittag oder den Nachmittag eines Schultages. Bei der gewählten Form der teilnehmenden Beobachtung handelt es sich um eine offene, unstrukturierte Beobachtung mit einem vergleichsweise geringen Partizipationsgrad (vgl. Lamnek 1993a, S. 247ff.).

Zu den Interviews

Verglichen mit der Transkription und vor allem der Auswertung qualitativer Interviews ist die *Durchführung* derselben ein wenig zeitaufwändiges Verfahren. Vor der Festlegung auf einen Schüler und eine Schülerin, deren Ausdruck ihrer emotionalen Bedürfnislage im Kontext der Freien Schule Bochum in Form zweier Fallstudien detailliert rekonstruiert werden sollte, wurden deshalb mit 14 Schüler/innen der beiden untersuchten Klassen Interviews durchgeführt. Von diesen 14 Interviews wurden allerdings nur vier verschriftlicht. Auf der Grundlage einer gründlichen Sichtung dieser vier Interviews erfolgte dann eine Festlegung auf Tom und Lisa als die beiden näher zu untersuchenden »Fälle« der Arbeit (in der vorliegenden gekürzten Fassung wird nur der Fall Tom dargestellt). Unmittelbar danach wurden Interviews mit den Müttern[1] von Tom und Lisa sowie jeweils mit zwei Lehrer/innen (im Falle Toms Karin und Horst, im Falle Lisas Marion und Wolfgang) durchgeführt. Nach etwa 1,5 Jahren führte ich mit Tom und Lisa dann jeweils ein zweites Interview durch. Datenbasis der beiden Fallstudien sind also insgesamt acht verschriftlichte Interviews, deren Länge sich zwischen 30 Minuten (das erste Interview mit Lisa) und 80 Minuten (das Interview mit Toms Mutter) bewegt.

Bei den Interviews mit Tom und Lisa handelte es sich um leitfadengestützte Interviews (vgl. Lamnek 1993b, S. 68ff.) mit Elementen des biografisch-narrativen Interviews nach Schütze (1983). Anders als die Interviews mit den Schülern erfolgte die Durchführung der Interviews mit den Müttern und den Lehrern nicht auf der Grundlage eines schriftlichen Leitfadens. Zu Beginn der Interviews wurden aber die jeweils interessierenden Fragekomplexe kurz erörtert. Diese zielten sowohl bei den Eltern- wie bei den Lehrerinterviews auf

1. eine Einschätzung und Charakterisierung des eigenen Kindes/Schülers,
2. eine Darstellung der eigenen emotionalen Beziehung zum Kind/Schüler und auf
3. eine Einschätzung der Vorzüge und Nachteile der Lernumwelt Freie Schule Bochum für das Kind/den Schüler.

1 Ursprünglich war zwar in beiden Fällen vorgesehen, die Interviews mit beiden Elternteilen durchzuführen. Mit der Begründung, dass ihn ein Interview zu seinem Sohn unter Umständen zu sehr aufrege, hatte Toms Vater aber den Interviewtermin kurzfristig abgesagt und Lisas Vater war als Montagearbeiter nicht zu erreichen.

Zu den Gruppendiskussionen

Zur Ergänzung der teilnehmenden Beobachtungen im Rahmen der ethnographischen Feldstudie wurden zwei Gruppendiskussionen durchgeführt: die erste mit fünf Lehrern und die zweite mit fünf Zehntklässlern der Schule. In beiden Diskussionen ergab sich in idealer Weise eine Selbstläufigkeit der Diskussion, sodass ich mich als Moderator der Diskussion nach der Darbietung eines Grundreizes weitgehend auf immanente Nachfragen beschränken konnte. Ziel dieser Gruppendiskussionen war es, Meinungsbilder zu verschiedenen Problemfeldern des Sekundarbereiches der Freien Schule Bochum sowohl aus Schüler- wie aus Lehrersicht zu erheben. Die Methode der Gruppendiskussion erwies sich für diesen Zweck gegenüber der Methode des Einzelinterviews aus drei Gründen als vorteilhaft. Erstens ist im Sinne Pollocks davon auszugehen, dass tiefer liegende Meinungen leichter Kontur gewinnen, wenn das Individuum sich gezwungen sieht, seinen eigenen Standpunkt zu bezeichnen und zu behaupten. (vgl. Lamnek 1993b, S. 141f.) Zweitens hat die Gruppendiskussion gegenüber dem Interview den Vorteil – vorausgesetzt es handelt sich nicht um eine künstlich zusammengesetzte, sondern um eine Realgruppe –, von den Befragten als eine authentischere Kommunikationssituation erlebt zu werden. Insbesondere die für Interviews kennzeichnende Asymmetrie der Kommunikationssituation ist in Gruppendiskussionen weitgehend aufgehoben. Der dritte Grund ist ein forschungspragmatischer: In relativ kurzer Zeit (beide Gruppendiskussionen dauerten etwa 70 Minuten) können hier die Meinungsbilder gleich mehrerer Personen erfasst werden.

Zur »Erhebung« des alltagskulturellen Materials

Anders als bei den drei oben genannten Verfahren der Datenerhebung wurde das alltagskulturelle Material – als die vierte Säule der Datenbasis dieser Studie – im Forschungsprozess nicht eigens erhoben, sondern schlicht gesammelt. Bei diesem handelte es sich im Einzelnen um Jahresbriefe, ausgefüllte Arbeitsblätter und Wochenpläne, von Schüler/innen angefertigte Projektarbeiten, Bilder, freie Texte, Klassenarbeiten, Praktikumsberichte und Plakate.

4.3 Verfahren der Datenauswertung

Im Vergleich zu quantitativer Sozialforschung gilt für qualitative Sozialforschung allgemein, dass ihre Methoden wenig standardisiert sind und sehr flexibel gehandhabt werden. In Abhängigkeit von dem jeweiligen Forschungsgegenstand werden bewährte Methoden der Datenerhebung und -auswertung unterschiedlich ausgestaltet und miteinander kombiniert. Für die in der vorliegenden Studie gewählten Verfahren der Datenauswertung trifft diese allgemeine Aussage in besonderem Maße zu. In der Auswertung der erhobenen Daten wurde nämlich auf Elemente verschiedener gängiger Verfahren, z.B. der Auswertung biografisch-narrativer Interviews nach Schütze (1983), der Auswertung von Gruppendiskussionen nach Bohnsack (1995,

S. 1997) oder der qualitativen Inhaltsanalyse nach Mayring (1996) zurückgegriffen, keine dieser Verfahren wurde aber gleichsam in »Reinform« angewandt. Etwas überspitzt könnte man die hier praktizierte Form der Datenauswertung mit der Art und Weise der Traumdeutung vergleichen, wie C.G. Jung sie seinen Schülern empfahl: »(...) Deshalb rate ich meinen Schülern immer: ›Lernt, so viel ihr könnt, über Symbolik, und vergesst alles wieder, wenn ihr einen Traum analysiert.‹« (Jung 1996, S. 36) Verfahren, die für die Auswertung des erhobenen Datenmaterials und die forschungspragmatischen Rahmenbedingungen potenziell relevant sein würden, wurden also eingehend studiert, in der letztendlichen Auswertungsarbeit aber immer nur ausschnitthaft und sehr flexibel gehandhabt.

In der Auswertung der 59 Beobachtungsprotokolle wurden in einem ersten Schritt 346 Szenarien herausgearbeitet, die für das erkenntnisleitende Interesse der Arbeit relevant zu sein schienen und anschließend mit kurzen Titeln versehen, die geeignet waren, die jeweils erfasste Interaktionsdynamik in Erinnerung zu rufen (z.B. »Streit zwischen Jana und Robert um Wasserkasten«; »Thomas sitzt vor weißem Blatt«). Dieses von irrelevanten Beobachtungen bereinigte Datenmaterial wurde anschließend anhand eines am Material entwickelten Leitfadens kodiert (vgl. dazu Schmidt 1997, S. 547ff.), also induktiv gewonnenen Auswertungskategorien zugeordnet. Da sich in der analytischen Auseinandersetzung mit dem Material immer wieder neue Auswertungskategorien ergaben und andere verworfen wurden, wurde der Kodierleitfaden mehrmals überarbeitet. Seine letzte, die Darstellung der Forschungsergebnisse leitende Fassung entspricht weitgehend dem Inhaltsverzeichnis der ethnographischen Feldstudie (Kap. 5) dieser Arbeit. In einem weiteren Schritt erfolgte eine deduktive, d.h. vor allem auf Erkenntnisse der psychoanalytischen Jugendtheorie hin orientierte, nochmalige Codierung aller Szenarien. Ziel dieser zweiten Codierung war also der systematische Einbezug der in Kapitel 3 dargelegten theoretischen Grundlagen der Untersuchung. Schließlich wurden all jene Szenarien zu einem Datenkorpus zusammengefügt, in denen entweder Tom oder Lisa eine Rolle spielten.

Die Auswertungen der Interviews und der Gruppendiskussionen können im Zusammenhang dargestellt werden, da sie weitgehend einem gleichen Muster entsprachen. Diese wurden durchgängig in einem ersten Schritt *chronologisch* und in einem zweiten Schritt *thematisch zusammengefasst.* Ziel dieser beiden ersten Auswertungsschritte war es, im Sinne der qualitativen Inhaltsanalyse nach Mayring (vgl. Mayring 1996, S. 91f., und Lamnek 1993a, S. 207ff.) das erhobene Datenmaterial auf einen überschaubaren Textkorpus zu reduzieren. In einem nächsten Schritt wurden jene Interviewsequenzen, die für das Erkenntnisinteresse der Arbeit besonders viel versprechend zu sein schienen, einer tiefenhermeneutischen Interpretation unterzogen, um insbesondere latente Sinngehalte, die durch die chronologische und thematische Zusammenfassung nicht erfasst werden konnten, in den Blick zu bekommen. Von den tiefenhermeneutisch ausgewerteten Sequenzen wurden wiederum einige ausgewählte Sequenzen einer weiter gehenden *formalen Textanalyse* unterzogen. Bei den Interviews griff ich dabei auf die von Schütze (1983, S. 286f.) vorgeschlagene Unterscheidung zwischen erzählten Ereignissen und der Art und Weise, wie diese vom Erzähler im Nachhinein gedeutet werden, zurück. Durch die Kontrastierung der eigentheoretischen Einlassungen des Befragten mit den realen Ereignissen können erstere nämlich auf ihre Legitimations-, Orientierungs- und Ausblendungsfunktion hin interpretiert werden (ebd., S. 287). Erkenntnisse im Hinblick auf Ausblendungsmechanismen oder Tendenzen einer Verdrängung identitätsgefährdender Inhalte werden also erst durch diesen Analyseschritt sichtbar.

Bei der Auswertung der Gruppendiskussionen erwies sich die von Bohnsack vorgeschlagene Unterscheidung einer »formulierenden« und einer »reflektierenden« Interpretation als hilfreich (vgl. Bohnsack 1997). Die formulierende Interpretation bezieht sich auf den *immanenten Sinngehalt*, indem sie die thematische Struktur der Diskussion entschlüsselt. Die reflektierende Interpretation bezieht sich auf den *dokumentarischen Sinngehalt*, indem sie die Art und Weise charakterisiert, wie die Beteiligten aufeinander Bezug nehmen. Grundgerüst ist also hier die Rekonstruktion der Formalstruktur des Textes jenseits seiner thematischen Struktur.

4.4 Methodisch bedingte Grenzen der Untersuchung

Eine *erste Grenze* der Studie liegt in der eingeschränkten Reichweite und Übertragbarkeit ihrer Ergebnisse. Im Unterschied zu dem von Glaser und Strauss beschriebenen Verfahren zur Entwicklung gegenstandsbezogener Theorien (vgl. Glaser/Strauss 1984; Strauss 1994) wurden im Rahmen der vorliegenden Studie *keine Vergleichsgruppen* gebildet. Der Grund für diesen Verzicht ist in der Einleitung bereits forschungspragmatisch begründet worden: Die Bildung solcher Vergleichsgruppen wäre nur dann sinnvoll gewesen, wenn diese mit einem (zumindest annähernd) gleichen Aufwand erforscht worden wären, wie die Lebens- und Lernkultur der Freien Schule Bochum. Ein solcher Forschungsaufwand hätte aber den begrenzten Rahmen einer Dissertation bei weitem gesprengt. Was Strauss als eine typische Schwäche qualitativer Forschungsprojekte kennzeichnet, muss deshalb auch für die vorliegende Studie konstatiert werden: »Qualitativ arbeitende Wissenschaftler legen großen Wert auf situative und oft strukturelle Kontexte im Gegensatz zu vielen quantitativ arbeitenden Forschern, deren Arbeiten zwar vielseitig, im Hinblick auf den Kontext aber doch schwach sind. Doch qualitativ arbeitende Wissenschaftler neigen zu schwachen Quervergleichen, weil sie oft nur einzelne Situationen, Organisationen oder Institutionen untersuchen.« (Strauss 1996, S. 26) Das spezifische pädagogische Profil der Freien Schule Bochum wurde in Kapitel 2 ausführlich dargestellt und mit anderen Reform- und Alternativschulen in Deutschland kontrastiert. Bei allen Ergebnissen dieser Studie muss bedacht werden, dass sie in einem spezifischen Kontext erhoben wurden. Es ist zwar davon auszugehen, dass viele dieser Ergebnisse in zumindest ähnlicher Form auch für andere Sekundarschulen Geltung beanspruchen dürfen, wissenschaftlich zufrieden stellend hätte dieser allgemeine Geltungsanspruch aber erst durch die Bildung von Vergleichsgruppen erhoben werden können.

Die *zweite Grenze* betrifft ebenfalls den Geltungsanspruch der Forschungsergebnisse und ergibt sich aus der fehlenden *quantitativen Absicherung* der erhobenen Ergebnisse. Ein Problemfeld qualitativer Sozialforschung, welches mehr oder weniger jedem qualitativen Forschungsbericht innewohnt, ist die Verwendung verdeckter Quantifizierungen durch die Benutzung von Begriffen wie »häufig«, »in der Regel«, »nur in seltenen Ausnahmefällen« etc. (Oswald (1997) spricht diesbezüglich vom Problem der »Quasiquantifizierung«). Ein angemessener Umgang mit diesem Problem kann im Sinne qualitativer Forschungslogik jedoch nicht bedeuten, auf solche Begriffe gänzlich zu verzichten, sondern nur, in jedem Falle zu prüfen, ob die jeweilige Quantifizierung nicht zu vorschnell und unbedacht vorgenommen wurde. Sicherlich wäre es darüber hinausgehend auch möglich, gewonnene Hypothesen durch anschließende quantitative Erhebungen auf ihre Validität hin zu untersuchen. Dies war jedoch, ebenfalls aus forschungspragmatischen Gründen, nicht leistbar. Zudem erschiene mir eine solche quantitative Folgeuntersuchung nur unter der Voraussetzung sinnvoll, dass, wie oben dargelegt, verschiedene Vergleichsgruppen gebildet und diese mit dem gleichen Forschungsaufwand der vorliegenden Studie untersucht worden wären.

Eine *dritte Grenze* ergibt sich aus dem Tatbestand, dass die vorliegende Untersuchung sich in ihrer *theoretischen Orientierung* zwar deutlich auf Erkenntnisse der Psychoanalyse bezieht, diese sich jedoch nicht in einer entsprechenden *methodischen Orientierung* niederschlägt. Die Psychoanalyse hat inzwischen ein eigenständiges Methodenrepertoire hervorgebracht (vgl. im Überblick: Leithäuser 1995), auf welches in dieser Studie aus verschiedenen Gründen nicht zurückgegriffen wurde. Teilweise setzt die Anwendung dieser Methoden (so zum Beispiel bei projektiven Tests) eine fundierte psychoanalytische Ausbildung voraus, über die ich nicht verfüge. Andere Methoden, wie z.B. die psychoanalytische Textinterpretation (vgl. Haubl 1995), setzen voraus, dass Interpretationen in einem Forschungsteam vorgenommen werden, um die Gegenübertragungsreaktionen des jeweiligen Forschers weiter gehend reflektieren zu können, als die strukturell begrenzte Selbstreflexion des Forschers es ermöglichen würde. Die Problematik der strukturell begrenzten Selbstreflexion des Forschers konnte in der vorliegenden Studie nur insofern aufgefangen werden, als insbesondere die beiden Fallstudien, bei denen eine Perspektivenerweiterung besonders dringend erschien, in mehreren Sitzungen des Bielefeld-Kasseler-Graduiertenkollegs »Schulentwicklung an Reformschulen« intensiv diskutiert wurden.

5. Teilnehmende Beobachtungen in zwei Klassen der Freien Schule Bochum

5.1 Einleitung

Wie im vorigen Kapitel bereits dargestellt, fußt der nun folgende erste empirische Teil der vorliegenden Arbeit primär auf *teilnehmenden Beobachtungen*, die zwischen dem 7.1.1997 und dem 18.3.1999 an 59 Schultagen in zwei Klassen der Freien Schule Bochum durchgeführt wurden. Zu Beginn der Erhebung handelte es sich bei der einen Klasse um die aus den beiden Jahrgängen 6 und 7 zusammengefasste »Stammgruppe« 6/7 und um die 9. Klasse. Zwei Jahre später, also zum Ende der Erhebung, handelte es sich dementsprechend bei der ersten Klasse um die Stammgruppe 8/9, während die Schüler der zweiten Klasse schon im Sommer 1998 die Schule verlassen hatten. (Weil die meisten Beobachtungen im Schuljahr 1997/98 durchgeführt wurden, bezeichne ich der Einfachheit halber die erste Klasse im Folgenden als »Klasse 7/8« und die zweite Klasse als »Klasse 10«.) Die Entscheidung, nur in zwei Klassen der Schule teilnehmende Beobachtungen durchzuführen, wurde schon vor Beginn der Erhebung getroffen, um die jeweilige Interaktionsdynamik in den Klassen intensiver erfassen zu können, als es bei Erhebungen in allen fünf Sekundarklassen möglich gewesen wäre. Um Schüler beobachten zu können, die sich von ihrem Entwicklungsstand her sowohl in der Frühadoleszenz wie in der eigentlichen Adoleszenz befinden, entschied ich mich für die Klasse 7/8 und die 10. Klasse.

Die Klasse 7/8 bestand zu Beginn der Erhebung aus 23 und zum Ende der Erhebung aus 27 Schülern und Schülerinnen, davon 15 Jungen und 12 Mädchen. Im gesamten Erhebungszeitraum waren Marion und Wolfgang die beiden Klassenlehrer dieser Gruppe. Die 10. Klasse bestand zu Beginn der Erhebung aus 18 und zum Ende der Erhebung aus 19 Schüler/innen, davon 11 Jungen und 8 Mädchen. Die beiden Klassenlehrer/innen dieser Gruppe waren zunächst Karin und Claudia. In der zweiten Hälfte des Schuljahres 1996/97 verließ Claudia jedoch die Schule. Übergangsweise war Karin dann alleinverantwortliche Klassenlehrerin. Zum Schuljahr 1997/98 wurde dann Jörg der zweite Klassenlehrer dieser Gruppe. In beiden Klassen besuchte etwa jeweils ein Drittel der Schüler die Freie Schule Bochum seit der ersten Klasse. Alle anderen Schüler gehörten also zur Gruppe der so genannten »Quereinsteiger«.

Die Gliederung der folgenden Kapitel orientiert sich an der Logik der Institution Schule. Erfasst werden dabei die wichtigen Bereiche des schulischen Lerngeschehens: die Besprechungen (Kap. 5.2) und der projektorientierte Unterricht (Kap. 5.3). Andere Bereiche der Schule wie der Fachunterricht, Ausflüge, Klassenfahrten, Praktika oder die Pausen, spielen natürlich ebenfalls eine bedeutende Rolle im Schulalltag und wären im Hinblick auf das Forschungsinteresse dieser Arbeit auch gleichermaßen relevant gewesen. Zu Gunsten einer möglichst differenzierten und detailgenauen Darstellung werden aber nur die beiden zuerst genannten Bereiche explizit erörtert.

Anschließend werden zwei Aspekte der beobachteten Schulrealität erörtert, deren nähere Betrachtung sich im Laufe des Forschungsprozesses als besonders viel versprechend und fruchtbar erwies, nämlich erstens Formen und Funktionen adoleszenter Komik im schulischen Kontext (Kap. 5.4) und zweitens innerpsychische und interaktive Konfliktpotenziale der Schüler-Lehrer-Beziehung, die sich aus dem Spannungsfeld jugendlicher Autonomiebestrebungen auf der einen Seite und institutioneller Sozialisationsfunktionen der Schule auf der anderen Seite ergeben (Kap. 5.5).

Abschließend noch eine Bemerkung zur gewählten Form der Darstellung: Um dem Leser die Grundlagen der Interpretationsbemühungen offen zu legen und so auch alternative Interpretationen möglich zu machen, wurde der Text durch viel Anschauungsmaterial (Auszüge aus Beobachtungsprotokollen und alltagskulturellen Dokumenten) angereichert. Im Sinne einer »dichten Beschreibung« nach Geertz (1997) werden also zahlreiche beobachtete Szenarien beschrieben, deren Informationsgehalt zwar über die jeweils verfolgte Argumentationslinie hinausgreift, damit aber gleichzeitig eine Sensibilität für die *Komplexität* des untersuchten Gegenstandes schaffen kann, die, wie in jeder wissenschaftlichen Studie, zum Zwecke einer theoretischen Durchdringung desselben notgedrungen reduziert werden musste (vgl. Kelle 1997).

5.2 Die Besprechungen

Besprechungen sind im schulischen Kontext ein Ort sprachlicher Kommunikation, der allen Beteiligten in einer Schulklasse potenziell die Möglichkeit bietet, eigene Interessen und Bedürfnisse zu artikulieren, Meinungen und Erfahrungen auszutauschen, Gruppenbelange zu regeln und soziale Konflikte zu schlichten. Inwieweit eine Besprechung in diesem Sinne als ein Ort fruchtbarer Kommunikation bezeichnet werden kann, hängt von zahlreichen Faktoren ab. Die zentrale Absicht der folgenden Ausführungen ist es, Auffälligkeiten, Eigenarten und Problemfelder der Kommunikationsabläufe und -strukturen herauszuarbeiten, wie sie für mich in den Besprechungen beobachtbar waren. Einleitend möchte ich kurz die räumlichen und zeitlichen Rahmenbedingungen, das Themenspektrum und den üblichen Ablauf der Besprechungen skizzieren.

Während des Untersuchungszeitraumes fanden die Besprechungen im Sekundarbereich I der Freien Schule Bochum laut Stundenplan jeden Montag und Freitag von 9.00–9.40 Uhr statt. Im Rahmen meiner Untersuchung nahm ich insgesamt an 17 Besprechungen teil, deren Protokolle die wichtigste Datenbasis dieses Kapitels darstellen. Die von mir protokollierten Besprechungen begannen in der Regel – abweichend vom Stundenplan – mit einer Verspätung von etwa 5 bis 15 Minuten und dauerten meist zwischen 30 und 50 Minuten. In einem Fall dauerte die Besprechung auch etwa 80 Minuten, wurde dann allerdings von einer kleinen Pause unterbrochen.

Für die Besprechungen wird von den Schülern nach dem Frühstück selbstständig ein Stuhlkreis gebildet, in den zum Teil die in den Ecken der Klassenräume befindlichen Sofas integriert werden. Weder Schüler noch Lehrer achten auf eine Kreisform im strengen Sinne des Wortes. Immer wieder kommt es vor, dass auch Tische und Regale in den Sitzkreis integriert werden und somit einige Schüler während der Besprechung nicht auf einem Stuhl sitzen. Einzelne Schüler platzieren sich manchmal zu Beginn der Besprechung auch deutlich außerhalb des Stuhlkreises, werden dann aber meist von den Lehrern darum gebeten, sich räumlich in den Stuhlkreis zu integrieren.

Inhaltlich werden die Besprechungen sowohl für einfache Ankündigungen oder Informationen genutzt, die für die ganze Gruppe relevant sind, als auch für das Finden von Unterrichtsthemen und die Besprechung und Klärung sozialer Konflikte. Folgende Themenkomplexe lassen sich unterscheiden:

- Ankündigungen, Informationen, Mitteilungen (z.B. Termin des nächsten Betriebspraktikums);
- Sammeln, Vorstellen und Diskutieren von Vorschlägen für Unterrichtsthemen und außerunterrichtliche Aktivitäten (z.B. »Wie können wir uns am bevorstehenden Sommerfest beteiligen?«);
- Koordination von Gruppenaktivitäten (z.B. »Wer nimmt in der nächsten Epoche an welchem Nachmittagsanbot teil?«);
- Diskussion um Probleme des Gruppenalltags, der Unterrichtsorganisation und um Grundregeln des Schullebens (z.B. Vandalismus oder Schwänzen);
- Diskussion und Neuregelung der gruppeneigenen Sanktionen (z.B. Strichlisten);
- Besprechung und Klärung sozialer Konflikte zwischen Schülern (z.B. Umgang mit Außenseitern);
- Berichte und Erzählungen (z.B. über das zurückliegende Betriebspraktikum).

Der Ablauf der von mir beobachteten Besprechungen war von Mal zu Mal unterschiedlich und ist insgesamt als vergleichsweise wenig ritualisiert zu bezeichnen. Beobachtbar waren weder immer wiederkehrende Formen der Eröffnung und Beendigung der Besprechung noch besondere Formen der Gesprächsführung (Rednerlisten, Rednerstab, Blitzlicht oder dergleichen). Häufig, aber nicht immer, wurden die Besprechungen von den Lehrern mit der Feststellung der fehlenden Schüler und einem entsprechenden Eintrag ins Klassenbuch eingeleitet. Auch die Feststellung der »Tagesordnungspunkte« verlief nicht einheitlich. Teilweise wurden diese von einem Lehrer vor Beginn der Besprechung an die Tafel geschrieben, teilweise wurden die Schüler einleitend von den Lehrern gefragt, ob sie heute etwas Bestimmtes thematisieren wollten, zum Teil begannen die Besprechungen aber auch direkt mit einer bestimmten Ankündigung oder der Diskussion eines Konfliktes.

Geleitet wurden alle von mir beobachteten Besprechungen von den Lehrern. Fast immer waren beide Klassenlehrer während der Besprechungen anwesend. Die Protokollierung der jeweils gefassten Beschlüsse übernahmen ebenfalls die Lehrer, in der Klasse 7/8 seit dem 20.2.98 die Schüler. Was den Leitungs*stil* der Lehrer betrifft, gab es selbstverständlich je nach Persönlichkeit und Charakter der einzelnen Lehrer große Unterschiede. Der Leitungsstil aller Lehrer lässt sich meines Erachtens aber insgesamt doch als vergleichsweise *offen* und *wenig direktiv* bezeichnen. Tendenziell hatte er häufig eher den Charakter einer Moderation als einer »Leitung« im engeren Sinne des Wortes.

Ein erstes Problemfeld, das ich erörtern möchte, ist die Dominanz eines bestimmten Themenkomplexes in den Besprechungen, nämlich die – meist stark kontrovers geführte – Diskussion um die Einhaltung bzw. Nichteinhaltung von Grundregeln des Schullebens (pfleglicher Umgang mit Mobiliar und sonstiger Schulausstattung, regelmäßige und pünktliche Teilnahme am Unterricht, ordnungsgemäße Erledigung des Aufräum- und Küchendienstes etc.). Der Ablauf dieser Diskussionen folgt meist dem folgenden Muster: Einer der beiden Klassenlehrer wirft einzelnen Schülern oder der ganzen Gruppe vor, bestimmte Regeln nicht eingehalten zu haben. Nach dem Prinzip »Angriff ist die beste Verteidigung!« weisen die beschuldigten (oder stellvertretend andere) Schüler den Vorwurf zurück und machen ihrerseits den Lehrern einen Vorwurf. Die Lehrer weisen nun den Gegenvorwurf zurück und bekräftigen nochmals ihren Vorwurf oder fügen ihm einen zweiten ähnlichen Vorwurf an. Diskussionen dieser Art lösen also häufig einen automatisierten Mechanismus der gegenseitigen Schuldzuweisung aus, welcher der Kommunikation tendenziell ein erstarrtes und ritualisiertes Gepräge verleiht. Am Beispiel zweier Interaktionssequenzen sei dies veranschaulicht.

> Ohne ihren eigenen Ärger zu verstecken, leitet Marion eine Beschwerde der Putzfrau an die Schüler weiter. Die Zustände in der Jungentoilette seien in letzter Zeit unzumutbar, insbesondere die Klos seien total verdreckt. So habe beispielsweise ein Unbekannter eine Klorolle in den Abfluss gestopft und dann darauf geschissen. Man könne es der Putzfrau nicht zumuten, derart verdreckte Klos zu reinigen. Im Kollegium erwäge man vor diesem Hintergrund, Klopapier an die Schüler nur noch für jeden Toilettengang extra auszugeben. Gabi entgegnet daraufhin empört: »Ich finde es echt bescheuert, dass wir jetzt hier verdächtigt werden, das getan zu haben, nur weil wir angeblich die schlimmste Klasse sind!« (7/8, 12.12.97)

> Wolfgang wirft den Schülern vor, dass in der letzten Woche zum wiederholten Male mehrere Schüler den Sportunterricht geschwänzt hätten. Das ginge so nicht weiter und müsse sich unbedingt ändern. Anita weist den Vorwurf entrüstet zurück. Sie habe vor der geschlossenen Sporthalle gewartet, aber der Sportlehrer sei zu spät gekommen und so habe sie sich dann entschieden, nach Hause zu gehen. Gabi fügt an, sie habe es in einer der letzten Sportstunden als Zumutung emp-

> funden, Bockspringen zu müssen, obwohl sie das vorher nie gelernt habe. Überhaupt habe sie keinen Bock auf Sport. Darauf erwidert Wolfgang, das Prinzip der freiwilligen Teilnahme am Unterricht sei schon vor vielen Jahren abgeschafft worden, das wüssten die Schüler, und deshalb habe er keine Lust mehr, das »Argument« »kein Bock« zu hören. (8/9, 5.3.99)

Im Ganzen betrachtet sind die Gegenvorwürfe, mit denen die Schüler auf Schuldzuweisungen der Lehrer reagieren, sehr unterschiedlicher Natur und lassen sich grob in zwei gegensätzliche Gruppen aufteilen. Etwas verkürzt ausgedrückt könnte man bei der einen Gruppe von einer Argumentation im Dienste des Lustprinzips und bei der anderen Gruppe von einer Argumentation im Dienste des Leistungsprinzips sprechen. »Ihr nehmt alles viel zu ernst, das war doch nur Spaß!« oder »Das ist doch eine Freie Schule hier, ihr habt also kein Recht, uns was vorzuschreiben!« wären Äußerungen, die sich der ersten Gruppe zuordnen ließen. Äußerungen wie »Hier lernt man ja sowieso nichts!« oder »Das ist ja hier eine Schule für Verhaltensgestörte!« sind beispielhaft für eine Argumentation, welche geeignet ist, die Lehrer zu verunsichern und argumentativ in die Defensive zu drängen, weil sie deren eigene Zweifel und Ängste im Hinblick auf die Qualität und das Leistungsniveau der Schule aktualisiert.

Wie die folgende Interaktionssequenz zeigt, kann es auch durchaus geschehen, dass zwei Schüler im Rahmen einer solchen Diskussion gegensätzliche Positionen einnehmen.

> Im Klassenraum der Klasse 8/9 befindet sich ein Computer, der von den Schülern nicht für Lernprogramme, sondern nur für Computerspiele in den Pausen genutzt wird. In einer Besprechung beschwert sich Marion, dass dieser Computer – wahrscheinlich durch unsachgemäßen Gebrauch – mal wieder nicht funktionstüchtig sei, außerdem habe jemand die Computer-Maus entwendet. Es entspinnt sich daraufhin eine kontroverse Diskussion zwischen Lehrern und Schülern, wie ernst es zu nehmen sei, dass der Computer mal wieder nicht funktionsfähig ist. Jonas meldet sich und gibt, an die Lehrer gerichtet, zu bedenken: »Der Computer wird doch sowieso nur in der Pause genutzt! Wieso haben wir den hier überhaupt?!« Wolfgang antwortet: »Ja, der wird nur in der Pause zum Spielen benutzt.« Mit deutlich ironischem Unterton erwidert Jonas: »Das ist ja eine tolle Beschäftigung!« Darauf Gabi an Jonas gewandt: »Wieso, lass doch, wenn einige da Bock drauf haben!« (8/9, 19.3.99)

Bemerkenswert ist an dieser Interaktionssequenz nicht zuletzt, dass der Schüler Jonas mit seiner rhetorischen Frage implizit offen legt, dass er offenbar eine andere Sicht von Schule vertritt als seine Lehrer. »Ein Computer, der nur in der Pause zum Spielen benutzt wird«, so könnte man Jonas Einwand deuten, »hat in einem Klassenraum nichts zu suchen. Schule ist ein Ort, in dem man primär ›ernsthaften‹ Beschäftigungen nachgehen sollte. Computerspielen kann man auch außerhalb von Schule.

Die Tatsache, dass der Computer jetzt kaputt ist, sollten wir als Anlass nehmen, ihn aus dem Klassenraum ganz zu entfernen.« Gabi wehrt diesen leistungsorientierten Einwand von Jonas mit einem am Lustprinzip orientierten Argument ab. Die Tatsache, dass einige Schüler »da Bock drauf haben«, legitimiert für sie die Existenz des Computers im Klassenraum in ausreichendem Maße. Wolfgang stellt sich mit seiner Antwort zwar nicht wie Gabi ausdrücklich auf die Seite des Lustprinzips, lässt aber nicht erkennen, dass es aus seiner Sicht problematisch ist, wenn der Computer nur zum Spielen benutzt wird. Die Äußerungen Wolfgangs und Marions enthalten lediglich eine Kritik an dem fahrlässigen oder mutwilligen Umgang der Schüler mit dem Computer.

In der Kommunikation zwischen Jonas und seinem Lehrer Wolfgang ergibt sich hier also situativ eine Umkehrung der herkömmlichen Rollenaufteilung zwischen Schüler und Lehrer. Während Jonas gewissermaßen für das Realitätsprinzip Partei ergreift, sorgen sich seine Lehrer darum, einen Computer wieder funktionstüchtig zu machen, der für unterrichtliche Zwecke überhaupt nicht genutzt wird. Diese Rollenverkehrung ist meines Erachtens typisch für eine bemerkenswerte Eigenart in der Kommunikationsstruktur der Schule, die ich weiter unten noch näher erörtern werde. An dieser Stelle möchte ich zunächst nur zu bedenken geben, dass eine solche Umkehrung auf Seiten der Lehrer natürlich voraussetzt, dass diese sich durch Handlungen oder Äußerungen situativ weniger am Leistungsprinzip, als vielmehr am Lustprinzip orientieren. Ein besonders eindrückliches Beispiel für ein solches Verhalten bietet meines Erachtens der folgende Ausschnitt aus einer Besprechung.

> Im Klassenraum der Klasse 7/8 befindet sich seit einigen Monaten keine Sitzecke mehr. Davor gab es zwar eine gebrauchte Sofa-Ecke; diese wurde aber von den Schülern im Laufe der Jahre regelrecht »zerpflückt« und musste deshalb entsorgt werden. Durch einen Zufall spendete nun eine Firma der Freien Schule Bochum vor einigen Wochen einige Matratzen.
>
> Vor diesem Hintergrund stellt Marion den Schülern in einer Besprechung kurz nach den Sommerferien die Idee vor, mit zwei der gespendeten Matratzen und einem stufenartigen Podest aus Holz in der ehemaligen Sofaecke eine neue Sitzecke zu bauen. Ihr Vorschlag stößt bei den Schülern zunächst nur auf ablehnende Äußerungen. Ein Schüler äußert beispielsweise die Befürchtung, dass diese Sitzecke im Klassenraum zu viel Platz wegnehmen würde. Eine andere Schülerin sagt, sie würde sich nicht auf ein Podest setzen wollen, das andere vorher mit ihren dreckigen Schuhen betreten hätten. Wolfgang zeichnet daraufhin mit Kreide einen Plan der Sitzecke an die Tafel, dem zu entnehmen ist, wie viel Platz die Sitzecke beanspruchen würde. Die Zeichnung bewirkt einen Stimmungswechsel und einige Schüler argumentieren jetzt für den Bau der Sitzecke. Wolfgang reichen diese vereinzelten Zustimmungen aber offensichtlich nicht aus, und er macht den Vorschlag, über die Idee abzustimmen. »Lasst uns mal abstimmen, wer für Marions Idee ist! Nicht, dass wir mal wieder was bauen und ihr hinterher sagt, wir waren nicht dafür!« – Marion: »Also, wer ist für die Matratzen-Ecke?« –

Die große Mehrheit der Schüler meldet sich. Während die Schüler durch ihre Meldung ihre Zustimmung ausdrücken, betonen einige relativierend: »Ich will das Ding aber nicht bauen!« – Marion anschließend: »Wer enthält sich?« – etwa drei bis vier Schüler melden sich. Der protokollierende Nils trägt das Ergebnis der Abstimmung ins Beschlussbuch ein. Abschließend äußert ein Schüler noch seine Meinung, die Werkstatt-Gruppe bei Karl könne ja den Bau des Podestes übernehmen. (8/9, 24.8.98)

So wie die meisten Grundschulräume der Freien Schule Bochum über eine Hochetage verfügen, gehört eine (meist aus ausrangierten Sofas bestehende) Sitzecke zum üblichen Inventar der Klassenräume in der Sekundarstufe I. Als ein Ort, der zum gemütlichen »abhängen« einlädt, werden diese Sitzecken von den Schülern hauptsächlich in den Pausen genutzt. Dass nun in der obigen Szene die beiden Lehrer und nicht die Schüler den Neubau einer Sitzecke vorschlagen, erscheint mir umso bemerkenswerter, als noch einige Monate vorher die alten Sofas entsorgt werden mussten, weil sie von den Schülern nach und nach völlig zerstört worden waren. Trotz dieser schlechten Erfahrung möchten die Lehrer den Schülern also mit der Matratzenecke erneut im Klassenraum eine gemütliche Ecke zum gepolsterten Sitzen und Liegen bieten. Wie wichtig ihnen dieses Anliegen ist, wird in der Szene gleich an mehreren Stellen deutlich. Zunächst lassen sie sich von der Tatsache nicht irritieren, dass die Idee anfänglich nur auf Ablehnung stößt. Die Weigerung einiger Schüler, sich an dem Bau des Podestes zu beteiligen, wird überhört und die Frage der praktischen Umsetzung der Idee somit zunächst offen gelassen. Nachdem die Mehrheit der Schüler durch Meldung der Idee zugestimmt hat, fragt Marion bezeichnenderweise – wahrscheinlich unbewusst – nicht nach Gegenstimmen, sondern nach Enthaltungen. Alle restlichen Schüler melden sich jetzt, sodass nach Gegenstimmen gar nicht mehr gefragt wird. Die anfänglichen, tendenziell am Realitätsprinzip orientierten Bedenken der Schüler stehen am Ende nicht mehr zur Debatte.

Eine vergleichbare Umkehrung des üblichen Rollenverhältnisses zwischen Schülern und Lehrern war für mich auch mehrmals im Hinblick auf Vorschläge der Lehrer für Unterrichts- oder Projektthemen beobachtbar. Besonders deutlich wurde dies beispielsweise im Rahmen zweier Besprechungen, in denen die Lehrer der Klasse 7/8 versuchten, gemeinsam mit den Schülern ein Thema für die nächste Projektwoche zu finden.

Deutlich erkennbar ist das Bemühen der Lehrer, ein Thema zu finden, welches sich in das Jahresthema »Identität« einfügen ließe. Themen- und Aktivitätsvorschläge der Lehrer wie »menschliche Paarungstänze«, »Fitness«, »körperliche Grenzerfahrungen«, »Sauna besuchen«, »rauschartige Zustände ohne Drogen herstellen« stoßen bei den Schülern auf kein Interesse. Vorschläge der Schüler wiederum lassen sich zum Teil auf Grund von Sachzwängen nicht umsetzen. Der Vorschlag von Udo etwa, eine Projektwoche zum Thema »Programmieren« durchzuführen, lässt sich nicht realisieren, weil der einzige Lehrer, der für ein sol-

ches Angebot in Frage käme, während der Projektwoche nicht in der Schule ist. Steffen schlägt vor, an der Skateboardrampe für den Schulhof weiterzubauen, wovon Wolfgang aber abrät, da die entsprechenden rechtlichen Verhandlungen mit der Stadtverwaltung noch nicht abgeschlossen seien.
Wolfgang kommt auf seine ursprünglichen Vorschläge zurück und lässt die Schüler abstimmen. Nachdem sich bei allen Vorschlägen jeweils kein einziger Schüler meldet, stellt Wolfgang die scherzhaft-provozierende Frage »Wer möchte denn am liebsten gar nichts machen?«, worauf alle Schüler sich sofort einmütig melden. Die Ironie seiner folgenden Frage »Wer möchte eine Woche lang nur Videos gucken?« offensichtlich nicht erfassend, versucht Gabi eventuellen Missverständnissen vorzubeugen: »Aber nur gucken, nichts dazu schreiben!« Steffen protestiert: »Ich habe keinen Bock hier Videos zu gucken, da kann ich genauso gut zu Hause bleiben!«
Weil eine konstruktive Diskussion zur Themenfindung nicht mehr möglich scheint, vertagen Marion und Wolfgang die letztendliche Entscheidung auf die nächste Besprechung und kündigen den Schülern an, bis dahin einen konkreten Themenvorschlag zu erarbeiten. Dieser lautet dann »Kleidung, Gebärdensprache, Religion und Drogen im interkulturellen Vergleich«. Ich wohne der nächsten Besprechung nicht mehr bei, erfahre aber später von Marion, dass dieser Vorschlag wieder auf einmütige Ablehnung der Schüler stieß. Die Schüler schlagen dann das Thema »Berufe und berufliche Zukunft« vor, worauf sich die Lehrer einlassen. (7/8, 7.11.97)

Was ich oben bereits als eine Auffälligkeit der von mir beobachteten Besprechungen herausstrich, dass nämlich die Schüler vergleichsweise häufig die Gelegenheit haben und nutzen, gleichsam in Opposition zu den Lehrern Partei für das Realitätsprinzip zu ergreifen, äußert sich meines Erachtens hier auf einer inhaltlich-thematischen Ebene. Die Schüler weisen die eher freizeitorientierten Vorschläge der Lehrer erfolgreich zurück und setzen ihren Themenvorschlag »Berufe und berufliche Zukunft« dagegen – wieder eine Umkehrung dessen, was die übliche schulische Alltagserfahrung erwarten lassen würde.

Ich habe Umkehrungen dieser Art öfter beobachten können, dennoch bietet sich den Schülern die Gelegenheit, gegenüber Mitschülern Partei für das Realitätsprinzip zu ergreifen, naheliegenderweise wesentlich häufiger als gegenüber den Lehrern. In der Regel sind es eben doch eher die Lehrer, die mit ihren Äußerungen implizit an Erwachsenheit, Weitsicht und Vernunft appellieren. Das Bedürfnis, sofern es bei den Schülern vorhanden ist, sich in konflikthaften Auseinandersetzungen mit Erwachsenen zu reiben und eine Konfrontation heraufzubeschwören, kann im Rahmen der Besprechungen in geradezu exzessiver Weise befriedigt werden.

Die in den Besprechungen etablierte, offene Streitkultur bietet meines Erachtens also den Schülern zahlreiche Gelegenheiten, sich im Spannungsfeld von Lust- und Realitätsprinzip *nach beiden Seiten hin* zu verorten. Eine andere Frage ist die, ob und wie die einzelnen Schülerinnen und Schüler diese Gelegenheiten wahrnehmen.

Während manche Schüler sich mit ihren Äußerungen und Argumenten meist auf die Seite des Lustprinzips stellen, andere meist auf die Seite der Vernunft und wieder andere sich insgesamt eher in der Mitte des Spannungsfeldes verorten, gibt es auch eine nicht unerhebliche Anzahl von Schülerinnen und Schülern, die besagte Gelegenheiten selten bis gar nicht wahrnehmen.

Ein weiteres zentrales Problemfeld der Besprechungen ist damit angesprochen: die Tendenz vieler Schüler, sich den Kommunikationsangeboten der Besprechungen zu verweigern. Diese *Problematik der verweigerten Kommunikation* äußert sich meinen Beobachtungen nach auf mindestens drei Ebenen.

1) Eine nicht unerhebliche Anzahl von Schülerinnen und Schülern (grob geschätzt etwa ein Fünftel) fällt in den Besprechungen schlicht dadurch auf, dass sie fast ausnahmslos schweigt. Überwiegend sind dies Schüler und Schülerinnen, die sich auch im Unterricht oder in den Pausen eher still und zurückhaltend verhalten. Wie in dem folgenden Beispiel kommt es aber auch durchaus vor, dass sich Schüler wie Kevin, Florian und Thomas an der Besprechung nicht beteiligen, die im sonstigen Schulleben keineswegs durch Zurückhaltung auffallen.

   Während einer Besprechung kommt es zu einer ausgreifenden und hitzigen Diskussion zwischen Anita und Gabi auf der einen und Marion auf der anderen Seite, in der es um die Länge der Pausen geht. Kevin, Florian und Thomas beteiligen sich nicht an der Diskussion, sitzen mit ausdrucksloser Mimik da und unterhalten sich zwischendurch leise miteinander. Zum wiederholten Male fordert Wolfgang die drei Schüler auf, sich an der Diskussion zu beteiligen und wirft ihnen nun vor, sich überhaupt nicht für die Diskussion zu interessieren. Thomas erklärt daraufhin prompt, dass ihn diese Diskussion auch wirklich nicht interessiere. »Das interessiert mich nicht, wenn die sich über die Pause kloppen! Da schalt ich ab!« Wolfgang: »Das gibt dir aber noch nicht das Recht, während der Besprechung Privatgespräche zu führen.« (8/9, 19.3.99)

2) Auffällig ist weiterhin, dass die Schüler viel seltener von ihrem Recht Gebrauch machen, eigene Vorschläge für Gruppenaktivitäten, Projekt-, Unterrichtsthemen oder für die Lösung sozialer Konflikte zu machen, als die Lehrer es ihnen nahe legen. Falls Schüler doch eigene Vorschläge machen, sind sie insbesondere in den Jahrgängen 7 und 8 häufig nicht ernst gemeint. Wie weit die – bewusste oder unbewusste – Verweigerung der Kommunikation auf Seiten der Schüler und Schülerinnen im Extremfall gehen kann, verdeutlicht das folgende Beispiel.[1]

   In der Klasse 7 ist es im Laufe der letzten Wochen mehrmals zu kleinen Diebstählen gekommen, insgesamt wird das Klima dieser Klasse augenblicklich von allen Lehrern als sehr schlecht und angespannt empfunden. Vor diesem

1 Grundlage ist hier eine Beobachtung, welche ich schon vor meiner Untersuchung, nämlich im Juni 1996 im Rahmen eines Honorarvertrages mit der Freien Schule Bochum durchführte.

Hintergrund beruft der Klassenlehrer, unterstützt von einem Kollegen, eine Art »Krisensitzung« mit der Klasse ein, um insbesondere das Problem der gegenseitigen klasseninternen Diebstähle zu besprechen und gemeinsam nach Auswegen zu suchen. Nach einer etwa 40-minütigen Besprechung und einer kleinen Pause verteilen die beiden Lehrer an alle Schüler und Schülerinnen einen Fragebogen, der drei Fragen enthält: »Was soll anders werden?«, »Was soll ich tun?«, und: »Was erwarte ich von der Schule?«
Die 17 ausgefüllten Fragebögen enthalten zur Frage 2 »Was soll ich tun?« folgende Eintragungen: ? (5-mal); gar nichts (3-mal); keine Eintragung (2-mal); die Küche in die Luft sprengen, den Koch erschießen (2-mal); besseres Essen essen (2-mal); Hendrik massakrieren und um die Ecke bringen (1-mal); diesen Zettel ausfüllen (1-mal); die Mädchen verjagen (1-mal); dem der klaut, auf die Fresse hauen (1-mal); wenn einer meine Sachen klaut, draufhauen (1-mal) (7, 14.6.96)

Von den insgesamt 19 Eintragungen drücken 10 mehr oder weniger direkt die eigene Ratlosigkeit bzw. die mangelnde Bereitschaft aus, sich ernsthaft Gedanken zur Lösung der besprochenen Problematik zu machen (»?«, »gar nichts«, keine Eintragung). Auch die restlichen Eintragungen lassen sich nicht als konstruktive Vorschläge der Schüler lesen, sind vielmehr Ausdruck sadistisch-aggressiver Fantasien und spiegeln als solche eher die akute Problematik der Klasse wieder, als dass sie Ansätze zu ihrer Überwindung aufzeigen würden. Es sei ausdrücklich betont, dass die Radikalität, mit der sich die Schüler hier den Kommunikationsangeboten der Lehrer verweigern, für das Klima der Besprechungen im Allgemeinen keineswegs typisch ist. Als ein extremes Beispiel ist es aber geeignet, die hier gemeinte Problematik zu veranschaulichen.

3) Wie es sich in den obigen Beobachtungsprotokollen bereits mehrfach äußerte, werden Vorschläge der Lehrer notorisch missbilligt. Die Schüler sagen also gewissermaßen zu jedem Vorschlag erst einmal provisorisch »Nein!« und hören sich dann an, was die Lehrer zu sagen haben. Auf Seiten der Lehrer gibt es, wie in der folgenden Interaktionssequenz, die Tendenz, den Schülern im Hinblick auf diese übersteigerte Kritikbereitschaft einen Spiegel vorzuhalten.
Gegenüber dem Vorschlag der Lehrer, während der nächsten Projektwoche eine dreitätige Kanutour zu unternehmen, äußern sich einige Schüler spontan ablehnend. Marion hebt daraufhin mit der Frage an: »Wer will denn auf keinen Fall ...« – an dieser Stelle legt sie eine »Kunstpause« ein und stellt lachend fest, dass alle Schüler schlagartig ihre Arme gehoben haben. »So so, ihr seid also auf jeden Fall gegen alles!« Mit »... eine Kanutour machen?« beendet sie ihre Frage, worauf etwa ein Drittel der Schüler den Arm wieder senkt.

Eine letzte Auffälligkeit, die für mich allerdings nur in der Klasse 7/8 zu beobachten war, ist die Art und Häufigkeit, mit der in dieser Klasse die Ausgestaltung des gruppeneigenen Sanktionssystems erörtert und diskutiert wurde. Mit wenigen Worten lässt sich dieses nicht ganz unkomplizierte Sanktionssystem wie folgt beschreiben. Bei Regelverstößen, wie zum Beispiel Störungen im Unterricht, werden die Schüler vom jeweiligen Lehrer »verwarnt«, indem dieser den Namen des Schülers an die Tafel schreibt. Jede weitere Störung führt zu einem Strich. Am Ende jeder Woche, in der Besprechung am Freitagmorgen, wird dann »abgerechnet«: Wer drei Striche hat, erhält eine Strafe. Entweder muss der Schüler in der nächsten Woche zusätzlich einen bestimmten Dienst übernehmen oder er muss in der nächsten Woche einen Tag zu Hause bleiben und dort Hausaufgaben erledigen, die von den Lehrern festgelegt werden. Die Hausaufgaben werden in einem Brief an die Eltern festgehalten, den diese unterschreiben müssen.

Der »Stand der Strichlisten« war somit integraler Bestandteil jeder Freitagsbesprechung. Auffällig war für mich zunächst, dass die Verkündigung des Strichlisten-Standes von den Schülern anders als erwartbar geradezu freudig, auf jeden Fall aufgeregt und ohne Anzeichen der Angst oder Bedrückung erwartet wurde. Mehrfach konnte ich beobachten, dass die Schüler selbst die Verlesung des Strichlisten-Standes einklagten, wenn die Lehrer zunächst andere Tagesordnungspunkte in den Vordergrund gestellt hatten. Die Verlesung hatte dann regelmäßig eine fast »feierlich« zu nennende Form. Alle Schüler hörten gespannt und aufmerksam zu; die Atmosphäre war regelmäßig von einer emotionalen Intensität gekennzeichnet, wie sie in den Besprechungen sonst nur selten zu beobachten war. Jene Schüler, die drei und mehr Striche zu verbuchen hatten, ließen kaum Gefühle der Scham oder des Schuldbewusstseins erkennen, im Gegenteil schienen sie eher stolz auf ihre »Vergehen« zu sein. Für mich als teilnehmender Beobachter entstand bei der Verkündigung des Strichlisten-Standes immer der befremdende Eindruck, den Schülern würde, etwas überspitzt formuliert, gleichsam rituell bescheinigt, dass sie sich in ihrer Rolle als zu bestrafende Störenfriede auch in der zurückliegenden Woche mal wieder wacker geschlagen hätten.

In Besprechungen, in denen die genaue Handhabung der Strichlisten diskutiert und neue Sanktionsformen erwogen wurden, machte ich die merkwürdige Beobachtung, dass die Mehrzahl der Jugendlichen es offensichtlich kaum als demütigend oder auch nur als unangenehm empfindet, für sich selbst Strafen auszudenken. Im Gegenteil lässt der Eifer, den sie dabei oftmals an den Tag legen, vermuten, dass sie einen gewissen Lustgewinn daraus ziehen. Schüler und Lehrer teilen offensichtlich die Meinung, dass das Problem andauernder Unterrichtstörungen nicht hinzunehmen ist und sehen scheinbar keine Alternative, das Problem anders in den Griff zu bekommen. Meines Erachtens ist auch weniger die Einführung der Strichlisten als solche bedenklich – wenn eine Klasse in ihrem Bemühen um die Herstellung eines halbwegs arbeitsfreundlichen Unterrichtsklimas in Ermangelung gangbarer Alternativen *vorübergehend* auf solche vergleichsweise primitiven Formen der Disziplinierung zurückgreift, mag der Zweck die Mittel heiligen. Problematisch ist aus meiner Sicht vielmehr, dass es der Klasse 7/8 während des gesamten Untersuchungszeitraumes nicht gelang, sich vom skizzierten Sanktionssystem zu emanzipieren und die Einhaltung der Grundregeln des Schullebens auf das Verantwortungsgefühl, die Vernunft und Kompromissbereitschaft aller Beteiligten zurückzubeziehen. Ich vermute, dass die andauernde Thematisierung des gruppeneigenen Sanktionsapparates im Rahmen der Besprechungen bei den Schülern ein Regelverständnis verfestigte und zementierte, nach dem Regeln nicht etwa eingehalten werden, weil man von deren Vernunft oder Zweckmäßigkeit überzeugt ist, sondern nur, weil anderenfalls Strafen drohen.

Zusammenfassend lässt sich die Kommunikationsstruktur der beobachteten Besprechungen wie folgt umreißen. Weil ich mit der oben vorgenommenen Auswahl des Datenmaterials die Aufmerksamkeit eher auf die Problemfelder als auf die positiven Aspekte der Besprechungen fokussiert habe, möchte ich mich zunächst letzteren zuwenden. Kennzeichnend für die beobachteten Besprechungen im Sekundarbereich der Freien Schule Bochum ist eine *angstfreie, offene und gleichberechtigte Kommunikation*. Es wurde herausgearbeitet, dass die Besprechungen den Schülern zahlreiche Gelegenheiten bieten, sich im Spannungsfeld von Lust- und Realitäts- bzw. Leistungsprinzip argumentativ zu positionieren. Auffällig erschien insbesondere die Gelegenheit, situativ auch gegenüber Lehrern Partei für das Realitätsprinzip zu ergreifen. Ebenso bietet die offene Streitkultur der Besprechungen den Jugendlichen aber auch ausgiebig Gelegenheiten, sich mit Grenzen setzenden Erwachsenen zu reiben und die Konfrontation zu suchen. Ein besonderer Vorzug der Besprechungen liegt für die Schüler wahrscheinlich nicht zuletzt darin, dass sie lernen, sich in Auseinandersetzungen, auch mit Autoritätspersonen, argumentativ zu behaupten. Fokussiert man die Aufmerksamkeit auf den problematischen Gehalt der Besprechungen, so kann von einer *inhaltlich verengten, erstarrten und einer verweigerten Kommunikation* gesprochen werden. Inhaltlich verengt sind die Besprechungen insofern, als die dauernde Thematisierung von Regelverletzungen und Sanktionen die Aufmerksamkeit und Energie für potenziell andere Themen absorbiert. Als symptomatisch für erstarrte und automatisierte Kommunikationsabläufe wurden etwa Mechanismen wie die der gegenseitigen Schuldzuweisung und der notorischen Missbilligung von Lehrervorschlägen herausgearbeitet. Die relative Seltenheit konstruktiver und ernsthafter Schülervorschläge sowie die Tendenz mancher Schüler, sich an den Besprechungen überhaupt nicht zu beteiligen, wurden schließlich als Ausdruck einer verweigerten Kommunikation interpretiert.

5.3 Der projektorientierte Unterricht

Projektorientierter Unterricht nimmt im Lerngeschehen der Freien Schule Bochum zeitlich einen großen Platz ein und gehört seit Gründung der Schule zu einem integralen Bestandteil des pädagogischen Konzeptes. Zwei- bis viermal im Jahr werden Projektwochen durchgeführt, jeder Freitag ist »Projekttag«, und ab Klasse 9 gibt es die so genannten »individuellen Projektarbeiten«, für deren Bearbeitung den Schülern in der Regel zwei Schulstunden pro Woche zur Verfügung stehen. Diese drei Felder projektorientierten Arbeitens sollen nun eingehend erörtert werden.

5.3.1 Der Projekttag

Im Sekundarbereich I der Freien Schule Bochum werden jeden Freitag (nach der morgendlichen Besprechung) über Epochen von zwei bis drei Monaten klassenintern gewählte Themen aus den Bereichen Deutsch, Kunst, Musik, und Gesellschaft fachübergreifend erarbeitet. Am Ende der Epochen werden die Arbeitsergebnisse klassenintern präsentiert. Da die Themen häufig auch projektorientiert erarbeitet werden, wird der Freitag in der Schule als »Projekttag« bezeichnet.

Der typische Ablauf einer Epoche sieht so aus, dass sich die Gruppe zunächst auf ein übergeordnetes Thema (z.B. »Nationalsozialismus«) einigt, und die Schüler sich dann entweder in Einzelarbeit, häufiger aber in Kleingruppen mit bestimmten Aspekten des Themas (z.B. »Widerstand im Nationalsozialismus«, »Hitlers Biografie« etc.) näher beschäftigen und die Ergebnisse ihrer Arbeit am Ende ihren Mitschülern vorstellen. Eine solche Kleingruppenarbeit stellt in der Regel den Kernbestand der Tätigkeiten während einer Projektepoche dar. Hinzu kommen Diskussionen und Lesungen im Klassenverband, Arbeitsblätter, Lehrervorträge und vereinzelt auch Exkursionen. Wie es sich im Folgenden noch herausstellen wird, gab es allerdings während des Untersuchungszeitraumes einige Abweichungen von diesem typischen Ablauf einer Epoche. An Stelle der Kleingruppenarbeit stand etwa in einer beobachteten Epoche eher die Bearbeitung von Arbeitsblättern im Vordergrund und andere Epochen endeten nicht mit einer Präsentation.

In den beiden beobachteten Klassen führte ich insgesamt an 14 Projekttagen teilnehmende Beobachtungen durch, davon vier in der 10. Klasse und zehn in der Stammgruppe 7/8. Die 14 Beobachtungstage verteilten sich auf sechs Epochen mit jeweils unterschiedlichen Themen, nämlich »Nationalsozialismus und Zweiter Weltkrieg« in der 10. Klasse sowie »Das alte Griechenland«, »Das alte Rom«, »Handwerkliche Projektarbeiten/Erdkunde«, »Künstlerisch-kreative Arbeiten« und »Eine eigene Wohnung, kann ich das bezahlen?« in der Stammgruppe 7/8.

Das beobachtete Geschehen während der Projekttage soll nun nicht mit dem Anspruch auf Vollständigkeit, vielmehr schlaglichtartig und auf einige Schwerpunkte bezogen, beschrieben, erörtert und interpretiert werden. Erörtert werden sollen insbesondere die Praxis der Präsentationen sowie didaktische Fragen der Aufgabenstellung und Gestaltung der Arbeitsblätter. Beginnen möchte ich mit didaktischen Fragen der Aufgabenstellung.

Verglichen mit dem unten noch zu erörternden Fachunterricht ermöglicht der Projekttag auf Grund seiner konzeptionellen Struktur freiere und didaktisch vielfältiger gestaltete Arbeitsformen. Weniger curriculare Vorgaben, als vielmehr die konkreten Interessen der Jugendlichen sind hier ausschlaggebend für die Themenwahl, die Zusammenlegung der vier Projektstunden auf einen Tag hat eine größere zeitliche Flexibilität zur Folge. Die epochale Bearbeitung des jeweiligen Projektthemas ermöglicht zudem, auch im Fachunterricht Bezüge zu diesem Thema herzustellen und es somit über einen längeren Zeitpunkt, auch über den Projekttag hinaus, zu einem inhaltlichen Schwerpunkt des schulischen Lerngeschehens zu machen. Die Lehrer/innen der Freien Schule Bochum mussten freilich die schmerzliche Erfahrung machen, dass gerade freiere und projektorientierte Arbeitsformen im Sekundarbereich I oft schwer durchzuführen sind, weil viele Jugendliche von allzu offenen Strukturen überfordert zu sein scheinen. Im allgemeinen Teil des Jahresbriefes der Stammgruppe 8/9 ziehen die Lehrer diesbezüglich eine ernüchterte, ja geradezu resignierte Bilanz:

> »(...) Kurz und gut: Unterrichten stellt sich immer noch allzu oft als Kraftakt dar und ist von Grundannahmen des Konzeptes meilenweit entfernt. Wir hätten es gerne anders, aber die Erfahrungen ab Klasse 7 zeigen, dass das Lernen am besten noch in einem klassisch strukturierten Fachunterricht mit klar umrissenen, vom Lehrer vorgegebenen Aufgaben funktioniert hat, mit anschließender Kontrolle, mit Klassenarbeiten und Zensuren. Dies gilt auch für die leistungsstärkeren Schüler/innen der Gruppe, die gut selbstständig arbeiten könnten und keine Probleme mit freieren Arbeitsformen hätten.«

Trotz dieser stark resigniert wirkenden Einsicht, fiel mir als teilnehmender Beobachter auf, dass die Lehrer im Rahmen der Projekttage immer wieder das Bemühen zeigten, durch didaktisch abwechslungsreich und vergleichsweise offen strukturierte Aufgabenstellungen die Schüler zu einer möglichst eigenständigen und kreativen Auseinandersetzung mit dem jeweiligen Thema zu motivieren. Der obigen Einsicht entsprechend, schlug dieser Versuch aber häufig fehl. Ein Beispiel aus der Projektepoche »Künstlerisch-kreatives Gestalten« möge dies veranschaulichen.

> Am Ende der Besprechung stellt Wolfgang den Schülern vor, was während des heutigen Projekttages gemacht werden soll. Während er zusammen mit seiner Kollegin am Anfang noch mit zwei Gruppen die Zeugnisse bespricht, sollen sich die anderen Schüler im Zeichnen üben. Konkret sollen jeweils Zweiergruppen gebildet werden, wobei jeder Schüler von seinem Partner mit Bleistift zwei Porträts anfertigen soll. Das erste Porträt soll möglichst realistisch und naturgetreu die äußere Erscheinung des Partners wiedergeben, das zweite Porträt soll den Charakter, das »Innere« des Gegenübers skizzieren. Bei der zweiten Zeichnung, so Wolfgang, seien auch Karikaturen erlaubt, diese sollen für den Porträtierten jedoch nicht beleidigend sein.
> Die anschließende Umsetzung dieser anspruchsvollen Aufgabenstellung durch die Schüler erweckt bei mir den Eindruck, dass sie überfordert sind. Die meisten Jungen sind mit ihren Versuchen, ihr Gegenüber realistisch zu zeichnen, nämlich schon nach wenigen Strichen so unzufrieden, dass sie die begonnene Zeichnung in eine Karikatur umwandeln. Sich gegenseitig neckend, fangen einzelne Jungen an, den Karikaturen Details zuzufügen, die mit dem realen äußeren Erscheinungsbild des Partners nichts mehr zu tun haben, ihn aber offensichtlich provozieren sollen. Steffen zeichnet beispielsweise seinen Partner Florian, der seit einigen Wochen mit seiner Mitschülerin Sandra »zusammen« ist, als einen dumm-

> dreist wirkenden Bodybuilder mit einem Hakenkreuz-Tattoo auf dem einen, und einem Herz-Tattoo mit der Inschrift »Sandra« auf dem anderen Arm. Dies bemerkend »rächt« sich Florian sogleich, indem er nun auch seiner Zeichnung von Steffen ein Hakenkreuz-Tattoo zufügt. Mehr und mehr lassen die Karikaturen den Versuch vermissen, bestimmte charakterliche oder äußerliche Merkmale des Gegenübers zu erfassen; es werden einfach nur noch monsterähnliche Gestalten gezeichnet. An die Ermahnung von Wolfgang, die Karikaturen nicht beleidigend zu zeichnen, scheint niemand mehr zu denken. Als dieser nach etwa einer halben Stunde von seiner Zeugnisbesprechung zurückkommt, ermahnt er die Schüler, nicht immer nur das zu zeichnen, was sie eh schon können (auch außerhalb des Unterrichtes zeichnen manche Schüler des Öfteren solche monsterähnlichen Gestalten), sondern erst einmal mit der realistischen Zeichnung anzufangen. Einige Schüler gehen darauf ein, geben dann aber schon nach kurzer Zeit wieder auf. (7/8, 5.12.97)

Bei der den Schülern hier gestellten Aufgabe, zwei Porträtzeichnungen anzufertigen, handelt es sich zwar um eine klar umrissene, vom Lehrer Wolfgang vorstrukturierte Aufgabenstellung. Sofern sie aber überdurchschnittlich anspruchsvoll ausfällt, indem sie den Schüler/innen die Art der zeichnerischen Charakterdarstellung des Gegenübers weitgehend freistellt und ihre Durchführung in der ersten halben Stunde auch nicht vom Lehrer betreut wird, kann sie doch als typisch für die vergleichsweise offenen Arbeitsstrukturen des Projekttages gelten.

Die geschilderte Reaktion der Jugendlichen auf diese Aufgabenstellung lässt sich wiederum als ein typisches Beispiel narzisstischen Vermeidungsverhaltens im schulischen Kontext lesen. Die Schüler vermeiden das narzisstisch kränkende Erlebnis, sich selbst als wenig kompetent erleben zu müssen, indem sie sich regressiv auf eine zeichnerische Tätigkeit zurückziehen, die sie ohnehin schon beherrschen. Weiterhin fällt auf, wie die Schüler, anstatt sich auf den eigenen Arbeitsprozess zu konzentrieren, die Beziehungsebene des Geschehens in den Vordergrund rücken. Aufmerksam beobachten sie, wie die Zeichnungen der anderen Schüler fortschreiten, und entfalten über das Medium des Zeichnens ein kommunikatives Spiel, in dem es darum zu gehen scheint, lustvoll-provokativ die Toleranzgrenze des jeweiligen Partners auszutesten. Im gelassenen Hinnehmen und sich aufschaukelnden Überbieten gegenseitiger Sticheleien und Beleidigungen, üben sich die Jungen eher in jugendkulturell so hoch geschätzter »coolness« als im Zeichnen.

Narzisstisches Vermeidungsverhalten, wie es sich in der hier geschilderten Szene äußert, ist ein Faktor, der den schulischen Umgang mit Adoleszenten allgemein schwierig macht und nicht für die Freie Schule Bochum spezifisch sein dürfte. Auf Grund ihres entwicklungsbedingten Bedürfnisses, sich in den Reaktionen Gleichaltriger auf das eigene Verhalten zu spiegeln, tendieren Jugendliche im schulischen Kontext immer wieder dazu, in Lernprozessen die inhaltliche Auseinandersetzung mit dem jeweiligen Lerngegenstand zu Gunsten wechselseitiger Kommunikationsprozesse in der peer-group in den Hintergrund treten zu lassen. Dass vergleichsweise offen strukturierte Aufgabenstellungen diese Tendenz begünstigen, liegt auf der Hand. Dennoch erscheint mir die oben zitierte Einschätzung der Lehrer, ab Klasse 7 funktioniere das Lernen »noch am besten in einem klassisch strukturierten Fachunterricht«, nicht uneingeschränkt zutreffend. Die während der Projekttage oftmals verstärkt hervortretende Regressionslust der Jugendlichen und die unkonzentrierte Arbeitsatmosphäre hängen meines Erachtens nämlich auch mit einer *schulspezifischen* Problematik zusammen. Vor allem während der Projekttage fiel mir nämlich als teilnehmender Beobachter immer wieder auf, wie Bemühungen der Lehrer fehlschlugen, über eine verspielte oder überspitzt alltagskulturell orientierte Didaktik die Schüler zu einer Auseinandersetzung mit dem jeweiligen Thema zu motivieren. Exemplarisch könnte hier eine beobachtete Szene im Rahmen der Projektepoche »Eine eigene Wohnung – kann ich das bezahlen?« erwähnt werden.

Im Rahmen dieser Epoche soll eine Pro-und-Contra-Diskussion zur Frage geführt werden, ob es vorzuziehen sei, als Jugendlicher noch möglichst lange im Elternhaus zu wohnen oder möglichst schnell eine eigene Wohnung zu beziehen. Die Lehrerin schlägt vor, die Diskussion in Form einer Talk-Show durchzuführen und vereinbart mit den Schülern, die das Publikum darstellen sollen, Zeichen für Applaus und Buh-Rufe. Die Schüler widersprechen nicht, lassen sich dann aber auf die Inszenierung der Diskussion als Talk-Show kaum ein. Die Situation entgleitet, und es kommt schließlich zum offenen Protest. Die Schüler weigern sich, die Diskussion in Form einer Talk-Show fortzuführen, weil dies überflüssig und inhaltlich unergiebig sei. Das Beispiel zeigt, dass Jugendliche einer alltagskulturellen Orientierung didaktischer Arrangements nicht in jedem Falle etwas abgewinnen können.

Die didaktischen Arrangements waren oft auch, so mein Eindruck, dem Ernst des Gegenstandes nicht angemessen und ließen diesen in den Hintergrund treten. Im Rahmen der Projektepoche »Die alten Griechen« hatten Wolfgang und Marion beispielsweise ein Würfelspiel vorbereitet, in dem es um die Erlebnisse des Odysseus während seiner Irrfahrt geht. Die didaktische Absicht des Spieles unterlaufend, fanden die Schüler/innen aber schon nach den ersten Spielzügen heraus, wie man es spielen kann, ohne noch die kurzen Texte über Odysseus, in die das Spiel thematisch eingebettet war, lesen zu müssen. Bis auf eine Mädchengruppe war deshalb für alle Schüler schon nach kurzer Zeit nur noch der eigentliche Spielablauf, d.h. die Würfelergebnisse und die Frage des Gewinnens, von Belang. Die Mahnung von Marion und Wolfgang, sich dabei doch auch mit der inhaltlichen Rahmenhandlung zu beschäftigen, wiesen die Schüler selbstsicher zurück: »Wieso, ihr habt doch gesagt, wir sollen das Spiel spielen, und das machen wir jetzt! Also lasst uns in Ruhe!«

Ein bemerkenswerter Ansatz, die Problematik in den Griff zu bekommen, dass Jugendliche bei vergleichsweise offen strukturierten Arbeitsformen dazu tendieren, die schulischen Lernanforderungen zu unterlaufen oder sich denselben gar gänzlich zu entziehen, stellt die didaktische Gestaltung der Projektepoche »Handwerkliche Projektarbeiten/Erdkunde« in Stamm 7/8 dar. Diese Projektepoche war in der Weise organisiert, dass die Schüler in der Holzwerkstatt eigenständig eine handwerkliche Projektarbeit herstellen sollten. Für diejenigen Schüler, die sich zunächst nicht entscheiden konnten, welches Werkstück sie herstellen wollten oder die die erforderlichen Materialien an einzelnen Projekttagen nicht dabeihatten, hatten Marion und Wolfgang ein »topografisches Übungsheft« besorgt. Wolfgang betreute dann jeweils die Jugendlichen in der Holzwerkstatt, und Marion stand den restlichen Jugendlichen, die sich im Klassenraum mit den topografischen Übungsheften beschäftigten, beratend zur Seite.

Bei diesem Übungsheft handelte es sich um eine etwa 50-seitige Broschüre mit zahlreichen Aufgabenstellungen, in denen es überwiegend darum ging, mit Hilfe eines Atlanten die Namen bestimmter Städte, Flüsse, Länder und Gebirge herauszufinden und dann ins Übungsheft einzutragen. Marion erklärte mir, der Sinn dieser Übungshefte solle darin liegen, den Schülern klarzumachen, dass sie nicht einfach freihaben, wenn sie mit ihren handwerklichen Projektarbeiten früher fertig werden oder sich situativ, aus welchen Gründen auch immer, mit ihrem jeweiligen Werkstück nicht beschäftigen können. Die Arbeit mit dem topografischen Übungsheft war also von Marion und Wolfgang von vornherein *nicht* als eine projektorientierte Arbeit angelegt worden – im Gegenteil handelte es sich bei den Aufgaben des Übungsheftes um klar vorstrukturierte, sehr kleinschrittige Aufgabenstellungen. In erster Linie war die Arbeit mit den Übungsheften geeignet, den Schülern einen sachgerechten Umgang mit Atlanten (Register und Inhaltsverzeichnis benutzen, Angabe von Längen- und Breitengraden verstehen etc.) sowie erdkundliches Wissen zu vermitteln. Die Arbeit an den Werkstücken war demgegenüber sehr offen strukturiert worden. Die Wahl des Werkstückes war den Schülern völlig freigestellt worden, auch waren sie dazu aufgefordert worden, in Zusammenarbeit mit ihren Eltern die erforderlichen Materialien selbst zu besorgen und mit in die Schule zu nehmen. Einige Eltern waren aber offensichtlich nicht dazu bereit, Materialien für die schulischen Projektarbeiten ihrer Kinder zur Verfügung zu stellen. Rückblickend schreiben die Lehrer hierzu im Jahresbrief (Schuljahr 97/98):

> »Geplant war auch die Einbeziehung der Hilfe durch die Eltern in Sachen Materialbeschaffung und Durchführung. Wir mussten jedoch zur Kenntnis nehmen, dass viele Eltern auch zu einer solchen punktuellen Einbeziehung nicht oder nicht mehr bereit sind. (...) Wie dem auch sei, brachten alle Schüler ihre Baupläne mehr oder weniger detailliert zu Papier und ein großer Teil machte sich auch mit Eifer an die Ausführung der Arbeiten. Diese gingen von CD-Regalen, Holzbrett-Spielen, Tischen bis zu Bücherregalen oder Regalen für Hifigeräte. Neben sehr schönen Ergebnissen gab es auch unvollendete Werke sowie einige Arbeiten, die nie über das Planungsstadium herauskamen. Für die Letzteren werden wir im nächsten Jahr einen neuen Anlauf nehmen.«

Trotz dieser ernüchternden Bilanz der Projektepoche war für mich als teilnehmender Beobachter beeindruckend, wie konzentriert und ausdauernd einige (insbesondere sonst eher leistungsschwache) Schüler über einen Zeitraum von mehreren Wochen einer handwerklich durchaus anspruchsvollen Arbeit nachgingen. Diejenigen

Schüler, deren Werke »nie über das Planungsstadium herauskamen«, hatten sich während der Dauer der Projektepoche mit den topografischen Übungsheften zumindest anderweitig sinnvoll beschäftigt. Am Ende der Epoche ein ganzes Übungsheft durchgearbeitet zu haben, erzeugte auch für diese Schüler das Gefühl, in der zurückliegenden Projektzeit etwas gelernt zu haben.

Dass die Schüler sich aber überhaupt auf die Arbeit mit dem topografischen Übungsheft einließen, kann vor dem Hintergrund des sonst üblichen Umgangs der Schüler mit Aufgabenstellungen dieser Art keineswegs als eine Selbstverständlichkeit gewertet werden. Während der von mir beobachteten Projekttage verteilten die Lehrer nämlich häufig Arbeitsblätter[1], die ähnlich wie das topografische Übungsheft aus klar vorstrukturierten Aufgabenstellungen bestanden, im Hinblick auf ihre ästhetische Gestaltung aber oftmals einiges zu wünschen übrig ließen. Meist handelte es sich bei den Arbeitsblättern um Kopiervorlagen aus ganz unterschiedlichen Arbeitsheften, Freiarbeitsmaterialien oder Schulbüchern, zusammengenommen ließen sie jedenfalls im Hinblick auf ihre ästhetische Gestaltung keinen *einheitlichen Stil* erkennen. In vielen Fällen gingen die Schüler mit diesen Arbeitsblättern sehr nachlässig um, füllten sie hastig aus und ließen sie am Ende des Projekttages dort liegen, wo sie sich gerade befanden. Nur wenige Schüler pflegten alle Arbeitsblätter sorgsam abzuheften. Sofern es sich um Arbeitsblätter handelte, die von den Lehrern selbst erarbeitet worden waren, entstand bei mir vor diesem Hintergrund nicht selten der Eindruck, dass hier gleichsam didaktische Energie »verschleudert« wurde.

> Im Rahmen des Projektzeit »Eine eigene Wohnung – kann ich mir das leisten?« hat Marion einige Arbeitsblätter mit grundlegenden Informationen zu Fragen der Miete und Wohnsituation in Deutschland sowie ein dazugehöriges Kreuzworträtsel erarbeitet. Während die Mehrheit der Schüler sich sogleich an die Lösung des Rätsels macht, erscheinen einige Schüler sehr unmotiviert. Laut hörbar, allerdings ohne sich direkt an Marion zu wenden, sagt Florian beispielsweise mit verächtlicher Miene: »Wie kann man sich so einen Scheiß einfallen lassen, ey!?« Marion reagiert nicht auf diese beleidigende Bemerkung, erregt in diesem Augenblick aber mein Mitleid. Welch eine Kränkung, so denke ich mir, wenn man sich so viel Arbeit gemacht hat! Später im Lehrerzimmer erklärt mir Marion, weil sie schon häufiger die Erfahrung gemacht habe, dass die Schüler gerne Kreuzworträtsel lösen, habe sie auch für den heutigen Projekttag ein Kreuzworträtsel erstellt. Einschränkend fügte sie aber hinzu: »Ich habe da gestern Abend bis halb zwölf drangesessen. Manchmal weiß ich auch nicht, warum ich so was überhaupt mache!« (8/9, 19.3.99)

1 Mir ist bewusst, dass es sich bei der folgenden Erörterung der didaktischen und ästhetischen Gestaltung von Arbeitsblättern in keiner Weise um eine Frage des *projektorientierten* Lernens handelt. Gleichwohl wurden Arbeitsblätter mit klar vorstrukturierten Aufgabenstellungen von den Lehrern gerade im Rahmen der (diesbezüglich sicherlich unzutreffend bezeichneten) »Projekttage« häufig eingesetzt und werden deshalb auch an dieser Stelle erörtert.

Die Szene macht deutlich, dass die Erstellung eigener Arbeitsblätter es den Lehrern zwar ermöglicht, auf den Kenntnisstand, die bevorzugte Arbeitsweise und die aktuellen Interessen der Schüler flexibel einzugehen, Letztere den zu Grunde liegenden Arbeitsaufwand aber kaum zu würdigen wissen. Es ist davon auszugehen, dass sich das Gefühl, einen systematisch aufgebauten und inhaltlich kontinuierlich fortschreitenden Unterricht erlebt zu haben, für die Schüler leichter vermittelt, wenn sich diese *Systematik und Kontinuität in der formalen Gestaltung der Arbeitsmaterialien widerspiegelt*. Das oben besprochene topografische Übungsheft bot im Vergleich zu den unterschiedlich (und oftmals ästhetisch nachlässig) gestalteten Arbeitsblättern dementsprechend den Vorteil, von den Schülern als eine *in sich abgeschlossene* Übungseinheit wahrgenommen werden zu können.

Ein letztes Problemfeld der Projekttage, welches kurz besprochen werden soll, betrifft die Frage der *Präsentation*. Im Verständnis der Freien Schule Bochum ist eine abschließende Darstellung, Auswertung und Beurteilung von Arbeitsergebnissen notwendiger und integraler Bestandteil jeglichen projektorientierten Arbeitens (vgl. Freie Schule Bochum 1993, S. 11). Wie bereits mehrfach angedeutet, waren die Projekttage aber nur selten tatsächlich im engeren Sinne »projektorientiert«. Eine wie auch immer geartete Präsentation von Arbeitsergebnissen spielte dementsprechend auch in der beobachteten Praxis eine geringere Rolle, als ich es vor der Phase meiner Datenerhebung erwartet hatte. Den Charakter einer Präsentation hatten am ehesten noch die Schüler-Referate, welche am Ende einer Projektepoche vor der Klasse gehalten wurden. Das Niveau dieser Referate fiel freilich zwischen den Klassen und auch innerhalb einer Klasse höchst unterschiedlich aus. Auffällig war der Tatbestand, dass das Referieren für die Jugendlichen in keiner Weise angstbesetzt zu sein schien, jedenfalls ließen sie keine Anzeichen von Nervosität, Verunsicherung, Lampenfieber oder dergleichen erkennen. Angesichts der Tatsache, dass die Referate wenig ritualisiert waren, sich also kaum oder gar nicht durch irgendwelche formalen Aspekte (z.B. veränderte Sitzordnung oder Applaus zum Ende des Referates) vom normalen Unterrichtsgeschehen abhoben, darf diese angstfreie Atmosphäre nicht verwundern. Als Referierender das Wort zu ergreifen, unterschied sich nicht grundsätzlich von der Situation, während einer Besprechung oder im Fachunterricht das Wort zu ergreifen und konnte dementsprechend von den Schülern nur schwerlich als eine herausgehobene und deshalb potenziell Angst erweckende Situation empfunden werden. Wie sehr das inhaltliche Niveau einer Projektvorstellung durch diese entritualisierte Form des Referatehaltens in Mitleidenschaft gezogen wird, verdeutlicht die folgende Szene.

> Im Rahmen der Projektepoche »Das alte Rom« stellen heute die Schüler im Anschluss an die Besprechung die (Zwischen-)Ergebnisse ihrer Arbeit vor. Die Schüler sitzen, wie sonst in normalen Besprechungen auch, im Kreis und erzählen, jeweils von Wolfgang dazu aufgefordert, nacheinander kurz, womit sie sich beschäftigt haben. Während einzelne Schüler dabei nur schlicht feststellen, was sie gemacht haben, ohne inhaltlich darauf näher einzugehen, gehen andere auch

> etwas näher auf ihr jeweiliges Thema ein. Florian und Peter haben sich beispielsweise mit dem Thema »Familienleben im alten Rom« beschäftigt und erwähnen, dass manche Sklaven eine eigene Familie haben durften, andere nicht; für Kinder und Jugendliche sei das Leben in der Familie und in der Schule oft sehr hart gewesen, weit verbreitet sei beispielsweise noch die Prügelstrafe gewesen. Kevin hat ein Buch über das Leben im alten Rom gelesen, gibt mit wenigen Sätzen den Inhalt des Buches wieder und bemerkt schmunzelnd, das Buch habe ihn durchaus fasziniert, besonders, dass die Römer auf Festen von nackten Sklavinnen bedient wurden und nach dem Essen kotzten, um anschließend weiterschlemmen zu können. Noch derber fällt Brunos Bemerkung zu seinem Thema »Was die Römer von den Griechen gelernt haben« aus: »Die Römer haben von den Griechen gelernt, wie man in der Stadt die Scheiße wegschwemmt.« Wolfgang, offensichtlich um das Niveau der Projektvorstellung besorgt, fügt korrigierend hinzu, gemeint sei hier das städtische Abwassersystem.
> Steffen, der sich mit dem Thema »Frauen im alten Rom« beschäftigt hat, stellt ohne nähere Erläuterungen einfach nur fest, dass Frauen weniger Rechte hatten und von Männern unterdrückt wurden. Immerhin entspinnt sich hier eine etwa 10-minütige, ernsthafte Diskussion um das Geschlechterverhältnis in verschiedenen Gesellschaften. Marion wirft die Begriffe »Matriarchat« und »Patriarchat« ein. Auf Nachfrage der Schüler werden diese Begriffe kurz erläutert. (7/8, 24.10.97)

Die Schüler berichten hier überwiegend nur von jenen Aspekten ihres jeweiligen Themas, die für sie persönlich besonders faszinierend oder interessant waren. Durch die krude Einschränkung des Themas auf »anstößige« Details erhalten die »Kurzreferate« von Kevin und Bruno zwar keinen oberflächlichen, von Interesse und Emotion quasi gereinigten Charakter, sinken aber doch auf das Niveau eines Stammtischgespräches zu fortgeschrittener Stunde herab. Eine anspruchsvolle Thematisierung des Projektthemas ergibt sich erst spontan, als Steffen feststellt, dass Frauen im alten Rom viel weniger Rechte hatten als Männer. Dass sich an dieser Stelle überhaupt eine ernsthafte Diskussion ergibt, legt freilich auch offen, dass die Jugendlichen nicht so sehr auf ihre Regressionslust fixiert waren, ein ernsthaftes Gespräch überhaupt nicht führen zu können. Dennoch kann die geschilderte Szene meines Erachtens kaum als eine »Präsentation« im engeren Sinne des Wortes bezeichnet werden.

Es sei allerdings auch ausdrücklich bemerkt, dass diese Szene für das Niveau aller von mir beobachteten Referate keineswegs typisch war. Ein bemerkenswertes Gegenbeispiel stellt beispielsweise das gelungene Referat von Achim aus der 10. Klasse dar – bemerkenswert vor allem deshalb, weil Achim zu den leistungsschwächsten Schülern der Klasse gehört. Achim ist ein schüchterner, zurückhaltender Schüler, der auf Grund einer Krankheit in der Vergangenheit viele ihn psychisch sehr belastende Situationen hatte durchstehen müssen und im Klassenverband lange in der Position eines Außenseiters gewesen war. In Situationen, die ihn psychisch belasteten, kam es immer wieder vor, dass er hyperventilierte und sich sein Körper dann ähnlich wie bei einem epileptischen Anfall verkrampfte. Obgleich sich Achims Stellung im Kassenverband in den letzten Jahren deutlich verbessert und er zu einem Mitschüler inzwischen auch eine Freundschaft aufgebaut hatte, hatte er in den vergangenen Jahren in seiner Rolle als Außenseiter und Sündenbock doch viele Aggressionen von einigen Mitschülern einstecken müssen. Im Rahmen einer Projektepoche zum Thema »Nationalsozialismus und Zweiter Weltkrieg« hatte sich Achim nun als Referatsthema »Die Zerstörung der Möhnetalsperre« ausgesucht. Vor dem Referat hatte ich gerätselt, was Achim wohl dazu bewogen haben könnte, sich dieses Thema auszusuchen, es wirkte auf mich – im Vergleich zu anderen Referatthemen wie »Widerstand im Nationalsozialismus« oder »Hitlers Biografie« – relativ uninteressant und nebensächlich. Als Achim dann aber mit seinem Referat begann, war ich erstaunt über die Qualität seines Vortrages und das für ihn ungewöhnliche Engagement, mit dem er uns über die Umstände der im Sauerland befindlichen, 1944 von den Briten zerbombten Möhnetalsperre aufklärte. Achim präsentierte eine Statistik der Zerstörung, die mit der – durch die Zerbombung der Talsperre ausgelösten – Flutkatastrophe über einige Dörfer gekommen war und in deren Folge über 1000 Menschen starben. Als Achims Ausführungen in mir Bilder einer alles mit sich reißenden und unter sich begrabenden Wasserflut erzeugten, wurde mit plötzlich klar, worin die Faszination des Themas für Achim liegen mochte. Womit ließe sich die Sehnsucht nach einem plötzlichen Ausbruch aggressiver Energien bei einem zurückhaltenden, an einer Krankheit leidenden und sich oft in einer Opferrolle befindlichen Jungen prägnanter und eindrücklicher symbolisch fassen, als durch gewaltige, aufgestaute Wassermassen, die zerstörerisch durch einen Damm brechen? Ich vermute, dass Achim sich des symbolischen Gehaltes seines Themas keineswegs bewusst war; fest steht aber, dass sein Auftreten während des Referates – einige seiner Mitschüler/innen bestätigten mir dies im Nachhinein – ungewöhnlich selbstsicher war und alle über die gute Leistung Achims erstaunt waren. Das Beispiel verdeutlicht, wie die freie Wahl von Unterrichtsthemen im projektorientierten Unterricht Schülern die Möglichkeit erschließt, ihre (unbewussten) ganz persönlichen Hoffnungen, Ängste und Konflikte auf einer symbolischen Ebene zu artikulieren. Unterricht erhält damit zwar noch nicht notwendigerweise einen konflikt*verarbeitenden* Charakter. Die heilsame Wirkung einer – wenn auch verschlüsselten – Präsentation der eigenen psychischen Befindlichkeit vor anderen sollte aber nicht unterschätzt werden.

5.3.2 Individuelle Projektarbeiten

Ab der 9. Klasse erstellen die Schüler und Schülerinnen in der Freien Schule Bochum so genannte »individuelle Projektarbeiten«, deren Anspruch und zeitlicher Aufwand bis zum Ende der 10. Klasse kontinuierlich zunimmt und deren Inhalt ihnen freigestellt ist.

Die wesentlichen Ziele dieser Lernform sind es,

- »weitere Interessen der Schüler/innen zu mobilisieren, die durch die bestehenden Angebote nicht angeregt werden;
- selbstständiges Lernen und Arbeiten über einen längeren Zeitraum zu fördern« (Freie Schule Bochum 1993, S. 12).

Im Rahmen meiner Untersuchung legte ich ein besonderes Augenmerk auf die letzten individuellen Projektarbeiten der 10. Klasse. Zur Fertigstellung dieser Arbeiten hatten die Schüler einen Zeitraum von 6 Monaten (November 1997 bis Mai 1998) zur Verfügung. Überwiegend arbeiteten die Schüler an ihren jeweiligen Projekten außerhalb der Schulzeit. Darüber hinaus gab es eine Doppelstunde wöchentlich (jeweils am Mittwoch Nachmittag), in denen die Schüler sich mit ihren individuellen Projektarbeiten beschäftigen konnten. Im Rahmen meiner Untersuchung fertigte ich von fünfen dieser Nachmittage Beobachtungsprotokolle an. Neben diesen Protokollen stellen die fertigen Projektarbeiten sowie Aufzeichnungen, die ich zur »Hörspielgruppe« (mehr dazu unten) anfertigte, die Datenbasis des vorliegenden Kapitels dar.

Abgesehen von zwei Mädchen, die gemeinsam eine Projektarbeit zum Thema »Lady Diana« erstellten, und einer Gruppe, bestehend aus vier Jungen und einem Mädchen, die zusammen ein Hörspiel mit dem Titel »Schrebergärten des Zorns« machten, waren alle übrigen Projektarbeiten Einzelarbeiten. Bei den Arbeiten handelt es sich sowohl um schriftliche Produkte (z.B. die Arbeit »Drogen« von Tom), teilweise auch mit reichhaltigen Illustrationen (z.B. die Arbeit »Sterne und Planeten« von Katrin), als auch um handwerkliche (Bau eines Rollschrankes) oder künstlerische (Zeichnungen) Produkte. Während sich einige Arbeiten eher mit Themen der Alltags- und Medienkultur beschäftigen (»Schalke 04«, »Drogen«, »The Doors«), haben andere eine größere Nähe zur Hochkultur (die »Artus-Sage«, »alte Hochkulturen«) oder zu schulischen Lerninhalten im klassischen Sinne (»Adolf Hitler« als geschichtliches Thema oder »Sterne und Planeten« als naturwissenschaftliches Thema).

Bevor ich mich exemplarisch mit einer Projektarbeit näher auseinander setze, möchte ich nun kurz skizzieren, wie die oben genannte Doppelstunde von den Schülerinnen und Schülern genutzt wurde. Angesicht der häufig gemachten Erfahrung, dass vergleichsweise offene Lernformen und -zeiten von vielen Schülern so genutzt werden, dass sie sich den schulischen Lernanforderungen so weit wie möglich entziehen, war ich im Rahmen meiner teilnehmenden Beobachtungen überrascht, dass fast alle Schüler zur besagten Doppelstunde ihre erforderlichen Arbeitsmaterialien dabeihatten und die Zeit auch tatsächlich dazu nutzten, um an ihren jeweiligen Projekten weiterzuarbeiten. Es ist zwar einschränkend zu bemerken, dass die Schülerinnen und Schüler – abgesehen von fünf sehr arbeitseifrigen Mädchen – meist schon etwa eine halbe Stunde vor dem eigentlichen Schulschluss ihre Arbeit einstellten. Gleichwohl herrschte in der besagten Zeit immer eine vergleichsweise arbeitsintensive Atmosphäre. Viele Schüler ließen mich Einblick in ihre Arbeiten nehmen und baten mich um eine spontane Rückmeldung. Deutlich spürbar war für mich der Tatbestand, dass fast alle auf ihre jeweiligen Arbeiten sehr stolz waren und dementsprechend viel Mühe und Zeit investierten.

> Ich setze mich zu Gunnar, einem kognitiv sehr schwachen Schüler. Gunnar zeigt mir die Mappe mit seinen bisherigen Arbeitsergebnissenzum Thema »Alte Hochkulturen«. Die Mappe enthält hauptsächlich aus Lexika abgeschriebene Texte und einige selbst angefertigte Skizzen. Stolz teilt mir Gunnar mit, er habe zu Hause schon über 20 Stunden für seine Arbeit aufgewendet. Um seinen Stolz nicht zu verletzen, versuche ich, mir meine Verblüffung über das angesichts dieser Mühe spärlich erscheinende Zwischenergebnis nicht anmerken zu lassen.

Eine ähnliche Interaktion beobachtete ich zwischen dem ebenfalls sehr leistungsschwachen Timo und der leistungsstarken und selbstbewussten Vanessa.

> Timo nutzt nun schon seit mehreren Wochen die Doppelstunde, um die Zeichnung eines Schmetterlings mit Hilfe einer Rasterung auf ein DIN-A4-Blatt zu vergrößern. Timo gestaltet die Ausführung dieser vergrößerten Zeichnung sauber und ordentlich, nichtsdestotrotz fällt auf, wie langsam er mit seiner Arbeit voranschreitet. Timo wendet sich an die hinter ihm sitzende Vanessa, zeigt ihr stolz seine fast fertig gestellte Zeichnung. »Na, wie findest du das?« Ihn ernsthaft lobend, antwortet Vanessa: »Ja, das hast du sehr schön gemacht!« Als Timo sich wieder nach vorne wendet, bemerke ich, wie Vanessas Blick sich mit dem der Lehrerin trifft und beide dabei schmunzeln.

Neben dem offensichtlichen Stolz, den auch die leistungsschwachen Schüler mit ihrer jeweiligen Arbeit verknüpfen, weisen diese Stunden auf eine wesentliche Funktion der Doppelstunde hin: Viele Schüler nutzen in dieser Zeit die Gelegenheit, von ihren Mitschülern und den anwesenden Erwachsenen für ihre bisherige Arbeit Anerkennung, aber auch Kritik und weiterführende Anregungen zu erhalten. Darüber hinaus können Probleme der Arbeit und offene Fragen mit der Lehrerin geklärt werden.

Das Hörspiel »Schrebergärten des Zorns«

Wie oben bereits angekündigt, möchte ich mich nun exemplarisch mit einer Projektarbeit, nämlich dem Hörspiel »Schrebergärten des Zorns«, näher auseinander setzen. Ich habe mich für diese Projektarbeit entschieden, weil ich am Ende selbst in die Arbeit involviert war und somit einen intensiveren Einblick in ihre Entstehungsgeschichte gewinnen konnte als bei den anderen Projektarbeiten. Die Hörspielgruppe setzte sich aus fünf Jugendlichen zusammen: Christian, Ralf, Manuel, Sascha und Sabine.

Mein Kontakt zur Gruppe und meine Mitarbeit begann damit, dass Sascha mich an einem Mittwochnachmittag darum bat, den bisher geschriebenen Hörspieltext der Gruppe zu lesen und ihm dann zu sagen, was ich davon halte. Ich las den Text und bekam schon nach wenigen Zeilen den Eindruck, dass der Text insofern für mein Forschungsprojekt ein interessantes Dokument sein könnte, als sich in ihm typisch adoleszente Fantasien ganz unverblümt ausdrückten. Ich bot deshalb der Gruppe an, das handschriftliche Manuskript zu tippen, und versuchte dabei den Jugendlichen deutlich zu machen, dass ich damit auch mir selbst einen Gefallen tun würde. Bis zur endgültigen Fassung tippte ich noch zweimal die jeweiligen Fortführungen des Textes und stellte der Gruppe dann jeweils Kopien zur Verfügung. Ansonsten beschränkte ich mich nur auf einige vorsichtig formulierte Vorschläge (z.B. »Ich finde, ihr solltet mit der Geschichte bald zum Ende kommen.«), machte aber deutlich, dass ich mich in den Inhalt des Hörspieltextes in keiner Weise einmischen wolle.

Meine Mitarbeit intensivierte sich dann nach der zuerst von der Lehrerin und dann von Christian an mich gerichteten Anfrage, ob ich nicht jemanden kenne, der ein geeignetes Aufnahmegerät ausleihen könne. Unter der Bedingung, dass ich bei den Aufnahmen dabei sein würde, stellte mir ein befreundeter Musiker ein solches Gerät (ein Vier-Spur-Aufnahmegerät) zur Verfügung. Da die Aufnahme eines Hörspiels für mich eine willkommene Herausforderung und Abwechslung darstellte, ließ ich mich auf diese Bedingung gerne ein und vereinbarte mit der Gruppe einen Aufnahmetermin. Die Aufnahmen fanden dann vom 6.–8. Mai 1998 nachmittags in der Schule für jeweils etwa zwei bis drei Stunden statt. Am ersten Tag wurden die Dialoge aufgenommen, am zweiten und dritten Tag mischten wir die Musik und die Geräusche hinzu. Das fertige Hörspiel hatte am Ende eine Länge von 14 Minuten.

Auffällig am Inhalt des Hörspiels »Schrebergärten des Zorns« ist vor allem eine überwiegend derbe bis groteske, stellenweise auch subtile, aber durchgängig blutrünstige und sexistische Komik. Der Handlungsverlauf des Hörspiels lässt sich wie folgt kurz umreißen:

Der Sexualstraftäter und Kindermörder Ivan Strogganov ist Insasse einer Psychiatrie. Sein Psychiater Dr. Eisenrad versucht seit mehreren Jahren erfolglos, Ivan zu therapieren. Eines Tages schlägt Ivan Dr. Eisenrad bei einem therapeutischen Gespräch zusammen, ermordet einen Wärter und flieht zu seiner Mutter. Ivan wird inzwischen polizeilich gesucht, und die Mutter versteckt ihren Sohn daraufhin im Geräteschuppen eines Schrebergartens. Ein am Schuppen vorbeilaufendes Mädchen wird Ivans nächstes Opfer. Er vergewaltigt, tötet und zerlegt sie mit einem Küchenmesser. Der Vater des Mädchens meldet seine Tochter bei der Polizei als vermisst, bekommt aber keine Unterstützung und kommt so zum Entschluss, sie auf eigene Faust zu suchen. Im Schrebergarten entdeckt er die zerstückelten Reste seiner Tochter, findet Ivan, entlarvt ihn als den Mörder seiner Tochter und erschießt ihn auf der Stelle. Kurz darauf trifft die Polizei am Tatort ein und will den Vater festnehmen, der sich daraufhin selber erschießt.

Meine Mitwirkung an der letztendlichen Fertigstellung des Hörspieles versetzte mich im Unterschied zu der ansonsten eher distanzierten Rolle eines kontinuierlich protokollierenden, teilnehmenden Beobachters in die Rolle eines beobachtenden

Teilnehmers, der nur im Anschluss an die Arbeitsphasen Gedächtnisprotokolle erstellen konnte. Nichtsdestotrotz brachte meine Involviertheit im Arbeitsprozess den Vorteil mit sich, eigene Gefühle reflektieren zu können, welche die Arbeit mit den Jugendlichen in mir auslösten. So war es beispielsweise für mich kränkend, wie unverbindlich die Jugendlichen mit den gemeinsam vereinbarten Aufnahmeterminen umgingen. Da diese Termine von mir auch mit dem befreundeten Musiker abgesprochen werden mussten, war es mir wichtig, sie verbindlich einzuhalten. Als die Jugendlichen dann einen ersten vereinbarten Termin spontan absagten (an die Gründe kann ich mich nicht mehr erinnern, womöglich habe ich sie verdrängt, weil sie mir zu nichtig erschienen), stellte sich für mich das enttäuschende Gefühl ein, den Jugendlichen sei die Aufnahme des Hörspiels gar nicht so wichtig wie mir und sie gingen davon aus, ich sei mit dem Aufnahmegerät sozusagen ständig verfügbar und abrufbereit.

Ähnlich enttäuschend stellte sich für mich die Ausgangssituation am 6. Mai ’98 dar, als wir uns am frühen Nachmittag trafen, um die Dialoge des Hörspiels aufzunehmen. Obgleich ich die Jugendlichen mehrmals darauf hingewiesen hatte, dass ich selbst nur ein Mikro mitbringen könne, für eine gute Aufnahme aber mindestens zwei Mikros vonnöten seien, hatte Sascha nur ein Mikro dabei, das zudem schlecht funktionierte. Der zweite vereinbarte Aufnahmetermin schien damit zunächst wieder ins Wasser zu fallen. Während die anderen tat- und ratlos auf ihren Stühlen sitzen blieben, schien Sascha sich als Einziger für den Fortgang der Arbeit verantwortlich zu fühlen: Vergeblich durchsuchte er zunächst das »ganze« Schulhaus und konnte schließlich über den Musiklehrer ein weiteres Mikro aus dem Musikzimmer ausleihen. Offensichtlich die Apathie seiner Mitschüler und meine Ungeduld spürend, kam er nach etwa 20 Minuten mit hektisch wirkenden Bewegungen zurück und legte das Mikro mit der Bemerkung auf den Tisch »Ich bin jetzt echt genervt hier, ey!«. Saschas Einsatz zu diesem Zeitpunkt war im Übrigen symptomatisch für die dominante Rolle, die er innerhalb der Hörspielgruppe einnahm. Seine Führungsposition wurde für mich beispielsweise schon vor den Aufnahmen in Situationen wie jener spürbar, als ich Manuel die Kopie der aktuellen Fassung des Hörspieltextes überreiche, dieser den Text kommentarlos sofort an Sascha weitergibt, welcher sich dann gleichsam stellvertretend für die Gruppe für mein Bemühen bedankt und gleich im Text zu lesen beginnt.

Die Anstrengungsbereitschaft und Arbeitshaltung der Jugendlichen gestaltete sich während der eigentlichen Aufnahmen recht unterschiedlich. Positiv überrascht war ich von deren souveränem Umgang mit der Technik, ihrer Improvisationsfähigkeit und Kreativität im Hinblick auf die Erzeugung bestimmter Geräusche und teilweise auch von ihrem schauspielerischen Talent, welches vor allem bei Sabine, dem einzigen Mädchen der Gruppe, stark ausgeprägt war. Wiederum enttäuschend war für mich jedoch der Tatbestand, dass die Jugendlichen eine perfektionistisch zu nennende Arbeitshaltung nahezu gänzlich vermissen ließen. Der mangelnde Wille zur Perfektion drückte sich etwa darin aus, dass man entdeckte Schwächen im Text oder in der Aufnahme häufig nicht mehr zu verbessern suchte, sondern sie mit Humor bzw. mit dem Kommentar »Ach egal, weiter!« gelassen in Kauf nahm. Ein Beispiel möge diese Haltung veranschaulichen.

> Beim gemeinsamen Abhören der ersten Probeaufnahme der Dialoge weist Ralf auf einen logischen Fehler im Text hin, den vorher niemand bemerkt hat: Die Flucht Ivans aus der Psychiatrie wird schon in den Nachrichten bekannt gegeben, bevor überhaupt der Kommissar am Tatort eingetroffen ist. Sabine erwidert daraufhin, der Text habe sowieso einige logische Fehler. So sei es zum Beispiel auch unwahrscheinlich, dass in einem Schrebergartenschuppen ein Küchenmesser zu finden sei. Am Ende des Hörspiels könne man ja noch eine an den Zuhörer gerichtete Frage des Erzählers einbauen: »Na, welche Fehler sind dir beim Hörspiel aufgefallen?« Da diese Frage den dramaturgischen Aufbau des Hörspiels meinem Empfinden nach zerstören würde, stelle ich beglückt fest, dass ihr Vorschlag bei den anderen Jugendlichen keine Zustimmung findet. Man fährt mit den Aufnahmen fort, ohne die entdeckten Fehler zu beseitigen. (10, 29.4.98)

Die wenig perfektionistische Arbeitsweise schlug sich auch darin nieder, dass die schauspielerisch wenig begabten Schüler nur selten bereit waren, das Sprechen eines Dialoges mehrmals zu üben, um ihn authentischer klingen zu lassen. Wenn die Aufnahme eines Dialoges auf Anhieb geglückt war, nahm man dies freudig zur Kenntnis, versuchte aber nicht, die erreichte Qualität bei der Aufnahme weiterer Textpassagen beizubehalten. Arg dilettantisch gesprochene Dialoge entfalteten so beim anschließenden Abhören oftmals eine unfreiwillige Komik, welche die den Text ohnehin kennzeichnende Komik noch einmal potenzierte.

Nach der Fertigstellung des Hörspieles stellte sich für mich ein ambivalentes Gefühl ein: Die Aufnahmen mit den Jugendlichen hatten mir größtenteils Spaß gemacht, auch erschien mir das Produkt der gemeinsamen Arbeit angesichts der Unerfahrenheit aller Beteiligten in der Produktion eines Hörspieles durchaus vorzeigbar. Die oben angesprochenen Enttäuschungen und der Eindruck, man hätte das Hörspiel mit etwas mehr Aufwand technisch noch wesentlich besser realisieren können, erzeugten freilich auch eine leichte Unzufriedenheit. Meine eigene Involviertheit in den Arbeitsprozess hatte mir zudem eine für den schulischen Kontext spezifische Paradoxie pädagogischen Handelns ins Bewusstsein gerückt. Zweifellos war meine Mitarbeit der letztendlichen Qualität des Hörspieles zugute gekommen. Von Sascha abgesehen, hatte ich freilich in einigen Situationen auch den Eindruck gewonnen, dass mein Engagement die Jugendlichen dazu verführte, sich in eine (für schulische Lernprozesse so typische) rezeptive Lern- und Arbeitshaltung zurückfallen zu lassen. Die Jugendlichen waren kaum bereit, sich über die übliche Schulzeit hinaus mit der Aufnahme des Hörspieles zu beschäftigen, Sabine beteiligte sich sogar nach Aufnahme der Dialoge überhaupt nicht mehr an der weiteren Arbeit, die Jungen wechselten sich in den zu erbringenden »Überstunden« phasenweise ab, sodass ich selbst am Ende als Einziger während der *gesamten* Aufnahmezeit mitgearbeitet hatte. Die angesprochene Paradoxie besteht also darin, dass jeder Versuch eines Lehrers, Jugendlichen in weitgehend selbst organisierten Lern- und Arbeitsprozessen Hilfestellungen zur Umsetzung ihrer Ideen zu leisten, in Gefahr steht, bei diesen eine rezeptive, oder wie Klaus Holzkamp (vgl. Holzkamp 1993) es formulierte, »defensive« Arbeitshaltung auszulösen und somit die Verantwortung für den eigenen Lern- und Arbeitsprozess zumindest teilweise an den Lehrer abzugeben.[1] Umgekehrt impliziert eine unterlassene Hilfestellung immer die Gefahr, dass Jugendliche am Ende für das eigene Arbeitsprodukt wegen seiner mangelhaften Qualität keinen Stolz empfinden können oder ein anfänglich produktiver Arbeitsprozess auf Grund von Problemen im Sande verläuft, die durch die Unterstützung eines Erwachsenen leicht hätten beseitigt werden können.

Dass sich im *Inhalt* des Hörspieltextes typisch adoleszente Fantasien und Ängste ausdrücken, ist oben bereit angedeutet worden. Eine tiefenhermeneutische Deutung des gesamten Textes würde hier zu weit führen, einige besonders interessant erscheinende Textstellen sollen nun aber ansatzweise vor dem Hintergrund der psychoanalytischen Jugendtheorie interpretiert werden.

Erinnern wir uns: Im adoleszenten Loslösungs- und Individuationsprozess steht der Jugendliche vor der Aufgabe, sich von seinen infantilen Objektbeziehungen zu lösen. Eine gelungene Individuation vollzieht sich aber nicht auf dem Wege kontinuierlicher Progression, sondern im dialektischen Wechsel von Regression und Progression. Nur im Rückgriff auf die Trieblust gewährende Komponente infantiler Objektbeziehungen kann der Jugendliche neue tragfähige Beziehungen aufbauen. Regressiv zu sein bedeutet für den Jugendlichen, sich durch den Rückgriff auf Bekanntes psychisch zu entlasten und Kraft zu schöpfen. Während der frühen und eigentlichen Adoleszenz bleibt nichtsdestotrotz die Angst untergründig bestehen, gleichsam unrettbar in einen regressiven Sog hin zur übermächtigen Mutterrepräsentanz zu geraten.

Tiefenhermeneutisch betrachtet verknüpfen sich im Hörspiel »Schrebergärten des Zorns« nun solche typisch adoleszenten Ängste und entsprechende Fantasien mit den weniger tief greifenden, näher am Bewusstsein liegenden (aber immer noch nicht bewussten) Ängsten, welche die fünf Verfasser des Hörspieltextes als Zehntklässler zum Ende ihrer Schulzeit mit der bevorstehenden Loslösung von der Schule verbinden. Angesichts der Tatsache, dass unter den fünf Jugendlichen nur ein Mädchen ist, darf es nicht verwundern, dass eine männliche Perspektive im latenten Bedeutungsgehalt des Textes dominant ist. Wie ich es an anderer Stelle (siehe Kapitel 5.5.1) noch detaillierter erläutern werde, spricht vieles für die Lesart, den einleitenden Dialog des Hörspiels zwischen Ivan und seinem Psychiater als die Satire eines fiktiven Dialoges zwischen Schüler und Lehrer zu verstehen:

1 Es ist freilich davon auszugehen, dass dieser Effekt sich auch zwischen Schüler/innen *ohne* die Einwirkung eines Erwachsenen ergeben kann. Im hier analysierten Beispiel hatte Sascha schon vor meiner Mitarbeit eine sehr dominante Rolle in der Gruppe eingenommen und einen Großteil der Verantwortung für den Fortgang des Arbeitsprozesses übernommen.

Erzähler: 1979 begann es mit dem mysteriösen Verschwinden einiger Kinder. Im Dorf Motzen kehrte keine Ruhe mehr ein, obwohl der Psychopath mittlerweile in der Psychiatrie Borkum in sicherer Obhut war. Der Psychiater versucht immer noch, den Mörder der Kinder zu therapieren.
Eisenrad: Guten Morgen, Ivan! Wie fühlen wir uns denn heute?
Ivan: Gut, Herr Dr. Eisenrad. Wie oft soll ich Ihnen denn noch sagen, dass ich geheilt bin und Sie mich gehen lassen können?!
Eisenrad: Das hängt allein von den Tests ab, die wir mit Ihnen durchführen.
Ivan: Scheiße, das ist jetzt schon das 10. Mal, dass ich mich irgendwelchen Scheiß-Tests unterziehen muss! Wie lange soll das denn noch dauern?
Eisenrad: Das hängt ganz von Ihnen ab, Herr Strogganov.

Nachdem Ivan seinen Psychiater mit einem Tablett niederschlägt und einen Wächter der Psychiatrie überwältigt, flieht er bezeichnenderweise zu seiner Mutter, kehrt also gewissermaßen regressiv zurück in den mütterlichen Schoß.

Ivan: Hallo Mutter! Lass dich erst einmal umarmen!
Mutter: Oh, mein Junge! Wie schön, dass du wieder bei mir bist (schmatz)! Komm erst einmal rein und setz dich, ich werde uns in der Zeit einen Kaffee machen.

Ivans Mutter schlägt ihrem Sohn vor, sich vorläufig in dem Geräteschuppen eines Schrebergartens zu verstecken. Wie der folgende Dialog offen legt, spielt der Aspekt des oralen Versorgtwerdens in Ivans Beziehung zu seiner Mutter eine wichtige Rolle und verknüpft sich hier gleichzeitig mit einer regressiven Fixierung auf eine von Adoleszenten als unreif und deshalb minderwertig empfundenen Sexualbetätigung, der Onanie.

Mutter: Richte es dir hier gut ein, mein Sohn. Kann sein, dass du hier ein paar Wochen bleiben musst. Ich werde dir zweimal täglich was zu Essen vorbeibringen, und du darfst auf keinen Fall die Hütte verlassen. Wenn dich jemand sieht, bist du geliefert, und ich werde dich wieder ein paar Jahre nicht sehen, und das willst du doch nicht, oder?
Ivan: Nein, Mutter, natürlich nicht! Noch einmal würde ich das nicht ertragen.
Mutter: Ich gehe jetzt und komme morgen früh, um dir was zu Essen zu bringen.
Ivan: Bis morgen! Ich werde mir schon die Zeit vertreiben. (Mutter weg) Ich hatte noch keine Zeit, mich sexuell zu entladen. (ritsch) Ah, ahhh, oh ja ...

Nachdem Ivan ein zufällig am Geräteschuppen vorbeilaufendes Mädchen zu einem seiner weiteren Opfer macht und dabei infantil-sadistische Partialtriebe exzessiv befriedigt, macht sich der Vater des Mädchens, Martin Müller-Weckstein, eigenständig auf die Suche nach seiner verschwundenen Tochter. Für die hier verfolgte Lesart des Textes ist bemerkenswert, wie die Rachegelüste des Vaters ödipal gefärbt scheinen. Die verbotene Regression zur frühkindlichen Sexualorganisation soll offenbar ödipal gerächt werden.

Weckstein:	(...) Wenn dieser Mann meine Tochter auch nur berührt hat, bringe ich ihn um! Ich sollte mich mit dem vererbten Revolver von Papa bewaffnen und eine Taschenlampe sollte ich auch mitnehmen.

Obszön offen drückt sich schließlich im dramatischen Höhepunkt des Hörspiels aus, dass die regressive Fixierung auf die Mutter aus adoleszenter Sicht gewissermaßen eine »Todsünde« darstellt. Weckstein entdeckt und erschießt Ivan ausgerechnet zu einem Zeitpunkt, als dieser gerade, seine Mutter als Geschlechtspartnerin fantasierend, ein weiteres Mal im Geräteschuppen onaniert.

Ivan:	Oh Mama, oh Mama, oh Mama, ohhh – ha, was machen Sie denn hier? Sehen Sie nicht, dass ich am Onanieren bin!?
Weckstein:	Deine Zeit ist abgelaufen! Du Kinderschänder! Du Hurensohnbastard!
Ivan:	Was denkst du eigentlich, wer du bist!?
Weckstein:	Stirb, du Arschloch! (fünf Schüsse).

Stellvertretend lassen die Jugendlichen ihren abgewehrten Wunsch nach exzessiver Regression durch den Protagonisten Ivan ausagieren, distanzieren sich gleichzeitig aber auch von diesem Wunsch, indem sie Ivan am Ende mit väterlicher Strenge (dem »ererbten Revolver von Papa«) für seine Taten sterben lassen. Die dieser Textproduktion innewohnenden Lustkomponenten sind vielfältig: Sie ermöglicht sublimierte Regressionslust, Angstabwehr und eine symbolische Selbstvergewisserung eigener Reife. Indem die Jugendlichen hier eigene adoleszente Ängste und entsprechende Fantasien auf dem Wege einer gemeinsamen kreativen Textproduktion symbolisch zum Ausdruck bringen, können sie – psychisch entlastend – ihre eigene emotionale Verfasstheit als eine *gemeinsame* emotionale Verfasstheit erleben und machen sie zumindest teilweise objektbezogen. Peter Blos charakterisierte die kreativen »Werke« und künstlerischen Produktionen Jugendlicher zutreffend als oftmals »unverhüllte Autobiografie«, welche einen unmittelbaren Eindruck von den inneren Nöten der Jugendlichen geben (vgl. Kapitel 3.3.4).

Abschließend ließe also sich resümieren, dass gerade individuelle Projektarbeiten eine bedeutsame Erweiterung des ursprünglichen Projektgedankens nahe legen: Nicht mehr nur die Bearbeitung äußerer, gesellschaftlicher Realität wäre dann das Ziel eines Projektes, sondern auch die *Bearbeitung innerer psychischer Realität.*

5.3.3 Die Projektwochen

Projektwochen, in denen innerhalb einer Woche ein Thema projektorientiert bearbeitet wird, finden in der Freien Schule Bochum zwei- bis viermal jährlich statt. Während dieser Wochen ist die normale Zeitstruktur in allen Klassen aufgehoben. Die Projekte werden meist klassenübergreifend und schulstufenbezogen angeboten. Projekte, in denen Grundschulkinder mit Jugendlichen der Sekundarstufe I gemeinsam ein Projekt bearbeiten, finden zwar auch statt, sind aber eher eine seltene Ausnahme. Die Themenfindung erfolgt in aller Regel schon im Vorfeld der Projektwochen. Lehrer und Schüler unterbreiten verschiedene Vorschläge, von denen dann einzelne ausgewählt werden.

Am Beispiel der Projektwoche zum Thema »Prima Klima« (17.3.–21.2.1997) sollen nun die Auffälligkeiten, Problemfelder und Vorzüge dieser besonderen Lernform analysiert werden, von der die Freie Schule Bochum behauptet, dass sie am weitestgehenden das Projektverständnis der Freien Schule Bochum widerspiegelt (vgl. Freie Schule Bochum 1993, S. 11). Sofern sich bestimmte Strukturmerkmale der Projektwochen nicht durch die Projektwoche »Prima Klima« veranschaulichen lassen, werde ich auch auf andere Projektwochen eingehen, von denen ich im Untersuchungszeitraum insgesamt vier teilnehmend beobachtete.

Bei der nun interessierenden Projektwoche handelte es sich um eine sowohl klassen- wie schulstufenübergreifende Projektwoche, deren Thema »Prima Klima« vom Lehrerkollegium ausgewählt worden war. Grundintention der Projektwoche war, die Schüler zu einer bewussten Auseinandersetzung mit dem sozialen Klima der Schule anzuregen und zudem einzelne Projekte durchzuführen, die geeignet schienen, dasselbe zu verbessern. Mehr noch als in üblichen Unterrichtssituationen ergibt sich, angesichts der Gleichzeitigkeit vielfältiger Aktivitäten während einer Projektwoche für den teilnehmenden Beobachter die Schwierigkeit, das gesamte Geschehen nur ausschnittsweise erfassen zu können oder ständig zwischen den verschiedenen Lernorten und -aktivitäten hin und her pendeln zu müssen, womit aber die Prozesshaftigkeit der verschiedenen Aktivitäten aus dem Blick geraten würde. Vor diesem Hintergrund beschränkte ich meine Aufmerksamkeit auf die Aktivitäten der Stammgruppe 6/7.

Die Projektwoche war in dieser Gruppe in der Weise organisiert, dass jeden Vormittag bis 12 Uhr das Projektthema stammgruppenintern im Klassenraum bearbeitet wurde. Ab 12 Uhr gab es dann drei verschiedene, jeweils von einem Lehrer betreute Projekte, auf die sich die Schüler und Schülerinnen der Gruppe aufteilten:

- Neben dem Schulgarten wurde ein Beachball-Feld angelegt;
- auf dem Teerboden des Basketballfeldes wurde das Emblem einer bekannten amerikanischen Basketballmannschaft aufgemalt;
- in der Werkstatt wurde eine wetterfeste Tischtennisplatte für den Schulhof gebaut.

Vor der Analyse einzelner Interaktionssequenzen sei der Ablauf der Projektwoche »Prima Klima« in Stamm 6/7 kurz skizziert. Weil für die bevorstehende Projektwoche mit schlechtem Wetter gerechnet werden musste, entschied man sich am Montag nach der morgendlichen Besprechung spontan, gleich um 10 Uhr mit den eigentlich für den Nachmittag vorgesehenen Aktivitäten auf dem Schulhof zu beginnen. Erster Arbeitsschritt bei der Anlegung des Beachballfeldes war der mit Spaten vorgenommene Aushub der vorgesehenen Fläche, welcher sowohl den ganzen Montag als auch den Dienstag in Anspruch nahm. Die »Malaktion« auf dem Schulhof (Emblem einer Basketballmannschaft) begann zunächst mit der Beschaffung der erforderlichen Arbeitsmaterialien und dem Vorzeichnen der Konturen mit Kreide.

Um in das Projektthema einzustimmen, führten Marion und Wolfgang dann am Dienstagmorgen einen Film vor, der in Form eines Spielfilmes das verwahrloste Milieu einer fiktiven Oberhausener Hauptschule dokumentierte und anschließend anhand vorbereiteter Fragen im Klassenverband besprochen und analysiert wurde. Der Film dreht sich um das Erleben einiger befreundeter Schüler dieser Schule und skizziert die Problematiken verfeindeter Jugendbanden, gegenseitigen Diebstahls sowie Drogenkonsum und -handel, Kinderprostitution und Beschaffungskriminalität.

Anknüpfend an den Film vom Vortag, erläuterte Marion am Mittwochmorgen an der Tafel eine Grafik, welche die Problematik sich gegenseitig aufschaukelnder Provokationen zwischen Schülern und Lehrern sowie unter Schülern in Form eines »Teufelskreises« veranschaulichte und ebenfalls gemeinsam mit den Schülern besprochen wurde. Es folgte eine Fantasiereise, in der die Schüler dazu aufgefordert wurden, sich den Lehrer vorzustellen, der sie im Schulalltag am häufigsten, wegen welcher »Vergehen« auch immer, zu ermahnen pflegt, ihn dann sprechen zu lassen, sich von ihm wieder zu verabschieden und dann aufzuschreiben, was der Lehrer gesagt hat. Nach einer Pause wurden die Schüler dann darum gebeten, die gesammelten Anweisungen und Ermahnungen der Lehrer im Hinblick auf die Frage zu sortieren, welche davon ihnen, den Schülern, sinnvoll erschienen und welche nicht. Es folgte eine Vorstellung und Gewichtung der gesammelten Ermahnungen, von denen zwei gleich im Anschluss kontrovers diskutiert wurden (»Stelle bitte nicht die Stühle auf den Tisch, solange noch jemand isst!«; »Schulschluss ist erst um 15.15 Uhr, du darfst jetzt noch nicht gehen!«).

Der Donnerstagmorgen begann mit der (ebenfalls von den Lehrern initiierten) Durchführung und anschließenden Besprechung von drei Rollenspielen. Einzelne Schüler wurden hier dazu aufgefordert, sich in einem Rollentausch in die Situation der Lehrer hineinzuversetzen und typische konflikthafte Szenen des Schulalltags nachzuspielen. Nach einer Pause wurden dann zwei weitere der am Vortag gesammelten Ermahnungen besprochen (»Du sollst nichts kaputtmachen!«; »Geh nicht an Privatsachen!«).

Was die Nachmittagsaktivitäten betrifft, war die »Malaktion« bereits am Mittwoch beendet worden. Am Donnerstag wurde dann um 11.30 Uhr der Sand für das Beachballfeld angeliefert. Mit Hilfe von Schubkarren beförderten die Schüler den Sand in das ausgehobene Loch und verteilten ihn dort gleichmäßig. In der Mitarbeiterbesprechung am Donnerstagnachmittag diskutierten die Lehrer die Möglichkeit einer Präsentation der Projektarbeiten am Freitag. Weil aber einige Projekte am Freitag noch nicht abgeschlossen sein würden, verschob man die Präsentation auf den ersten Montag nach den Osterferien.

Da der letzte Tag der Projektwoche gleichzeitig der letzte Tag vor den Osterferien war, endete die Schulzeit am Freitag schon um 11 Uhr. Nach einem ungewöhnlich langen und vergleichsweise großzügigen Frühstück erfolgte in der Stammgruppe 6/7 nur noch eine Besprechung, in der es um die im nächsten Schuljahr anstehenden Veränderungen (Umbau einiger Räume, Aufnahme neuer Mitschüler etc.) ging. Wolfgang, drei Schüler und ich verankerten anschließend noch die beiden Pfähle für das Netz des Beachballfeldes im Boden.

Bevor ich anhand einiger Momentaufnahmen einige typische Strukturmerkmale der Lernform »Projektwoche«, so wie sie in der Freien Schule Bochum praktiziert wird, herauszuarbeiten versuche, soll eine Auffälligkeit der geschilderten Projektwoche »Prima Klima« näher analysiert werden, die meinem Eindruck nach für das pädagogische Profil der Schule im Ganzen durchaus typisch ist, nicht aber für die spezifische Lernform der Projektwochen. Auffällig an dem geschilderten Ablauf der Projektwoche »Prima Klima« in Stamm 6/7 ist nämlich sicherlich zunächst der große Raum, den *Besprechungen* in ihr einnehmen. In ungewöhnlich dichter zeitlicher Folge, nämlich täglich, werden hier neben der üblichen Besprechung am Donnerstagvormittag Konflikte des Gruppenlebens besprochen. Der Anlass der Besprechungen ist zwar jeden Tag ein anderer, mal ist es die Organisation der bevorstehenden Projektwoche, mal ein soeben vorgeführter Film, mal eine Fantasiereise, mal ein Rollenspiel und mal die für das nächste Schuljahr anstehenden Veränderungen. Immer münden diese – zweifellos von den Lehrern abwechslungsreich gestalteten – methodischen Zugänge aber in die Besprechung unterschiedlicher Gruppenbelange ein. In der Auseinandersetzung mit dem Thema der Projektwoche wird den Schülern also von Marion und Wolfgang ein hoher Grad an Bewusstheit zugemutet. Das mit der Projektwoche pädagogisch intendierte Ziel, die Jugendlichen zu einem Verhalten und einer entsprechenden inneren Haltung anzuregen, welches einem verbesserten Sozialklima zuträglich wäre, soll hier auf dem Wege eines bewussten, letztlich ethischen Diskurses über die Voraussetzungen und Hemmnisse eines angenehmen und friedfertigen Sozialklimas erreicht werden. Den Lehrern, so ließe sich vermuten, reicht es offenbar nicht aus, wenn die Schüler das erwünschte Sozialverhalten nur zeigen, sie sollen gewissermaßen auch innerlich von der Richtigkeit eines solchen Verhaltens »überzeugt« sein. Implizit wird den Schülern damit eine hohe Urteilsfähigkeit und moralische Reife zugesprochen. Indem sich die Lehrer mit den Schülern diskursiv um die Regeln des gemeinsamen Zusammenlebens auseinander setzen, werden Letztere (scheinbar) als gleichwertige Diskussionspartner ernst genommen.

Adoleszenztheoretisch betrachtet ist diese hier grob skizzierte Kommunikationsstruktur meines Erachtens ambivalent zu beurteilen. Als Erwachsener dem um Autonomie ringenden Jugendlichen durch die Herstellung einer entsprechenden Kommunikationsstruktur zu signalisieren, dass man seine errungene Reife und Urteilsfähigkeit anzuerkennen bereit ist, ermutigt denselben dazu, sein Bemühen um seelische Autonomie progressiv fortzuführen und ist insofern sicherlich entwicklungsfördernd. Aus mindestens drei Gründen muss eine solche Kommunikationsstruktur aber auch fragwürdig erscheinen.

- Erstens kann die intendierte Gleichwertigkeit auf Grund der hierarchischen Struktur der Institution Schule notwendigerweise nur eine partielle Gleichwertigkeit sein. Was unter einem »prima Klima« zu verstehen sei, muss letztlich von den Lehrern weitgehend vordefiniert werden. Einzelne Zugeständnisse an die möglicherweise ganz andersartigen Wertevorstellungen der Jugendlichen sind zwar durchaus denkbar, die Wertvorstellungen der Lehrer bleiben in einem solchen Diskurs aber notwendigerweise die dominanten.
- Zweitens stellt sich die Frage, ob der den Jugendlichen zugemutete Grad an Bewusstheit in der Auseinandersetzung um das Sozialklima der Schule ihre erst in Entwicklung befindliche Urteilsfähigkeit und Intellektualität nicht tendenziell überfordert. Anna Freud hat in ihrer Auseinandersetzung mit adoleszenter Intellektualität überzeugend dargelegt, wie diese vom Handeln des Jugendlichen oftmals abgespalten wird, da sie weniger eine Richtschnur der realen Lebenspraxis als vielmehr den Ausdruck innerer Konflikte zwischen Es und Ich darstellt. »Sein Handeln geht unter anderen Bedingungen vor sich und braucht von den Ergebnissen des Denkens, Grübelns und der Diskussion nicht beeinflusst zu werden.« (Anna Freud 1936, S. 157)
- Drittens muss bezweifelt werden, ob die zur Diskussion um verschiedene Aspekte des Schulklimas aufgeforderten Jugendlichen überhaupt eine Verbesserung desselben bewusst intendieren, wie die Bezeichnung der Projektwoche »*Prima Klima*« es eigentlich suggeriert. Der sprachlich infantile, sich dem Sprachgestus der Schüler anbiedernde Charakter dieser Bezeichnung scheint die Schüler dazu bewegen zu wollen, das in Wirklichkeit von den Lehrern pädagogisch intendierte Ziel einer Verbesserung des Sozialklimas als ein ureigenes Anliegen wahrzunehmen. Ob dies allerdings bei Jugendlichen gelingen kann, die ihr eigenes Wertesystem ja oftmals gerade in Opposition zum Wertesystem der Erwachsenenwelt und der Schule definieren, bleibt fraglich.

Abgesehen davon, dass den täglichen Besprechungen der skizzierten Projektwoche kaum ein Projektcharakter im engeren Sinne des Wortes zugesprochen werden kann, führt ihre Häufung meines Erachtens also zu einer altersunangemessenen übersteigerten Selbstthematisierung. Altersgemäßer und zugleich stärker projektorientiert erscheinen da die Nachmittagsaktivitäten. Offensichtlich sollen diese ebenfalls zu einem verbesserten Sozialklima beitragen. Anders als bei den Besprechungen wird hier das pädagogisch intendierte Ziel aber nicht über eine bewusste, diskursive Auseinandersetzung zu erreichen versucht, sondern über die handlungs- und erfahrungsorientierte Schaffung neuer Identifikationsmöglichkeiten und neuer Betätigungsfelder. Indem die Jugendlichen, von der Schule sanktioniert, das eigene Schulgelände mit Graffitis und dem Emblem einer amerikanischen Basketballmannschaft verzieren, tragen sie symbolisch Momente einer von ihnen idealisierten jugendlichen Subkultur in die Schule hinein und erfahren somit Letztere als eine Lebenswelt, die sich den eigenen, subkulturell orientierten Wertvorstellungen gegenüber als offen und tolerant erweist. Der Bau einer Tischtennisplatte und eines Beachballfeldes ist geeignet, die Attraktivität des Schulgeländes in der Wahrnehmung der Schüler zu steigern, und kann somit indirekt ebenfalls zu einem verbesserten Sozialklima beitragen.

Verglichen mit dem normalen Unterrichtsgeschehen in der Freien Schule Bochum liegt eine erste erwähnenswerte Besonderheit der Lernform Projektwoche in der großen Fluktuation zwischen den einzelnen Projektgruppen. Eine Szene, die sich gleich zu Beginn der Projektwoche am Montagmorgen abspielte, möge dies veranschaulichen.

> Zur Teilnahme am Projekt »Anlegung eines Beachball-Feldes« haben sich alle Mädchen aus Stamm 6/7 gemeldet sowie Ulrich, Florian, Kevin und Steffen. Als wir an der auszuhebenden Fläche ankommen, herrscht dementsprechend zu Beginn ein großer Andrang. Zunächst wird die Fläche mit einer von Wolfgang mitgebrachten Kordel abgegrenzt. Aus dem Geräteschuppen werden dann alle zur Verfügung stehenden Spaten und Schippen besorgt. Dabei stellt sich schnell heraus, dass viel zu wenig Arbeitsgeräte für alle Schüler/innen zur Verfügung stehen. Einige Jugendliche nehmen sogleich einen Spaten bzw. eine Schippe zur Hand und beginnen mit dem Aushub. Die leer ausgegangenen Jugendlichen beschweren sich nicht, zeigen aber auch kein Bemühen, weitere Spaten zu besorgen. Sie tollen auf der Aushubfläche herum, unterhalten sich und schauen den arbeitenden Jugendlichen zu. Die ersten zu Tage geförderten Regenwürmer stehen zunächst im Zentrum des Interesses. Während Ulrich dieselben dramatisierend mit Hilfe seines Spatens zerteilt, zeigen andere Jugendliche Mitgefühl und entfernen einige Würmer aus der »Gefahrenzone«. Um die Anzahl der zur Verfügung stehenden Arbeitsgeräte zu erhöhen, begebe ich mich mit Andreas in die Werkstatt, um einen defekten Spaten notdürftig und provisorisch zu reparieren. Als wir wieder an der Aushubfläche eintreffen, haben sich die meisten Mädchen entfernt und streifen gemeinsam durchs Schulgelände. Zwischendurch kommen einige Grundschulkinder hinzu und helfen spontan beim Aushub, indem sie die ausgestochenen Grassoden zum Rand der Fläche tragen. Ulrich, Kevin und Florian legen einen ungewöhnlichen Arbeitseifer an den Tag. Ohne Pause arbeiten sie in den folgenden anderthalb Stunden durch und erzählen der um kurz vor 12 Uhr vorbeischauenden Marion stolz von ihrer Leistung. (6/7, 17.3.97)

Anders als die zunächst eindeutige Zuordnung der Schüler zu den einzelnen Projektgruppen es erwarten lassen würde, nutzen viele Schüler die Möglichkeit, während der Projektwoche durchs Schulgelände zu streifen und sich für kürzere oder längere Phasen den Aktivitäten einer anderen Gruppe anzuschließen. Soweit ich dies beobachten konnte, wird dieses Verhalten von den Lehrern kaum missbilligt und in keiner Weise sanktioniert. Das obige Beispiel macht allerdings auch deutlich, dass eine solche Sanktionierung oftmals widersinnig wäre, weil es nicht immer möglich ist, alle zu einem bestimmten Projekt angemeldeten Schüler/innen gleichzeitig sinnvoll zu beschäftigen. Weil nur etwa 5 bis 6 Spaten bzw. Schippen zur Verfügung stehen, sind die leer ausgegangenen Schüler erst einmal zum Nichtstun verurteilt und entscheiden sich deshalb spontan, das Schulgelände auf attraktiv erscheinende Aktivitäten hin zu durchsuchen. Einige Grundschulkinder, denen es in ihren jeweiligen Projektgruppen wahrscheinlich ähnlich ging, beobachten interessiert den Aushub des Beachballfeldes und helfen sofort im Rahmen ihrer Möglichkeiten mit.

Abgesehen von einer Minderheit von Schülern, die sich sehr stark mit ihrem jeweiligen Projekt identifizieren und ihre Zeit dementsprechend auch fast ausschließlich in diesem Projekt verbringen, bedeutet das für den Großteil der Schüler, dass sie im Laufe einer Projektwoche, meist allerdings nur für kurze Phasen, ganz unterschiedlichen Beschäftigungen nachgehen und schon vor einer eventuellen Präsentation der Projektergebnisse (mehr dazu unten) einen Überblick über die meisten Projekte gewonnen haben. Projektwochen bieten somit auch vielfältige Kontaktmöglichkeiten zu Jugendlichen aus anderen Klassen und zu Kindern aus dem Primarbereich, denen man im normalen Schulalltag höchstens auf dem Flur begegnet. Andererseits impliziert die große Fluktuation zwischen den Projekten, dass nur eine Minderheit von Schülern den Ablauf eines Projektes in seiner Gesamtheit, also von der Planungsphase über die Vorbereitung und Durchführung bis zur Auswertung oder Präsentation miterlebt und nachvollziehen kann. Ein wesentlicher Aspekt projektorientierten Arbeitens, nämlich einen Arbeitsprozess in seiner Gesamtheit gestaltend mitverfolgen zu können, ist somit in der Realität für viele Schüler/innen nicht gegeben.

Regelmäßig war für mich auch im Rahmen der Projektwochen beobachtbar, wie die Motivation bei einzelnen Schülerinnen und Schülern extrem zwischen regelrechter Arbeitswut und vollendeter Lustlosigkeit hin und her schwankt. Im obigen Beispiel legen Ulrich, Kevin und Florian eine ungewöhnliche Anstrengungsbereitschaft an den Tag. Alle drei Jungen würden sich im normalen Schulalltag niemals über 90 Minuten und ohne Pause einer einzigen Aufgabe konzentriert widmen können. Die Möglichkeit einer körperlichen Verausgabung scheint ihrer aktuellen Bedürfnislage aber zu entsprechen, und sie nutzen sie in geradezu exzessiver Weise aus. Ein gänzlich anderes Bild bietet der Schüler Peter in der folgenden Szene. Äußerst lustlos und ohne jegliche Eigeninitiative malt er kurz an dem Emblem einer Basketballmannschaft mit, obgleich er selbst die Malvorlage besorgt hat und ansonsten auch ein begeisterter Basketballspieler ist.

> Peter macht auf mich einen äußerst unmotivierten und zudem übermüdeten Eindruck. Nach mehrmaliger Aufforderung seiner Lehrerin Marion, nicht nur zuzuschauen, sondern mitzuarbeiten, kniet er sich auf den Boden und hilft den

> beiden arbeitenden Jungen, mit Kreide die Konturen des Emblems zu ziehen. Nach fünf Minuten steht er wieder auf, und verweist mit offensichtlich ernst gemeintem Stolz Marion auf die soeben erbrachte Leistung. Marion verweigert ihm die erbetene Anerkennung, wirft ihm im Gegenteil belustigt vor, wie faul er sei: »Das darf ja wohl nicht wahr sein! Da hast du mal fünf Minuten gearbeitet und meinst gleich, wer weiß was geleistet zu haben!« Peter: »Aber meine Knie tun mir weh. Das ist total doof, so auf dem harten Boden zu knien.« – »Ja dann hol dir doch ein Polster!« – »Ja, wo denn?« Marion führt den Dialog nicht mehr fort, worauf Peter, ohne sich von der Stelle zu bewegen, nach allen Seiten um sich blickend und mit träger Mimik nach einem Gegenstand Ausschau hält, der sich als Polster eignen würde. Peter entdeckt aber nichts Geeignetes, bleibt stehen und schaut wieder den anderen Jungen bei ihrer Arbeit zu. (6/7, 17.3.97)

Insgesamt erscheint die Arbeitshaltung der Schülerinnen und Schüler während der Projektwochen weniger diszipliniert als im normalen Schulalltag. Situativ kommt es in einzelnen Projekten und bei einzelnen Schülern zwar immer wieder zu ungewöhnlich intensiven Arbeits- und Lernprozessen, sobald die Motivation abebbt, wenden sich die meisten Schüler dann aber einer anderen Beschäftigung zu oder tun gar nichts mehr. Die Bereitschaft, an der Vorbereitung, Materialbeschaffung oder Organisation einer Tätigkeit mitzuwirken ist relativ schwach ausgeprägt. Typisch hierfür ist etwa die oben geschilderte Szene auf dem Beachballfeld. Dass nur für etwa ein Drittel der Schüler Arbeitsgeräte zur Verfügung stehen, nehmen die Schüler einfach hin; es scheint ihnen nicht in den Sinn zu kommen, weitere Spaten oder Schippen für den Aushub der Fläche zu besorgen. Viele Schüler durchstreifen das Schulgelände quasi auf der ständigen Suche nach attraktiven Beschäftigungsmöglichkeiten; wenn diese ihren Reiz verlieren, werden sie schnell wieder fallen gelassen. Die Schüler können sich diese vergleichsweise undisziplinierte Arbeitshaltung leisten, da die Kontrollmöglichkeiten der Lehrer im Rahmen der Projektwochen natürlich erheblich eingeschränkt sind. Anders als im normalen Schulalltag kann es den Lehrern ohne weiteres entgehen, wenn einzelne Schüler mal für ein bis zwei Stunden schwänzen. Einzelne Jugendliche nutzen diese Möglichkeit eines nicht oder kaum sanktionierten Schwänzens auch exzessiv aus und erscheinen dementsprechend nur sporadisch in ihren jeweiligen Projektgruppen.

Insgesamt entsteht also der Eindruck, dass Projektwochen bei adoleszenten Schülern einen Regressionsschub auslösen, der vor allem darin begründet liegt, dass viele Zwänge des normalen Schulalltags wegfallen. Vor diesem Hintergrund entsteht oft eine unruhige, emotional überhitzte Atmosphäre, wie sie sich etwa während des Mittagessens am Mittwoch in Stamm 6/7 meiner Wahrnehmung nach zuspitzte.

> Die Atmosphäre in Stamm 6/7 macht auf mich während der gesamten Woche schon einen ungewöhnlich überspannten und unruhigen Eindruck. Der Lärmpegel, die allgemein hektischen Bewegungen und Blödeleien der Schüler erreichen während des Mittagessens für mich ein unerträgliches Ausmaß. Ein soeben

mit Nudeln und Soße gefüllter Teller fällt einem Schüler zur großen Belustigung seiner Mitschüler/innen aus der Hand. Der Schüler macht keine Anstalten, den Schaden umgehend zu beseitigen, weshalb der Teller zunächst auf dem Boden liegen bleibt. Ich fühle den starken Impuls, mich mit meinem Teller ins Lehrerzimmer zu verziehen, um dort in Ruhe weiter essen zu können. (6/7, 19.3.97)

Ein letztes Problemfeld, welches sich am Beispiel der Projektwoche »Prima Klima« veranschaulichen lässt, betrifft die Frage einer abschließenden Präsentation der Projektergebnisse. Im geschilderten Beispiel verschieben die Lehrer eine Präsentation auf den ersten Tag nach den Osterferien, da viele Projekte bis zum Ende der Woche noch nicht zu Ende geführt werden können. Der auch in anderen, von mir beobachteten Projektwochen gewonnene Eindruck, dass die Lehrer der Schule auf eine abschließende, eventuell gar feierliche Präsentation der Arbeitsergebnisse oft verzichten, hängt möglicherweise auch mit der oben erörterten großen Fluktuation der Schüler zwischen den verschiedenen Projektgruppen zusammen. Da viele Schüler schon *während* der Projektwoche einen umfassenden Überblick über die verschiedenen Aktivitäten gewinnen, muss eine Präsentation am Ende der Woche weniger dringlich erscheinen. Viele Aktivitäten, wie etwa die oben erörterte, tägliche Besprechung gruppeninterner Konflikte in Stamm 6/7 lassen sich auch kaum als »Projekte« bezeichnen, an deren Ende ein wie auch immer geartetes »Ergebnis« zu präsentieren wäre. Eine weitere Ursache mag darin liegen, dass zwei Projektwochen im Jahr ohnehin in eine Darstellung der Ergebnisse vor der Schulgemeinschaft einmünden, nämlich jene vor dem Sommer- und dem Winterfest. Im Rahmen dieser Projektwochen produzieren die Schüler überwiegend Produkte (Weihnachtsschmuck, Ölbilder, Linoldrucke und dergleichen), die dann auf dem anschließenden Fest den Eltern und anderen Erwachsenen zum Kauf angeboten werden. Die hier behauptete Problematik einer fehlenden oder zumindest vernachlässigten Präsentation betrifft also keineswegs alle Projektwochen, stellt meiner Ansicht nach aber trotzdem einen der zentralen Schwachpunkte der Lernform »Projektwoche« dar, so wie sie in der Freien Schule Bochum praktiziert wird. Die Darstellung eigener Arbeitsergebnisse vor einer interessierten Öffentlichkeit unterstreicht den Wert dieser Arbeit und impliziert die Möglichkeit, von bedeutsamen anderen Rückspiegelungen zu erhalten, die eine große emotionale Bedeutsamkeit gewinnen können.

5.3.4 Zusammenfassung

Versteht man den Begriff »Projektunterricht« als ein Unterrichtsverfahren, bei dem ganzheitliche Arbeitsvorhaben von Schülern selbst entworfen, organisiert, durchgeführt und am Ende präsentiert werden, so muss festgestellt werden, dass viele der beobachteten Aktivitäten während der so genannten »Projektwochen« und der »Projekttage« diesem Verständnis nicht entsprachen. Einzig die »individuellen Projektarbeiten« entsprachen in vollem Umfang den Merkmalen projektorientierten Unterrichts. Dennoch gilt für alle drei erörterten Formen des projekt*orientierten* Unterrichts, dass sie – im Vergleich zum Fachunterricht – zeitlich und räumlich offener strukturiert, didaktisch vielfältiger gestaltet waren und zweifellos auch die Selbstverantwortung der Schüler für ihren eigenen Lernprozess stärker herausforderten.

Es wurde deutlich, dass die offeneren Arbeitsstrukturen des projektorientierten Unterrichts, verbunden mit den verringerten Kontrollmöglichkeiten der Lehrer bei einem Großteil der Schüler einen Regressionsschub auslösen, durch welchen die Arbeitsdisziplin und Anstrengungsbereitschaft der Schüler in Mitleidenschaft gezogen wird. Viele Schüler tendieren in offeneren Arbeitstrukturen dazu, auf Kosten einer konzentrierten Auseinandersetzung mit dem jeweiligen Lerngegenstand die selbst erprobende Kommunikation mit Gleichaltrigen in den Vordergrund zu rücken und Lernsituationen zu vermeiden, die die Gefahr einer narzisstischen Kränkung in sich bergen. Nichtsdestotrotz war bei *einzelnen* Schülern und in *bestimmten* Lernsituationen auch mehrfach eine für das sonstige Lernverhalten ungewöhnlich *hohe* Anstrengungsbereitschaft und Arbeitsdisziplin zu beobachten. Weiterhin fiel auf, dass der projektorientierte Unterricht die Möglichkeit einer Bearbeitung innerpsychischer Realität bietet. An zwei Beispielen konnte gezeigt werden, wie Jugendliche individuelle (das Referat über »Die Zerstörung der Möhnetalsperre«) oder entwicklungsspezifische (das Hörspiel »Schrebergärten des Zorns«) Wünsche, Ängste und Befindlichkeiten im Rahmen des projektorientierten Unterrichtes auf einer symbolischen Ebene artikulieren.

Ein interessanter Versuch, der Tatsache Rechnung zu tragen, dass die Schüler die Möglichkeiten offenerer Arbeitstrukturen sehr unterschiedlich für sich ausnutzen (der oben behauptete Regressionsschub betrifft eben nie *alle* Schüler), stellte die Gestaltung der Projektepoche »Handwerkliche Projektarbeiten/Erdkunde« dar. Im Sinne des individualisierenden Lernens konnte hier der bei den Schülern sehr unterschiedlich ausgeprägten Fähigkeit und Bereitschaft entsprochen werden, für den eigenen Lernprozess Verantwortung zu übernehmen.

Fragwürdig erschienen demgegenüber Aspekte der didaktischen Gestaltung des projektorientierten Unterrichtes, welche verdächtigt würden, das Problem der geminderten Anstrengungsbereitschaft und Lernintensität in vergleichsweise offenen Arbeitsstrukturen (welches meines Erachtens *nicht* als schulspezifisch einzuschätzen ist) noch zu verschärfen. Im Einzelnen wurde diesbezüglich kritisiert:

- die oftmals nachlässige Gestaltung der Arbeitsmaterialien (als positives Gegenbeispiel das topografische Übungsheft),
- eine dem Ernst des Themas unangemessen »verspielte« Didaktik (Würfelspiel zur Odysseus-Sage),
- eine überspitzt alltagskulturelle Orientierung (Diskussion in Form einer Talk-Show) sowie
- ein altersunangemessener Grad bewusster und diskursiver Selbstthematisierung (Projektwoche »Prima Klima«).

Als ein weiteres, quasi »hausgemachtes« Problem wurde die in der Freien Schule Bochum noch unterentwickelte Kultur einer ritualisierten Präsentation von Projektarbeiten erörtert. Im Gegensatz zu den Grundideen projektorientierten Unterrichtes fanden Präsentationen häufig gar nicht statt, wenn doch, hatten sie oft ein sehr geringes inhaltliches Niveau oder/und waren so wenig ritualisiert, dass sie sich vom normalen Alltagsgeschehen der Schule kaum abhoben und dementsprechend bei den Schülern zwar keine Angstgefühle erzeugten, aber auch kaum geeignet waren, eine Atmosphäre schulöffentlicher Intensität herzustellen.

5.4 Formen und Funktionen adoleszenter Komik im schulischen Kontext

Bei der ersten Kodierung aller Beobachtungsprotokolle meiner Dissertation fiel mir auf, wie häufig Beobachtungen vertreten waren, die sich dem Themenfeld adoleszente Komik zuordnen ließen. Eine explizite Auseinandersetzung mit diesem Thema war im ursprünglichen Dissertationskonzept keineswegs vorgesehen, schälte sich vielmehr erst im Laufe meiner ersten Theoretisierungsbemühungen als notwendig und viel versprechend heraus. Deshalb entschloss ich mich, dem Thema der adoleszenten Komik, so wie es für mich bei den Jugendlichen der Freien Schule Bochum beobachtbar war, eine besonders intensive Aufmerksamkeit zuzuwenden. Im Folgenden möchte ich meine Überlegungen zu den Formen und Funktionen adoleszenter Komik im schulischen Kontext in der Reihenfolge präsentieren, wie sie sich im Forschungsprozess ergaben. Da mir zunächst die erstaunliche Vielfalt komischer Verhaltensweisen und Äußerungen der Jugendlichen ins Auge fiel, werde ich mich zuerst phänomenologisch den unterschiedlichen Formen adoleszenter Komik zuwenden.

5.4.1 Formen adoleszenter Komik

Einleitend sei bemerkt, dass sich nicht alle beobachteten Ausdrucksformen adoleszenter Komik für mein Forschungsprojekt als relevant erwiesen. Thema der vorliegenden Arbeit ist ja nicht das Phänomen der Adoleszenz in seiner Gesamtheit, sondern das Verhältnis von Adoleszenz und Schule. Ich werde dementsprechend im Folgenden solche Ausdrucksformen adoleszenter Komik außer Acht lassen, die zwar im Unterschied zu erwachsener oder kindlicher Komik gerade für Jugendliche typisch sein mögen (ich denke hier zum Beispiel an bestimmte Formen derber Sexualkomik), die für deren Auseinandersetzung mit schulischen Anforderungen aber nicht spezifisch sind.

Eine weitere Vorbemerkung betrifft die hier vorgenommene Verwendung der Begriffe »Komik«, »Humor« und »Witz«. Der Begriff Humor bezeichnet laut Duden die »Gabe eines Menschen, die Unzulänglichkeit der Welt und des Lebens heiter und gelassen zu betrachten und ertragen«. Wie ich weiter unten noch näher ausführen

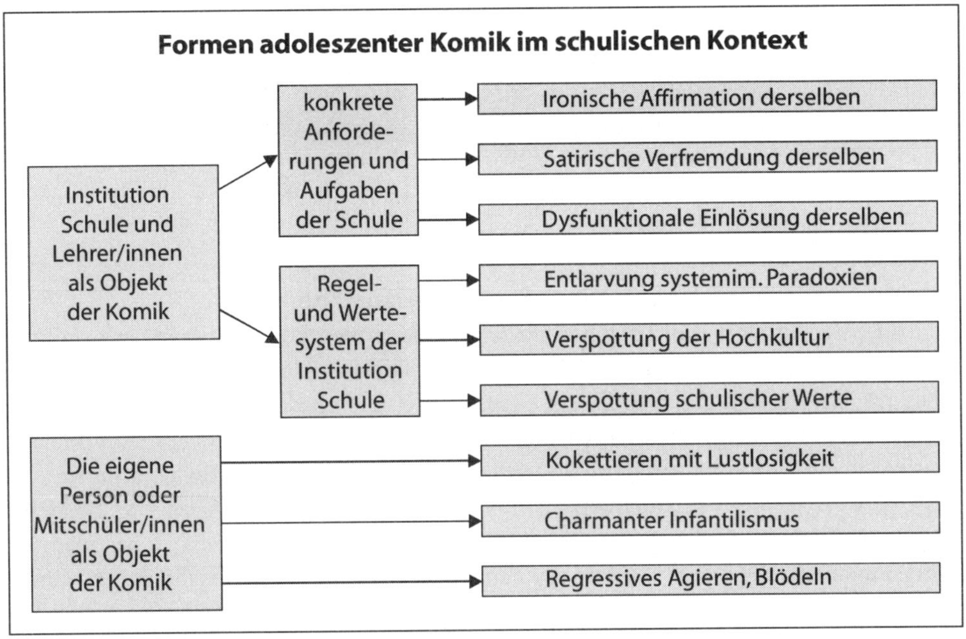

werde, bezeichnet diese Definition eine zentrale Funktion adoleszenter Komik. Andererseits wird das hier interessierende Phänomen durch diesen Begriff nicht in seiner Gesamtheit erfasst. Insbesondere der der Komik häufig innewohnende Aspekt latenter Aggressivität und überspielter Ohnmacht wird durch den Begriff des Humors nur unzulänglich eingefangen. Komik stellt sich bei näherer Betrachtung als ein ambivalentes Phänomen dar, welches der einseitig positiv belegte Begriff Humor nur ausschnitthaft erfassen kann. Auch der Begriff Witz, im Duden definiert als eine »kurze, prägnante Geschichte mit einer Pointe am Schluss, die zum Lachen reizt«, erfasst das hier gemeinte Phänomen nicht in seiner Gesamtheit. Gegenstand der folgenden Erörterung ist aber die *lustvolle, verfremdende, zum Lachen reizende, kurz: komische Wirkung, die nicht nur von Worten, sondern auch von Interaktionsstrukturen, Gesten, Situationen usw. ausgeht.* Der Begriff Witz bezeichnet demgegenüber nur den bewusst mit Worten operierenden, kognitiven Aspekt der Komik, der mir aber für Jugendliche – man denke etwa an die typisch adoleszente Neigung zum Blödeln, Unfugtreiben und Albern – noch nicht einmal der dominante zu sein scheint. Ich verwende also »Komik« im folgenden als Oberbegriff, unter den andere Begriffe wie »Humor«, »Witz« oder auch »Ironie«, »Spott«, »Heiterkeit« »Scherzhaftigkeit« und dergleichen subsumiert werden. Die verschiedenartigen Formen adoleszenter Komik im schulischen Kontext lassen sich nun meines Erachtens wie folgt systematisieren.

Wenngleich davon auszugehen ist, dass die insgesamt 9 ausgemachten Formen adoleszenter Komik nicht für die Freie Schule Bochum spezifisch sind, erhebt ihre obige Systematisierung doch in keinerlei Weise den Anspruch, für alle Sekundarschulen gültig zu sein. Während einige der unten zu erörternden Formen in anderen Schulen wahrscheinlich nur eine untergeordnete Rolle spielen, gibt es andere, die in der vorliegenden Systematisierung gar nicht erfasst werden. Selbst für die Freie Schule Bochum kann die vorgenommene Systematisierung nur einen vorläufigen Charakter haben. Zweifellos wäre es erfreulich, wenn ihre Mängel irgendwann einmal jemanden dazu reizen sollten, eine bessere Systematisierung vorzunehmen. Die hier unterschiedenen Formen adoleszenter Komik sollen nun kurz erläutert und jeweils anhand eines oder zweier Beispiele aus den Beobachtungsprotokollen veranschaulicht werden.

Ironische Affirmation schulischer Anforderungen und Aufgaben

Wenn Lehrer Schüler mit Aufgaben und Anforderungen konfrontieren, so reagieren Letztere in aller Regel nicht mit Begeisterung. Die Bewältigung schulischer Arbeit stellt im Empfinden des Schülers weitgehend eine fremdbestimmte Tätigkeit dar. Wenn sich der Jugendliche den Anforderungen stellt und beispielsweise eine Mathematikaufgabe löst oder eine Inhaltsangabe des eben gelesenen Textes anfertigt, so folgt er weniger dem Lustprinzip als vielmehr dem Realitätsprinzip. Die Tatsache, dass Jugendliche sich einem Lerngegenstand im schulischen Kontext in bestimmten Situationen durchaus auch intrinsisch motiviert widmen, darf nicht darüber hinwegtäuschen, dass schulische Arbeit in aller Regel eher als eine Art notwendiges Übel empfunden wird. Vor diesem Hintergrund fielen mir im Rahmen meiner teilnehmenden Beobachtungen komisch wirkende Situationen auf, in denen einzelne Jugendliche oder gar die ganze Gruppe auf soeben gestellte Anforderungen und Aufgaben mit einer offensichtlich ironischen Begeisterung reagierten. Ein Beispiel möge dies veranschaulichen:[1]

1) Im Mathematikunterricht verteilt Wilhelm Arbeitsblätter. Im krassen Widerspruch zu der Alltäglichkeit dieser Situation bedankt sich Peter freudestrahlend und mit ausgesuchter Höflichkeit für das überreichte Arbeitsblatt: »Danke Wilhelm! Das ist sehr liebenswürdig von dir!« Mit einem für ihn ungewöhnlichem Elan macht er sich daraufhin sofort an die Arbeit. (6/7, 11.3.97)

Eine vergleichsweise alltägliche und banale Anforderung wird hier von einem Schüler in überspitzter Form bejaht und gleichsam dankbar angenommen. Es ist, als würde der Schüler sagen: »Wie gut ich es doch habe, solche interessanten Aufgaben lösen zu dürfen!« Psychoanalytisch betrachtet liegt dieser ironischen Affirmation gestellter Anforderungen der Mechanismus der Verkehrung ins Gegenteil zu Grunde. Eine an und für sich fremdbestimmte und banale Tätigkeit wird humoresk in ihr Gegenteil, nämlich eine freudig herbeigesehnte, selbst bestimmte und bedeutsame Tätigkeit umgedeutet. Die psychodynamische Funktion dieser Umdeutung liegt auf der Hand: Der Jugendliche erreicht eine *pseudointrinsische Motivation*, kann sich,

1 Die zitierten Ausschnitte aus den Beobachtungsprotokollen wurden nummeriert, um sie im folgenden Kapitel leichter wieder aufgreifen zu können.

wenn auch nur situativ[1], mit »Lust« einer Arbeit widmen, die ihn an und für sich eher langweilen würde.

Satirische Verfremdung schulischer Anforderungen
Eine meinen Beobachtungen nach besonders häufig von Schülern genutzte Form der Distanzierung von schulischen Anforderungen ist deren satirische Verfremdung. Der Schüler weist in diesem Fall eine Aufgabenstellung zwar nicht einfach zurück, deutet sie aber auf eine eigenwillige, satirische Weise um, womit in den meisten Fällen der vom Lehrer vorgesehene unterrichtliche Zweck der Aufgabenstellung unterlaufen wird. Im Gegensatz zur oben erläuterten ironischen Affirmation schulischer Anforderungen wird der reibungslose Ablauf des unterrichtlichen Betriebes also durch deren satirische Verfremdung in aller Regel in Mitleidenschaft gezogen. Will der Lehrer aber den eigentlichen unterrichtlichen Zweck einer Aufgabenstellung nicht preisgeben, ist er genötigt, sich gegen diese verbreitete Form adoleszenter Komik zur Wehr zu setzen. Ein Beispiel möge dies veranschaulichen.

2) Im Englischunterricht werden heute u.a. englischsprachige Dialoge von den Schülern vorgelesen. Ulrich und Kevin lesen ihre jeweiligen Passagen mit einer verstellten, eigenartig affektierten Stimme vor. Ihrem Lächeln und lebhaften Gebaren lässt sich entnehmen, dass ihnen das Vorlesen in dieser satirischen Form großen Spaß bereitet. Marion, die Englischlehrerin, bittet die beiden mehrmals, den Text ernsthaft vorzulesen, worauf die beiden aber nicht eingehen. Daraufhin bittet sie andere Schüler, den Text weiter vorzulesen. (6/7, S. 10.3.97)

Das Beispiel macht deutlich, dass die Ernsthaftigkeit der Auseinandersetzung mit Lerngegenständen durch deren satirische Verfremdung sabotiert und gleichsam ironisch gebrochen wird, denn die affektierte Stimmlage der Schüler lenkt von der korrekten Aussprache des vorgelesenen Textes ab. Ein weiteres Beispiel zeigt, wie Schüler auch im Rahmen schriftlicher Aufgabenstellungen deren pädagogisch-didaktische Absicht hinterlaufen können.

3) Im Rahmen einer Projektwoche zum Thema »Mädchen – Jungen, Männer – Frauen« werden die Schüler der 10. Klasse dazu aufgefordert, in geschlechtshomogenen Gruppen auf Karteikarten festzuhalten, welche Menschen für sie vorbildlich sind. Die Karteikarten werden anschließend auf einem Plakat gesammelt und gegenübergestellt. Die Gegenüberstellung ergibt den Befund, dass sich die Mädchen offensichtlich bemühten, die Aufgabenstellung ernst

1 Zur Beantwortung der Frage, wie lange Jugendliche diese Umdeutung psychodynamisch aufrechterhalten können, bieten meine Beobachtungsprotokolle zu wenig Datenmaterial. Die Vermutung liegt aber nahe, dass die dieser Umdeutung zu Grunde liegende libidinöse Energie in aller Regel schnell aufgezehrt ist und deshalb die pseudointrinsische Motivation für längere Arbeitsphasen nicht hinreicht.

zu nehmen, während sich die Jungen in der Bezeichnung ihrer Vorbilder überwiegend ironisch-distanziert verhielten. Hier einige Beispiele des Jungen-Plakates mit dem Titel »›Echte Männas‹ – unsere Vorbilder«:
- Dr. Best, weil er die beste Zahnbürste erfunden hat
- Gott, weil er Adam gemacht hat
- berühmt wie der Nikolaus
- der Scheich von Brunai, weil er ein Harem hat und nie zu wenig Geld
- Harald Schmidt, weil er der beste Bundeskanzler wäre
- Dr. Stefan Frank, weil ihm die Frauen vertrauen
- Superman – total stark (10, 27.3.98)

Die aufgeführten »Vorbilder« der Schüler repräsentieren zwar Eigenschaften, die für Zukunftsentwürfe männlicher Jugendlicher durchaus typisch sein mögen (Macht und finanzielle Liquidität, Attraktivität bei Frauen, Ruhm, Stärke, Intelligenz usw.), repräsentieren diese aber in einer derart überzeichneten und stereotypen Form, dass sie sich gleichzeitig als Ausdruck einer verweigerten Kommunikation lesen lassen. Indem sich die Jugendlichen von ihren Sehnsüchten ironisch distanzieren und altbekannte Stereotype reproduzieren, immunisieren sie sich »provisorisch« gegen narzisstische Kränkungen, die das anschließende gemeinsame Gespräch mit den Mädchen eventuell mit sich bringen könnte, und unterlaufen damit den unterrichtlichen Zweck einer tiefer gehenden Auseinandersetzung mit der eigenen Geschlechtsrolle.

Dysfunktionale Einlösung schulischer Anforderungen

Eine dritte Form der Distanzierung von schulischen Anforderungen, die ich bei den Schülern der Freien Schule Bochum beobachten konnte, stellt eine Mischform der beiden obigen Formen dar. Anforderungen werden hier ebenfalls satirisch verfremdet, aber in einer spezifischen Art und Weise, nämlich durch deren überspitzte, dysfunktionale Einlösung. Charakteristisch für diese Form adoleszenter Komik ist also, dass einer Anforderung übertrieben, gewissermaßen »übergehorsam« entsprochen wird. Besonders deutlich wird dieser Mechanismus meines Erachtens im folgenden Beispiel.

4) Im Mathematikunterricht lässt Wilhelm die Schüler Divisionsaufgaben an der Tafel vorrechnen. Wilhelm zu Ulrich, der gerade an der Tafel eine Rechnung durchgeführt hat: »Da muss noch ein Komma hin!« – Ulrich macht mit dem Kreidestück daraufhin an der gewünschten Stelle einen winzig kleinen Punkt. Wilhelm etwas ungeduldig: »Ein Komma!« – Ulrich macht daraufhin einen viel zu großen Strich. Wilhelm ermahnend: »Ulrich, ein Komma!«
Wilhelms Aufforderung, das Ergebnis der Rechnung zu unterstreichen, kommt Ulrich »übergehorsam« und dysfunktional nach: Er unterstreicht das Ergebnis mit weit ausladenden Bewegungen etwa achtmal mit viel zu großen Strichen, die den verbliebenen Freiraum der Tafel fast ganz in Anspruch nehmen. (6/7, 11.3.97)

Ulrich erzielt durch seine Reaktion auf die Anweisungen seines Mathematiklehrers eine komische Wirkung, weil er gleichsam blind und unter Ausschaltung eigenständigen Denkens zu gehorchen scheint. Charakteristisch für den hier gemeinten Mechanismus ist besonders die ausschweifende Unterstreichung des Ergebnisses der Rechnung. Ulrich suggeriert damit, als sei das Rechenergebnis für ihn von enorm großer Bedeutung. Angesichts der Alltäglichkeit der Situation kann diese unangemessene Bedeutungsaufwertung aber nur komisch wirken und führt realiter zu einer Bedeutungsabwertung. Indem die – im Verständnis des Lehrers notwendige – Ordnung und Korrektheit in der gestaltenden Ausführung der Rechnung der Lächerlichkeit preisgegeben wird, rächt sich Ulrich in geschickter Art und Weise bei seinem Lehrer, der ihm diese überflüssig erscheinende Pflichtübung des Unterstreichens auferlegt. Geschickt deshalb, weil Ulrich erstens sich nicht den Vorwurf gefallen lassen muss, die Anweisung überhaupt nicht befolgt zu haben, und zweitens dem Lehrer weitere Ermahnungen insofern erschwert, als dieser mit dem Vorwurf rechnen müsste, er verstehe keinen Spaß.

Entlarvung systemimmanenter Paradoxien

Schütze u.a. (1996) arbeiten vor dem Hintergrund der Analyse mehrerer empirischer Arbeiten differenziert heraus, inwieweit professionelles Lehrerhandeln in der Institution Schule durch verschiedenartige Paradoxien geprägt wird, die mit der antinomischen Anforderungsstruktur der Institution Schule zusammenhängen und insofern unumgehbar sind. Schüler haben für diese systemimmanenten Paradoxien ein sensibles Gespür und nutzen gerne sich ihnen bietende Möglichkeiten, den Lehrern die Widersprüchlichkeit ihrer Erwartungen rückzuspiegeln. Diese Rückspiegelungen, so ein Ergebnis meiner teilnehmenden Beobachtungen in der Freien Schule Bochum, vollziehen sich häufig auch mit den Mitteln der Komik.

5) Die Atmosphäre in der Klasse ist heute überdreht und angespannt, Gabi und Ulrich werden von Marion und Wolfgang auf Grund von mehrmaligen Störungen aus dem Klassenraum verwiesen. Fünf Mädchen proben kurz darauf scherzhaft den Aufstand. Gemeinsam grölend und die Ordnung auf ihren Tischen verwüstend, wenden sie sich laut schreiend und wild gestikulierend an Marion und Wolfgang: »Hey Marion, Wolfgang, schmeißt uns auch raus! Wir wollen auch rausgeschmissen werden!« Wolfgang und Marion ignorieren das Begehren der Mädchen und wenden ihnen nur kurz einen lächelnden Blick zu. Nach kurzer Zeit ebbt das provozierende Agieren der Mädchen wieder ab. (6/7, S. 21.3.97)

Die Mädchen entlarven in diesem Beispiel eine systemimmanente Paradoxie, die einer verbreiteten schulischen Sanktionstechnik innewohnt, nämlich störende Schüler für eine bestimmte Zeit aus dem Klassenraum zu verweisen. Schüler empfinden dies in aller Regel als eine Strafe, weil sie damit gewissermaßen als der pädagogischen Zuwendung nicht mehr »würdig« erklärt werden, und vor allem, weil sie situativ aus der Klassengemeinschaft ausgeschlossen werden. Insofern die pädagogische Zuwendung, das didaktische Bemühen des Lehrers dem störenden Schüler aber meist ohnehin gleichgültig geworden ist und zudem der Ausschluss aus der Klasse das Ansehen in der peer-group steigern kann, ein nonkonformer, mutiger und »frecher« Schüler zu sein, enthält der Ausschluss aus der Klasse in den allermeisten Fällen auch gleichzeitig die Komponente einer Belohnung. Mit ihrem Begehren, ebenfalls aus dem Klassenraum verwiesen zu werden, heben die Mädchen einseitig die »angenehme Seite« eines Klassenverweises hervor. Obgleich sie durch extrem regelwidriges Betragen den Lehrern eine Legitimation für den Klassenverweis gleich mitliefern, lassen sich diese, zumindest äußerlich sichtbar, von dem provozierenden Verhalten der Mädchen nicht affizieren, erweisen sogar im Gegenteil dem humoresken Gebaren der Mädchen durch einen lächelnden Blick Anerkennung. Pädagogisch geschickt reagieren sie somit mehr auf die humorvolle als die provozierende Seite des scherzhaften »Aufstandes« der Mädchen und lassen ihn verebben.

Verspottung der Hochkultur

Eine wesentliche Aufgabe der Institution Schule ist es, gegenüber den Schülern die Inhalte und Werte traditioneller Hochkultur zu vermitteln. Es ist zwar mit Thomas Ziehe (1998) von einer gesamtgesellschaftlichen »Entmächtigung der Hochkultur« auszugehen, welche auch die Inhalte schulischen Lernens nachhaltig verändert hat, zudem orientieren sich Schulen zweifellos unterschiedlich stark an den Inhalten der Hochkultur (Waldorfschulen beispielsweise wesentlich stärker als Freie Alternativschulen). Die Aussage aber, dass Schule sich in ihrer curricularen Ausrichtung im Vergleich zu den meist dominant alltagskulturell orientierten Jugendlichen *eher* an den Inhalten der Hochkultur orientiert, dürfte nach wie vor für alle Schulen zutreffend sein. So wie Schüler häufig gegen das Regel- und Wertesystem der Institution Schule selbst rebellieren, so rebellieren sie auch gegen das Regel- und Wertesystem der Erwachsenenwelt in ihrer Gesamtheit. Sensibel nehmen sie die Unzulänglichkeiten der Erwachsenenwelt wahr und führen deren Mangelhaftigkeit gerne ins Feld, wenn Schule sich anschickt, das Regel- und Wertesystem der Hochkultur und der Erwachsenenwelt den Jugendlichen nahe zu bringen.

Eine von Jugendlichen häufig genutzte Form, dieses Wertesystem in Frage zu stellen, ist wiederum das Komische. In dem folgenden Beispiel zeigt sich eine Kunstlehrerin beeindruckt von der ungewöhnlichen Kreativität und Produktivität ihrer Schüler, auch wenn das didaktisch ursprünglich vorgesehene Ziel, nämlich die Schülerinnen und Schüler zu einer ernsthaften Auseinandersetzung mit dem Thema »modernes Design« anzuregen, auf der Strecke bleibt.

6) Thema des Kunstunterrichtes in der 10. Klasse ist modernes Design. Zur Einstimmung in die heutige Stunde hat die Lehrerin ein Buch mit zahlreichen Abbildungen von Stühlen berühmter Designer des 20. Jahrhunderts mitgebracht und zeigt den Schüler/innen einige der Abbildungen. Eine Gruppe von Jungen macht sich lauthals über den – ihrer Auffassung nach – mangelnden

> Gebrauchswert und das sonderbare Aussehen der Stühle lustig und entschließt sich spontan, solche Stühle »mal eben« in der Holzwerkstatt selbst herzustellen. Nach dem Motto »So einen Mist können wir auch fabrizieren!« begeben sie sich sofort entschieden und tatkräftig in die Werkstatt und machen sich mit ungewöhnlichem Elan an die Arbeit. Es beeindruckt mich, wie selbstverständlich sich die Schüler in dieser Situation gegenseitig anregen, Arbeiten aufteilen und gemeinsam über die Lösung technischer Probleme diskutieren (Teamarbeit im besten Sinne des Wortes). Die Arbeitsphase in der Werkstatt dauert zwar nur eine knappe Stunde, ist aber von einer so intensiven Arbeitsatmosphäre getragen, wie ich sie in der Schule sonst nur selten beobachte. Das Ergebnis der gemeinsamen Arbeit, drei völlig unfunktionale, d.h. zum Sitzen ungeeignete Stühle (z.B. mit einem schiefen Dreieck als Sitzfläche und einem langen Nagel, der von hinten in die Rückenlehne geschlagen wurde), ist zwar in der Ausführung sehr dilettantisch, wird aber nichtsdestotrotz später von der Lehrerin gelobt, die mit der Produktion von drei Stühlen in so kurzer Zeit wahrscheinlich nicht gerechnet hatte. Ein anderer Schüler zeigt für dieses Lob kein Verständnis und wendet sich an die Lehrerin mit der Bemerkung: »Meinst du das im Ernst? Das ist doch totaler Schrott!« (10, 17.3.1996)

Auf der Grundlage einer überheblichen und übermütigen Einstellung setzt sich die Jungengruppe mit dem ihnen dargebotenen kulturellen Inhalt satirisch auseinander und entwickelt dabei eine außergewöhnliche Tatkraft, die zu der sonst häufig beobachtbaren Trägheit in der Verrichtung schulischer Arbeit deutlich kontrastiert. Während die Lehrerin die Tatkraft und spontane Kreativität der Jungen anerkennt und dabei über den Dilettantismus des letztendlichen Arbeitsergebnisses großzügig hinwegzusehen scheint, richtet ein Mitschüler seine Beurteilung nicht auf den Arbeits*prozess*, sondern auf das Arbeits*produkt*. Letzteres dürfte auch für die Jungengruppe selbst kaum mit Stolz belegt und von längerfristiger Bedeutung sein. Vor diesem Hintergrund ließe sich das Lob der Lehrerin in der Weise interpretieren, dass sie angesichts der Erfahrung, dass sich die Schüler in ihrem Unterricht oft genug noch nicht einmal auf einen intensiveren Arbeitsprozess einlassen, einen gelungenen Arbeitsprozess für sich genommen schon als der Anerkennung würdig erachtet.

Verspottung des (reform-)schulischen Regel- und Wertesystems

Neben dem Wertesystem der Erwachsenenwelt, welches die Institution Schule gegenüber den Jugendlichen repräsentiert, wählen Jugendliche auch häufig das Regel- und Wertesystem der Institution selbst zum Objekt der Komik. Im Rahmen meiner teilnehmenden Beobachtungen fielen mir dabei besonders solche Formen der Komik ins Auge, welche sich mehr oder weniger subtil gegen die reformpädagogischen Ansprüche der Freien Schule Bochum richteten. An einem Beispiel möchte ich zeigen, wie sich bei den Jugendlichen der Freien Schule Bochum die Verspottung des reformschulischen Regel- und Wertesystems konkret äußerte. Das Beispiel bezieht sich auf den Beginn des schon in Kapitel 5.3.2 eingehend erläuterten Hörspiels »Schrebergärten des Zorns«, welches von fünf Schülern der 10. Klasse als letzte Projektarbeit des Schuljahres gemeinsam verfasst wurde. Das Hörspiel beginnt mit einem kurzen Dialog zwischen dem Protagonisten »Ivan Strogganov«, einem inhaftierten Kindermörder und dem ihn therapierenden Psychiater »Dr. Eisenrad«:

7) Eisenrad: Guten Morgen Ivan! Wie fühlen wir uns denn heute?

Ivan: Gut Herr Dr. Eisenrad. Wie oft soll ich Ihnen denn noch sagen, dass ich geheilt bin und Sie mich gehen lassen können?!
Eisenrad: Das hängt allein von den Tests ab, die wir mit Ihnen durchführen.
Ivan: Scheiße, das ist jetzt schon das 10. Mal, dass ich mich irgendwelchen Scheiß-Tests unterziehen muss! Wie lange soll das denn noch dauern?
Eisenrad: Das hängt ganz von Ihnen ab, Herr Strogganov.

Der folgenden Interpretation dieses Dialoges möchte ich vorwegschicken, dass die meines Erachtens in ihm enthaltene symbolische Verspottung der Freien Schule Bochum von den Jugendlichen sicherlich *nicht bewusst* vorgenommen wurde. Meiner Einschätzung nach handelt es sich vielmehr um den Ausdruck einer *unbewussten Gruppenfantasie* im Sinne Lebers (1986, S. 19), also der gemeinsamen, unbewussten Fantasie der Schüler über das, was in der Klassengemeinschaft und zwischen der Klassengemeinschaft und ihren Lehrern in emotionaler Hinsicht vor sich geht. Bedenkt man nun, in welcher zeitlichen Situation sich die Jugendlichen beim Schreiben des Hörspieltextes befanden, nämlich kurz vor dem Ende ihrer gemeinsamen Schulzeit an der Freien Schule Bochum, lässt sich der Dialog zwischen Ivan und seinem Psychiater unschwer als die *Satire eines fiktiven Dialoges zwischen Schüler und Lehrer* lesen.

Der Lehrer eröffnet in dieser Lesart den Dialog mit einer freundlichen Begrüßung und erkundet sich nach dem Befinden des Schülers. Die Sequenz »Wie fühlen wir uns denn heute?« verspottet dabei subtil den potenziell intimisierenden reformpädagogischen Anspruch, auf die jeweiligen Befindlichkeiten der Schüler Rücksicht zu nehmen. Dass die Freie Schule Bochum diesen Anspruch durchaus ernst nimmt, haben die Jugendlichen etwa im Rahmen der wöchentlichen Besprechungen oft genug erfahren. Der Schüler antwortet höflich auf die Frage des Lehrers, gibt gleich darauf aber ungeduldig und vorwurfsvoll zu verstehen, dass er seiner Meinung nach schon längst nicht mehr beschult werden müsse. Von seinem Lehrer fühlt er sich unverstanden: Immer wieder hat er versucht, den Lehrer über die eigene Reife aufzuklären (»wie oft soll ich Ihnen denn noch sagen, dass ich geheilt bin«), ohne von diesem eine angemessene Reaktion erhalten zu haben (»und Sie mich gehen lassen können«). Der Lehrer verwehrt sich gegen diesen Vorwurf, indem er auf das schulische Leistungsprinzip verweist. Letztlich habe nicht er persönlich über den Erfolg der Beschulung zu entscheiden, sondern diese Entscheidung sei objektiviert durch

Tests (an dieser Stelle muss die Satire gar nicht mehr übersetzt werden!). Mit den Mitteln eines derben Sprachstiles steigert der Schüler daraufhin den Ausdruck seiner Ungeduld und verweist auf die Tatsache, dass er sich inzwischen schon in der 10. Klasse befinde (»das 10. Mal«) und doch irgendwann einmal ein Ende der wiederholt gelittenen Prüfungen absehbar sein müsste. Diesmal weist der Lehrer den Vorwurf zurück, indem er direkt und ausschließlich dem Schüler die Verantwortung für seine Situation zuspricht (»Das hängt ganz von Ihnen ab«). Zum zweiten Mal wird meines Erachtens an dieser Stelle ein typisches Kommunikationsmuster verspottet, welches für den reformpädagogischen Anspruch der Freien Schule Bochum spezifisch ist. »Lernen in Selbstverantwortung« gehört laut pädagogischem Konzept zu den zentralen Zielen der Freien Schule Bochum. Indem die Schule den Schüler tendenziell für den eigenen Lernprozess verantwortlich erklärt, spricht sie sich für den Fall eines eventuell gescheiterten Lernprozesses quasi provisorisch von jeglicher Schuld frei. In schulischen Kommunikationsprozessen spiegelt sich dies in entsprechenden Ermahnungen der Lehrer wieder: »Ihr müsst euch auch mehr auf euren Hosenboden setzen!«, »Wenn von euch keine Vorschläge kommen, kann der Unterricht ja auch nicht interessanter werden!«, oder eben: »Wie viel ihr lernt, hängt ganz von euch ab!«

Sieht man von den beiden Sequenzen ab, die sich speziell als eine satirische Auseinandersetzung mit den Eigentümlichkeiten der Freien Schule Bochum als einer reformpädagogisch orientierten Schule lesen lassen, so behandelt die Einleitung des Hörspieltextes primär ein Thema, welches für Jugendliche aller Schulen von großer emotionaler Bedeutung ist, nämlich die narzisstische Kränkung, welche die Anforderungsstruktur der Institution Schule strukturell für den Jugendlichen darstellt. Im einleitenden Theoriekapitel habe ich bereits die Überlegung Winterhager-Schmids erwähnt, dass Schule für das jugendliche Selbst strukturell eine Zumutung darstellt. Unmissverständlich signalisiert sie dem Jugendlichen, dass er eigentlich noch unfertig und noch nicht recht brauchbar sei, und dies ausgerechnet in einer Lebensphase, in der hoffnungsvoll und mit weit reichenden Erwartungen die eigene Zukunft entworfen wird. Jugendliche mögen sich so oftmals wie Klienten einer psychiatrischen Anstalt behandelt fühlen. Die von mir vorgenommene Interpretation des Hörspieltextes als eine symbolische, die Mittel der Komik in Anspruch nehmende und unbewusste »Rache« für die Kränkung, andauernd mit der eigenen Unvollkommenheit konfrontiert worden zu sein, liegt meines Erachtens vor diesem Hintergrund auf der Hand.

Kokettieren mit eigener Motivationsschwäche

Eine erste zu erörternde Form der Komik, bei der sich Jugendliche *selbst* zum Objekt der Komik wählen, besteht darin, dass sie mit ihrer eigenen Lustlosigkeit kokettieren. Während Phasen geschwächter Motivation für Schüler meist eher mit einem Gefühl quälender Langeweile verbunden sind, freunden sie sich hier gewissermaßen mit ihrer »Null-Bock-Haltung« an, arrangieren sich humoresk mit ihrer Antriebslosigkeit und erzielen so einen Lustgewinn. Im folgenden Beispiel kokettiert der Schüler

Thomas während der Dauer fast eines gesamten Vormittages mit seiner eigenen Lust- und Antriebslosigkeit.

8) In der Projektzeit am Freitag soll jeder Schüler ein frei gewähltes Werkstück herstellen. Einige Schüler haben schon Ideen entwickelt und sind mit Wolfgang in der Werkstatt, um sie zu realisieren. Andere, u.a. Thomas, wissen noch nicht, was sie machen wollen. Sie sollen den heutigen Tag nutzen, eine Idee zu entwickeln und dann einen Plan des Werkstückes zu zeichnen. Thomas sitzt mit fünf Schülern zusammen am großen Esstisch, vor sich ein weißes Blatt. Mit verschränkten Armen und weit zurückgelehnt starrt er eine geraume Zeit bewegungslos auf das weiße Blatt. Schließlich wendet er sich an die anwesende Lehrerin Marion: »Marion, was soll das Ganze eigentlich? Alles, was ich mir hier machen kann, kann ich mir genauso gut für 2 DM in Plastik kaufen!« Angesichts der scherzhaften Betonung dieser Beschwerde fühlt Marion sich offensichtlich nicht genötigt zu antworten und führt ihr unterbrochenes Gespräch mit einem anderen Schüler fort. Während der folgenden Stunde sitzt Thomas weiterhin lethargisch vor dem Blatt, beklagt sich über seine Einfallslosigkeit, führt zwischendurch kurze Gespräche mit seinen Mitschülern (Kevin, Sandra, Steffen, Udo, Gabi) und zeichnet schließlich die extrem dilettantisch wirkende Skizze einer einfachen Kiste. Nachdem er eine Zeit lang die Idee der Kiste favorisiert, ruft er plötzlich lächelnd aus: »Oh nein, mir ist gerade eingefallen: Ich habe zu Hause schon eine Kiste, und zwar aus durchsichtigem Plastik!« Meine Aufmerksamkeit für sein Verhalten erfassend, wendet er sich etwas später schmunzelnd an mich: »Allerdings ist der Deckel kaputt, vielleicht kann ich ja einen Deckel aus Holz für die Plastikkiste machen!« Mit solchen, offensichtlich nicht ernst gemeinten Erwägungen und kurzen Gesprächen mit den anderen Schülern verbringt er fast den ganzen Vormittag. Am Ende des Tages teilt er mir auf meine Nachfrage mit, er habe sich jetzt endgültig entschieden, doch eine Kiste zu machen. (7/8, 16.1.98)

Thomas macht während des gesamten Vormittages einen zwar unmotivierten, aber keinesfalls unglücklichen oder zerknirschten Eindruck. Seine Einfallslosigkeit bereitet ihm einerseits Unbehagen, andererseits scheint sie ihm aber auch gewisses Vergnügen zu bereiten. Thomas ist ein aufgeweckter Schüler, der im Klassenverband eindeutig zu den leistungsstärkeren Schülern gehört. Thomas kokettiert hier mit seiner Einfallslosigkeit, indem er eine Idee formuliert, die kaum banaler ausfallen könnte. Auch mit der angefertigten Skizze bleibt er weit hinter seinen realen Fertigkeiten zurück. Die kurze Interaktion mit seiner Lehrerin legt offen, dass er die Sinnhaftigkeit der Aufgabenstellung, ein frei gewähltes Werkstück aus Holz anzufertigen, nicht nachvollziehen kann. Seine inszenierte Einfallslosigkeit, die zur Schau gestellte Trivialität und Hilflosigkeit seines Denkens lässt sich daher auch als die Verweigerung lesen, sich mit der als sinnlos erachteten Aufgabenstellung ernsthaft auseinander zu setzen.

Charmanter Infantilismus

Eine weitere beobachtete Form adoleszenter Komik möchte ich als »charmanten Infantilismus« bezeichnen. Gemeint sind damit Verhaltensweisen und Äußerungen Jugendlicher, in denen diese ein kindliches Gebaren an den Tag legen, aber in einer betont liebenswürdigen und »anmutigen« Art und Weise. Wenn der Zehntklässler Sascha etwa im Mathematikunterricht mit überzeichnet leidvoller Mimik und weinerlicher Intonation an seine Lehrerin die Beschwerde richtet »Karin, der Kim hat meinen Stift geklaut!« oder Matthias in der gleichen Stunde seiner scheinbaren Angst vor den gerade im Schulflur arbeitenden Handwerkern mit der Bemerkung »Karin, da draußen sind böse Männer!« Ausdruck verleiht, so scheinen sie die »mütterlich-fürsorglichen Instinkte« ihrer Lehrerin aktualisieren zu wollen. Indem sie in den Habitus eines Kleinkindes regredieren, kokettieren sie gewissermaßen mit ihrer eigenen Unreife und überzeichnen maßlos ihre Abhängigkeit von der emotionalen Zuwendung ihrer Lehrerin. Diese muss sich zumindest partiell geschmeichelt fühlen: Während Jugendliche sonst eher ihre Unabhängigkeit und Autonomie zu betonen pflegen, vermitteln sie hier situativ, wenngleich in einer offensichtlich komischen Form, der Lehrerin das angenehme Gefühl, gebraucht zu werden. Der Wunsch, die Sanktionsbereitschaft und Strenge der Lehrerin herabzusetzen, mag das unbewusste Motiv eines solchen charmanten Infantilismus sein. Angesichts der Tatsache, dass Jungen diese besondere Form adoleszenter Komik meinen Beobachtungen nach gegenüber Lehrerinnen und Mädchen immer nur gegenüber Lehrern an den Tag legen, lässt sich die Hypothese formulieren, dass eine erotische Komponente für dieses Verhalten ebenfalls ausschlaggebend ist. Letztlich bietet mein Datenmaterial aber zu wenig einschlägige Beobachtungen, um diese Hypothese als empirisch fundiert zu bezeichnen.

Regressives Agieren in der Gruppe

Anders als bei den oben erörterten Formen adoleszenter Komik handelt es sich beim regressiven Agieren bzw. dem »Blödeln« zwar nicht um eine Form, die für den schulischen Kontext spezifisch ist. Gleichwohl spielt sie hier aber auch eine große Rolle und soll deshalb kurz erörtert werden. Ein extremes Beispiel möge veranschaulichen, was hier mit regressivem Agieren gemeint ist.

9) Wie Tiere in einem Käfig laufen Kevin, Steffen und Ulrich während einer Freistunde im Klassenraum mit affenartigen Bewegungen und stierem Blick immerzu im Kreis herum und geben markerschütternde Schreie von sich, die bei mir Assoziationen an sterbende Esel wecken. Zwei anwesende Mädchen amüsieren sich über das Gebaren der drei Jungen. Johannes beschwert sich, bittet um Ruhe, worauf Steffen aber derart bedrohlich auf ihn zu wankt, dass er Schutz suchend zurückweicht, die Beschwerde schnell zurückzieht und abwartet, bis sich die drei Jungen wieder von selbst beruhigen.

Wellershoff definiert das Blödeln in seinem Beitrag »Infantilismus als Revolte oder das ausgeschlagene Erbe – zur Theorie des Blödelns« als eine »anarchische Subkultur des Humors« und als »freiwilligen Form- und Niveauverlust«. »Das Hauptcharakteristikum dieses Kommunikationsspieles ist seine regressive Tendenz, die auf fortschreitende Chaotisierung der Realität drängt und sich dabei jeder Kontrolle durch verinnerlichte Normen der Vernunft oder des Geschmacks zu entziehen sucht.« (Wellershoff 1976, S. 338) Wellershoff betrachtet das Blödeln zwar nicht als ein ausschließlich adoleszentes Phänomen, geht aber davon aus, dass es in dieser Lebensphase die größte Rolle spielt: »Es ist kein generationsspezifisches Verhalten, obwohl es zumindest in seinen exzessiven Formen zur Adoleszenz gehört, während man sich unter typischen Witzerzählern eher einen Stammtisch von Männern im mittleren Alter vorstellt. Das Blödeln erfordert ein zu hohes Maß an Spontaneität, Schamlosigkeit und Übermut, um dem durchschnittlichen psychosklerotischen Erwachsenen noch möglich zu sein. Es ist ja auch die Aufklärung alles dessen, was er repräsentiert.« (Ebd., S. 355) Die Brisanz des Blödelns, Alberns und Unfugtreibens im schulischen Kontext ist damit durch Wellershoff implizit angesprochen. Der blödelnde bzw. in der peer-group regressiv agierende Schüler negiert situativ auch all das, was die Institution Schule repräsentiert: zivilisierte Umgangsformen, Erwachsenheit, Tradition, vernünftige Realitätsverarbeitung. Regressives Agieren im schulischen Kontext lässt sich in diesem Sinne auch als eine dem Lustprinzip folgende Revolte der Schüler interpretieren, welche ihren Zusammenhalt gegenüber dem institutionell vermittelten Wertesystem der Erwachsenenwelt situativ zu stärken vermag.

5.4.2 Funktionen adoleszenter Komik

Einige Funktionen adoleszenter Komik sind bei der obigen Erörterung ihrer verschiedenen Formen bereits mehr oder weniger explizit angesprochen worden. Vor der eingehenden Erörterung ihrer Funktionen soll nun kurz gefragt werden, ob Komik überhaupt für alle oder zumindest die meisten Jugendlichen eine wichtige Verarbeitungsform schulischer Lebensrealität darstellt.

Zweifellos spielen die verschiedenen Ausdrucksformen der Komik für Jugendliche eine je unterschiedlich große Rolle. Im Rahmen meiner teilnehmenden Beobachtungen konnte ich sie beispielsweise häufiger bei extrovertierten Schülern beobachten als bei introvertierten, auch häufiger bei Jungen als bei Mädchen. In der Stammgruppe 7/8 war es insbesondere Ulrich und in der Klasse 10 Matthias, welche sich auffallend häufig durch komisch wirkende Verhaltensäußerungen hervortaten. Demgegenüber gab es eine Gruppe von Schülern, darunter überwiegend Mädchen, die selten bis nie Äußerungen oder Handlungen an den Tag legten, welche ihre Mitschüler oder die Lehrer zum Lachen reizten. Es stellt sich nun die Frage, ob auch bei dieser Gruppe Jugendlicher davon ausgegangen werden kann, dass Komik eine nennenswerte Bedeutung für die Auseinandersetzung mit der schulischen Alltagsrealität hat. Meines Erachtens lässt sich diese Frage grundsätzlich bejahen, wenn man eine schlichte Unterscheidung trifft: der »Sinn« für Komik kann nämlich sowohl *aktiver* wie *reaktiver* Natur sein. Aktiver Natur ist er zum Beispiel dann, wenn ich in der Lage bin, den komischen Gehalt einer bestimmten Situation zu erfassen und pointiert durch sprachliche oder nicht-sprachliche Mittel auszudrücken, kurz: Wenn ich durch einen kreativen Akt Komik produziere. Ein reaktiver Sinn für Komik liegt dann vor, wenn mich ein solcher Akt eines anderen zum Lachen oder zumindest zum verhaltenen Schmunzeln reizt. Ich habe dann ebenfalls eine Situation oder Äußerung als »komisch« erfasst, ohne deren komische Wirkung selbst kommunizierbar gemacht zu haben. Vor diesem Hintergrund lässt sich die Hypothese formulieren, dass es in der Beziehungsdynamik jeder Schulklasse so etwas wie ein »stellvertretendes Ausagieren« von Komik gibt. Selbst für den Fall, dass der Großteil der Schüler über keinen aktiven Sinn für Komik verfügt, ist die »Komikproduktion« einer Minderheit von Schülern (oder gar eines einzigen Schülers, in diesem Falle meist als »Klassenclown« bezeichnet) doch für die Beziehungsdynamik der ganzen Schulklasse von ausschlaggebender Bedeutung[1] Ein Klassenclown kann für die Beziehungsdynamik einer Klasse etwa ebenso bedeutsam sein wie ein Sündenbock; verlässt er die Klasse, übernimmt schnell ein anderer Schüler dessen Rolle und gruppenpsychologische Funktion. Zweifellos wird es auch immer Jugendliche in einer Schulklasse geben, denen für kurze oder längere Phasen, aus welchen Gründen auch immer, jeglicher Sinn für Humor und Komik abgeht. Mit der obigen Unterscheidung von einem aktiven und einem reaktiven Sinn für Komik sollte lediglich der empirisch gewonnene Eindruck argumentativ unterstützt werden, dass die verschiedenen Ausdruckformen adoleszenter Komik keineswegs nur für eine kleine Minderheit von Jugendlichen relevant sind (vgl. dazu auch Kauke 1996 und das Schwerpunktthema »Humor« in der Ausgabe 9/01 der Zeitschrift »Pädagogik«).

Für Freud (1927) bestand das Wesen des Humors darin, dass man sich die unlustvollen Affekte erspart, zu denen eine Situation eigentlich Anlass gäbe. Der humoristische Lustgewinn gehe also aus einem ersparten Gefühlsaufwand hervor und habe insofern etwas Großartiges: »Das Großartige liegt offenbar im Triumph des Narzissmus, in der siegreich behaupteten Unverletzlichkeit des Ichs. Das Ich verweigert es, sich durch die Veranlassungen aus der Realität kränken, zum Leiden nötigen zu lassen, es beharrt dabei, dass ihm die Traumen der Außenwelt nicht nahe gehen können, ja es zeigt, dass sie ihm nur Anlässe zu Lustgewinn sind.« (Freud 1927, S. 254) Verbindet man diese These Freuds mit einer wichtigen Einsicht der psychoanalytischen Jugendtheorie, dass nämlich Jugendliche sehr anfällig für narzisstische Kränkungen sind und insbesondere in der narzisstischen Durchgangsphase der eigentlichen Adoleszenz eine geschärfte Wahrnehmung für Unzulänglichkeiten haben, seien es ihre eigenen oder die ihrer Umwelt, so offenbart sich eine zentrale Funktion adoleszenter Komik: Auf dem Wege der humoristischen (im weiteren Sin-

1 Vgl. hierzu auch Fritz Redl, der in seinem Beitrag »Gruppenpsychologische Kräfte in der Schulklasse« (1951, S. 155f.) die gruppendynamische Bedeutung so genannter »Klassenclowns« analysiert.

ne: komischen) Einstellung verweigert es das strukturell geschwächte adoleszente Ich, sich durch Veranlassungen aus der Realität zum Leiden nötigen zu lassen, und behauptet seine vermeintliche Unverletzlichkeit. Bei mangelnder Ausgeglichenheit, Ich-Stärke und Selbstgewissheit kann die Inanspruchnahme des Komischen für Jugendliche fast zu einer Art »Sucht« werden. Etwas überspitzt, aber den Kern der Sache treffend formuliert Strotzka: »Das Maß, in dem man das Komische in Anspruch nimmt, um sich zu erheitern, zeugt von einem Mangel an Heiterkeit.« (Strotzka 1957, S. 607) (Die Unerträglichkeit einer albernden Jugendclique, mit der man etwa in einer Straßenbahn plötzlich ungewollt Tuchfühlung aufnimmt, mag dementsprechend darin begründet liegen, dass einem als Erwachsener der notdürftige Charakter ihres Alberns überdeutlich ins Auge fällt.)

Aber nicht nur im Hinblick auf die eigene Identitätsbildung, sondern auch in der Auseinandersetzung mit den Normen und Werten der Erwachsenenwelt spielt der Humor oftmals eine unverzichtbare Rolle. Die entidealisierte Erwachsenenwelt stellt sich für den Jugendlichen plötzlich in ihrer profanen und mit vielen Unzulänglichkeiten behafteten Wirklichkeit dar. Da der Jugendliche selbst aber neue Identifikationen und normative Orientierungen gerade erst zaghaft aufbaut, leidet er folglich unter einem »Sinnvakuum«. Eine humoristische Einstellung kann Jugendlichen helfen, diese quälenden Gefühle der Leere und Orientierungslosigkeit heiter und gelassen zu ertragen.

Komik steht auch häufig im Dienste bestimmter adoleszenter Abwehrmechanismen, zum Beispiel der Regression (vgl. Sequenz Nr. 9) oder des narzisstischen Vermeidungsverhaltens. Um sich etwa in der Auseinandersetzung mit einer bestimmten Aufgabenstellung quasi von vornherein gegen die narzisstisch kränkende Erfahrung zu immunisieren, derselben nicht gewachsen zu sein, wird diese satirisch verfremdet und so ihres Ernstcharakters beraubt (vgl. Sequenz Nr. 3). Komik kann des Weiteren im Dienste adoleszenter Selbsterprobung stehen. Über den Weg der Komik weisen Jugendliche Verhaltensweisen oder Normen zurück, die nicht in ihre Identität passen. Lächerlichmachen kann so gesehen als ein Ausgrenzen nicht ich-gerechter Verhaltensweisen oder Gewohnheiten interpretiert werden.

Adoleszente Selbsterprobung, die sich der Mittel des Komischen bedient, ist sicherlich nicht auf den schulischen Kontext beschränkt. Im Folgenden seien noch einige weitere Funktionen adoleszenter Komik angedeutet, die aber für diesen Kontext spezifisch sind. Bei der obigen Erörterung der »ironischen Affirmation schulischer Anforderungen« ist deren besondere Funktion bereits explizit als »pseudointrinsische Motivierung« bezeichnet worden. Indem der Schüler eine Aufgabe oder Anforderung gleichsam »künstlich« mit libidinöser Energie auflädt, erhöht er deren Lustpotenzial und motiviert sich selbst zu einer schulischen Arbeit, die ihn sonst eher langweilen würde (vgl. Sequenz Nr. 1 und Nr. 6). Ebenfalls explizit angesprochen wurde die Funktion des »charmanten Infantilismus«: Der Jugendliche vermag hier die Sanktionsbereitschaft und Strenge des Lehrers herabzusetzen, indem er ihm schmeichelhaft suggeriert, noch so abhängig von dessen emotionaler Zuwendung zu sein wie ein kleines Kind.

Weniger schmeichelhaft für den Lehrer fällt adoleszente Komik aus, wenn sie dazu dient, die Fassadenhaftigkeit der »Würde« und Omnipotenz des Lehrers zu demaskieren, welche zur Schau zu stellen wohl kein Lehrer auf Grund seiner institutionellen Funktion gänzlich vermeiden kann. Adoleszente Schüler haben fast immer eine extrem scharfe Wahrnehmung für die persönlichen Schwächen und Marotten ihrer Lehrer und können beispielsweise einen erheblichen Lustgewinn daraus ziehen, dieselben durch komisch verzerrte Äußerungen oder Gebärden nachzuahmen.[1]

Der Schüler kann sich weiterhin des Komischen bedienen, um den Lehrer mehr oder weniger subtil auf die Diskrepanz zwischen der eigenen Bedürfnislage und der schulischen Anforderungsstruktur hinzuweisen. Wenn etwa der Schüler Thomas, wie beschrieben (Sequenz Nr. 8), im Projektunterricht mit seiner eigenen Motivationsschwäche kokettiert, indem er diese und seine daraus folgende Einfallslosigkeit überspitzt in Szene setzt, erreicht er nicht nur für sich einen Lustgewinn, sondern signalisiert darüber hinaus auch seiner Lehrerin sehr deutlich, wie wenig die projektorientierte Aufgabenstellung seine aktuelle Interessenlage anzusprechen vermag.

Eine weitere Funktion adoleszenter Komik, nämlich die *sublimierte Abfuhr aggressiver Impulse*, wohnt in ganz unterschiedlicher Intensität fast allen komischen Ausdrucksformen inne. Das Komische lässt Spannungen in zwischenmenschlichen Beziehungen zwar häufig leichter lösen, es kann aber auch nichts tiefer verletzen, als von anderen Menschen ausgelacht und der Lächerlichkeit preisgegeben zu werden. Das Erlebnis des Ausgelacht- oder Nicht-ernst-genommen-Werdens kann vor allem für Jugendliche mit einem labilen Selbstwertgefühl zu einem quälenden, traumatisierenden Erlebnis narzisstischer Kränkung werden. Der aggressive Gehalt des Komischen äußert sich im schulischen Kontext neben verschiedenen Spielarten der verletzenden Verspottung von Mitschülern auch in komischen Ausdrucksgebärden, die sich entweder gegen einzelne Lehrer oder die Schule im Allgemeinen richten. Indem ein komisch agierender Schüler den Unterrichtszweck des Lehrers vereitelt, nimmt er im Beziehungsgefüge der Klasse eine machtvolle Position ein, verkehrt also die strukturell gegebene Ohnmacht der Schülerrolle situativ in ihr Gegenteil. Als eine Art »Rache« für die erlittene demütigende Erfahrung der Ohnmacht kann das Komische somit auch kompensatorische Funktionen erfüllen (vgl. Sequenz Nr. 7).

Nicht selten steht das Komische auch im Dienste der für Jugendliche typischen Suche nach Konfrontation, der Provokation zum Zwecke der inneren Strukturbildung. Die Provokation mit den Mitteln der Komik hat für den Jugendlichen den Vorteil, dass er sich damit vergleichsweise unangreifbar macht (vgl. Sequenz Nr. 4). Eine offen aggressive Antwort auf eine komisch wirkende Provokation wäre für den Lehrer nur schwer durchzuführen, weil diese Antwort zwangsläufig unangemessen

1 »Der Zivilisationsprozess, dessen Agenten die Lehrer sind, läuft nicht zuletzt auf eine Nivellierung hinaus. Er will den Schülern jene ungeformte Natur austreiben, welche als unterdrückte in den Eigenheiten, Sprechmanierismen, Erstarrungssymptomen, Verkrampfungen und Ungeschicklichkeiten der Lehrer wiederkehrt. Schüler, die am Lehrer beobachten, wogegen ihrem Instinkt nach der ganze schmerzhafte Erziehungsprozess sich richtet, triumphieren.« (Adorno 1965, S. 81)

wirken würde. »Personen, die sich und andere mit den Mitteln des Humors strafen und angreifen, finden dadurch eine Befriedigung. Sie müssen den Weg wählen, weil direktere Methoden ihnen nicht erlaubt sind.« (Strotzka 1957, S. 605f.)

Betrachten wir abschließend die Funktionalität adoleszenter Komik nicht aus der Logik der betroffenen Subjekte, sondern aus der Logik der Institution Schule heraus, so ergibt sich der Befund, dass diese im schulischen Kontext nicht nur eine subversive Wirkung entfaltet, sondern in manchen Ausformungen auch umgekehrt zu einem reibungsloseren Funktionieren der Institution Schule beiträgt. Die in der Komik gelebten Triumphe des Lustprinzips und des Narzissmus bestehen nämlich immer nur für einen Augenblick und erfüllen häufig, wie oben bereits angedeutet, *kompensatorische* Funktionen. Sie machen die Unannehmlichkeiten der Schulrealität für Jugendliche erträglicher und tragen dazu bei, Konflikte und emotionale Spannungen zwischen Schülern und Lehrern zu entschärfen. Protestpotenzial kann mit den Mitteln der Komik ausagiert und damit gleichzeitig abgebaut werden. Die kompensatorische Funktion adoleszenter Komik spiegelt sich im Übrigen auch in der Komik und Selbstironie der Lehrer wider. Ähnlich wie bei den Schülern können sich Lehrer des Komischen bedienen, um sich von der Institution Schule und ihrem Wertesystem situativ zu distanzieren und somit den Schülern zu signalisieren, dass sie als Mensch in ihrer professionellen Rolle keineswegs lückenlos aufgehen. »Kein gesunder Mensch kann überhaupt die Rolle des Schulmeisters tragen, ohne sich immer wieder durch Humor Luft zu schaffen.« (Müller 1958, S. 263)

5.4.3 Eine abschließende Reflexion zur Bedeutung des Komischen im spezifischen Kontext der Freien Schule Bochum

Die beschriebenen Formen und Funktionen adoleszenter Komik im schulischen Kontext wurden vor dem Hintergrund meiner teilnehmenden Beobachtungen in einem spezifischen Kontext, nämlich dem der Freien Schule Bochum herausgearbeitet. Dies sei nochmals ausdrücklich bemerkt, weil davon auszugehen ist, dass Bedeutung, Rolle und Ausdrucksformen des Komischen in jeder Schule natürlich nicht genau gleich ausfallen. Einige der oben erörterten Formen adoleszenter Komik mögen etwa in einer anderen Schulen (man denke etwa an den gänzlich anderen Kontext einer ländlichen Waldorfschule) nur eine untergeordnete Rolle spielen, während dort andere Ausprägungen des Komischen eine dominante Rolle spielen, die in der Freien Schule Bochum nur eine untergeordnete Rolle spielen oder eventuell sogar überhaupt nicht auftauchen. Vor diesem Hintergrund ist es nahe liegend, abschließend einige kurze Überlegungen zur Bedeutung des Komischen im spezifischen Kontext der Freien Schule Bochum anzustellen.

In ihrem pädagogischen Konzept betont die Freie Schule Bochum, dass jedes Kind und jeder Jugendlicher ein Recht auf »im Hier und Jetzt erlebte Glücksmomente« habe, dass Kindheit nicht nur als Trainingsphase fürs Erwachsenendasein zu verstehen sei, und streicht heraus, wie wichtig ihr »die vermehrte Bereitstellung zweckfreier und unkontrollierter Zeiten und Räume« (Freie Schule Bochum 1994, S. 16) sei. Deutlicher akzentuiert als in anderen Schulkonzepten ergreift die Freie Schule Bochum im Spannungsfeld von Lust- und Realitätsprinzip auch eindeutig Partei für das Lustprinzip. Konzeptionell begründet, begünstigt die Freie Schule Bochum damit offene Formen der Komik und gibt – ganz allgemein gesprochen – dem Komischen einen erlaubten Platz im Schulalltag. Wellershoff vermutet in seinem Beitrag zur »Theorie des Blödelns«, dass diese »anarchische Subkultur des Humors« sich nur unter besonderen Sozialisationsbedingungen entfalten kann:

> »Wahrscheinlich sind auch privilegierte Sozialisationsbedingungen notwendig, damit sich solche entlastenden, hochsubjektivierten und spielerischen Verhaltensformen entwickeln können. Auf der Basis von Not und Unterdrückung entstehen gewalttätige und kriminelle Formen abweichenden Verhaltens, aber nicht die sensiblen und kreativen Protestformen, die durch die demonstrative Korrumpierung des herrschenden Realitätsprinzips einen gesteigerten Anspruch auf eine humane, fantasievolle, sinnlich befriedigende und entlastende Welt einklagen. Dieser Anspruch ist das Produkt einer individuierenden Erziehung, die Spontaneität und Kreativität ermutigt und die Empfindlichkeit gegen Unterdrückung und Verletzung der Lebensimpulse geschärft hat.« (Wellershoff 1976, S. 335)

Die von Wellershoff hier kurz umrissenen Sozialisationsbedingungen weisen meines Erachtens eine große Ähnlichkeit zu dem spezifischen Sozialklima der Freien Schule Bochum auf. Es ließe sich also die Hypothese formulieren, dass die pädagogische Prägung der Freien Schule Bochum solch »hochsubjektivierte und spielerische« Formen der Komik wie das von Wellershoff analysierte Blödeln tendenziell begünstigt. Tendenziell verhindert wird demgegenüber die volle Entfaltung einer subversiven Komik, wie sie etwa in dem Filmklassiker »Die Feuerzangenbowle« präsentiert wird, die sich also gegen erstarrte Autorität und beängstigende Unterdrückung wendet. Bemerkenswert erscheint in diesem Zusammenhang der Tatbestand, dass die Beobachtungsprotokolle der vorliegenden Arbeit so gut wie gar keine Interaktionssequenzen enthalten, deren komischer Gehalt sich dahingehend sinnvoll deuten ließe, dass das Komische hier dem Abbau von *Angst* diene – und dies, obgleich einige Autoren eine hervorragende Funktion (u.a. Strotzka 1957, S. 600) des Komischen gerade in der Abwehr bzw. Bewältigung von Angst sehen. Die Lehrerinnen und Lehrer der Freien Schule Bochum befinden sich kaum in der Angst erweckenden Position scheinbar unantastbarer Autorität und Würde; die Jugendlichen sehen sich deshalb auch selten veranlasst, eine Form des Komischen in Anspruch zu nehmen, welche geeignet wäre, die Lehrer situativ von diesem hohen Podest zu stürzen. Andererseits wurde herausgearbeitet, dass sich die Komik der Jugendlichen häufig gerade gegen die Ansprüche und spezifischen Schwächen der Freien Schule Bochum als einer reformpädagogisch orientierten Schule richtet. Adoleszente Komik entfaltet im spezifischen Kontext der Freien Schule Bochum also auch eine subversive Wirkung, nur gewissermaßen unter anderen Vorzeichen.

Auf Seiten der Lehrer war für mich eine frappierende Bereitschaft zu verzeichnen, über solche subversiven Formen der Komik mitzulachen oder sich gar an ihnen zu beteiligen, worauf die Schüler ganz unterschiedlich reagierten. Es dürfte unumstritten sein, dass Schüler es sehr schätzen, wenn Lehrer über Humor verfügen und nicht alles im Schulalltag bierernst nehmen. Mehrfach war jedoch auch zu beobachten, dass die allgemeine Hochschätzung des Lehrerhumors auf Seiten der Schüler ihre Grenzen hat. So wird etwa eine Szene, in der eine Lehrerin sich zusammen mit einigen Schülern herzlich über den Tatbestand amüsierte, dass eine Zehntklässlerin im Politikunterricht nicht wusste, welcher Partei Helmut Kohl angehört, in einer späteren Gruppendiskussion mit fünf Schülern dieser Klasse ambivalent beurteilt. Während eine Schülerin ausdrücklich die humorvolle Einstellung der Lehrerin billigt, äußert eine andere Schülerin darüber ihr Unverständnis, da die Lehrerin doch den Anspruch haben müsse, ihren Schülern eine grundständige politische Bildung zu vermitteln.

Abschließend lässt sich festhalten, dass das »humorfreundliche Klima« der Freien Schule Bochum also insofern auch seine Schattenseiten hat, als der Humor der große Gegenspieler des Ernstes ist und in einer Atmosphäre, in der überschwänglich die Lustkomponenten der Komik ausgekostet werden, ein ernsthaftes, anspruchsvolles und leidenschaftliches Sich-Einlassen auf Gegenstände unwahrscheinlich wird. Salopp formuliert ließe sich resümieren, dass in der Freien Schule Bochum *viel* gelacht wird, manchmal *zu* viel!

5.5 Autonomie und Widerstand – Freie Schule im Spannungsfeld von Selbst- und Fremdbestimmung

Anders als bei dem oben behandelten Thema der adoleszenten Komik war mir schon zu Beginn meiner Forschungsarbeiten klar, dass sich das nun zu erörternde Spannungsfeld zwischen Selbst- und Fremdbestimmung in der Freien Schule Bochum als ein zentraler Themenkomplex der Arbeit herausschälen würde, handelt es sich doch hier um ein Feld, in dem sich der neuralgische Punkt der Alternativschulpädagogik mit einem zentralen Thema adoleszenter Entwicklung überschneidet. Freie Alternativschulen gehen davon aus, dass der Anspruch des »selbst bestimmten Lernens« (laut pädagogischem Konzept [1994, S. 20] auch das wichtigste Ziel der Freien Schule Bochum) letztlich nur in einem Klima der Freiheit befriedigend einlösbar ist, der Kindern und Jugendlichen wesentlich mehr Verantwortung für ihren eigenen Lernprozess zugesteht, als dies in anderen Schulen üblich ist. In dieser Herausforderung der Selbstverantwortung der Schüler haben die Freien Schulen den schmalen Grat zwischen einer Überforderung und Unterforderung der Autonomiefähigkeit der Schüler zu beschreiten. Kritiker der Alternativschulpädagogik halten den Freien Schulen vor, sie tendieren diesbezüglich zu einer ständigen Überforderung der Kinder und Jugendlichen. Umgekehrt halten die Verfechter der Alternativschulpädagogik den Regelschulen vor, die Autonomiefähigkeit der Schüler ständig zu unterfordern und sie somit unzureichend auf eine modernisierte Gesellschaft vorzubereiten, in der jeder Mensch, wie Ulrich Beck es formulierte, zum »Planungsbüro für sein eigenes Leben« wird. Das Thema der Selbst- und Fremdbestimmung gewinnt nun gerade in der Adoleszenz eine neue Brisanz und Dynamik. In ihrem Ringen um seelische Autonomie entwickeln Jugendliche eine ausgeprägte Sensibilität für dieses Thema. Wie Winterhager-Schmid (vgl. Kap. 3.3.6) herausstellte, bedeutet Schule diesbezüglich für den Jugendlichen strukturell eine Zumutung und eine Verletzung des adoleszenten Größenselbst. Schulisches Lernen stellt, zumindest in der Sekundarstufe I, für den Schüler eben *primär* eine fremdbestimmte Tätigkeit dar, auf die fast immer mit einer gewissen emotionalen Distanzierung, in Einzelfällen auch mit heftigem Widerstand reagiert wird.

Thema dieses Kapitels sind also innerpsychische und interaktive Konfliktpotenziale, welche sich im schulischen Kontext aus der Spannung zwischen dem adoleszenten Bemühen um Autonomie und strukturell gegebener Fremdbestimmung allgemein notwendigerweise ergeben müssen, in einer sich »frei« nennenden Schule aber erwartbar eine besondere, spezifische Ausprägung erfahren. Da sich die schulische Anforderungsstruktur für die Schüler primär in den Lehrern verkörpert, lassen sich einschlägige Konflikte hauptsächlich auf der Ebene der Interaktion und Kommunikation zwischen Schülern und Lehrern beobachten. In einer Art phänomenologischer Bestandsaufnahme werden dementsprechend im Folgenden zunächst beobachtete Formen der Verletzung schulischer Regeln auf Seiten der Schüler und Ermahnungen sowie Sanktionen auf Seiten der Lehrer erörtert. In einem theoretischen Exkurs folgt die Auseinandersetzung mit dem »typischen« Selbstverständnis des Alternativschullehrers. Anhand zweier Sequenzen aus Gruppendiskussionen sowie einiger beobachteter Szenarien sollen abschließend grundlegende Ambivalenzen im Handeln der Lehrer und Schüler analysiert werden.

5.5.1 Regelverstöße, Ermahnungen, Sanktionen – eine phänomenologische Bestandsaufnahme

Bei einer systematischen Betrachtung der Regelverstöße durch Schüler, auf die Lehrer in aller Regel mit Ermahnungen oder, falls diese Ermahnungen wirkungslos bleiben, mit Sanktionen reagieren, lassen sich zunächst Regeln des Schulunterrichtes und Regeln des Schullebens unterscheiden. Gegen die seit der Abschaffung des Prinzips der freiwilligen Teilnahme am Unterricht auch in der Freien Schule Bochum für alle Schüler geltende Regel, am Unterricht teilnehmen zu müssen, verstoßen Schüler, wenn sie entweder morgens zu spät zum Unterricht erscheinen, Pausen verlängern, vorzeitig den Unterricht verlassen oder gar nicht erst zum Unterricht erscheinen, also für einen oder mehrere Tage »blau machen«. Wenn Schüler durch ihre physische Anwesenheit am Unterricht teilnehmen, haben und nutzen sie darüber hinaus vielfältige Möglichkeiten, sich dem eigentlichen Unterrichts- und Lerngeschehen dennoch zu entziehen. Unterschieden werden können hier »stille« Formen des Sichentziehens und »Unterrichtstörungen« im engeren Sinne. Zu den Ersteren gehören Tätigkeiten wie Comics oder Zeitschriften lesen, (Wochenplan-)Aufgaben eines anderen Faches erledigen, kleine Briefe schreiben, Walkmanhören, Kritzeleien auf Tischen, Fuschen u.a.m. Typische Unterrichtsstörungen liegen etwa dann vor, wenn einzelne Schüler während des Unterrichtes Privatgespräche führen, mit Krampen schießen, auf den Sofas toben, albern, laute Musik hören oder auch während stiller Arbeits- und Übungsphasen so lautstark über den jeweiligen unterrichtlichen Inhalt diskutieren, dass sich andere Schüler/innen davon gestört fühlen. Außerhalb des Unterrichtes sorgen am häufigsten nicht oder mangelhaft erfüllte Aufräum- und Küchendienste, verschiedene Formen des Vandalismus (Arbeitsmaterialien zerstören, Scheiben einschlagen, Sofas aufschlitzen, »Wasserschlachten« etc.), manchmal auch das verbotene Rauchen auf dem Schulhof oder Diebstähle für Konflikte.

Am häufigsten reagieren die Lehrer auf akute Regelverstöße im Unterricht durch verschiedene Formen der Ermahnung. Beobachtet habe ich im Einzelnen Ermahnungen,

- die sich an die ganze Gruppe richten (»Kommt ihr bitte in die Pötte und macht die Musik aus?!«; »So, jetzt lasst uns mal endlich anfangen!«),
- die sich an einzelne Schüler richten (»Kevin, pass auf!«),
- die die Gruppe oder einzelne Schüler an vereinbarte Regeln erinnern (»Peter, du sollst auf deinem Platz arbeiten!«; »Ihr wisst genau, dass ihr hier jetzt nicht trinken und essen dürft!«),
- die den Schülern die eigene Befindlichkeit mitteilen (»Ich bin jetzt echt genervt hier von euch!«; »Jetzt reicht es mir!«),
- die implizit die Behauptung enthalten, dass die Arbeitszeit der Schüler ohnehin gering bemessen ist (»Nun fangt schon endlich an, es sind eh nur noch 20 Minuten!«; »Ihr hattet schon die ganze letzte Woche frei!«),
- die ausdrücklich die Verantwortung der Schüler für ihren eigenen Lernprozess ansprechen (»Wenn ihr jetzt nicht ruhig seid, muss der Unterricht auch langweilig sein!« »Wenn ihr nicht mitmacht, kann das selbstständige Arbeiten auch nicht funktionieren!«),
- die auf die Anforderungen der Lehrpläne oder der weiterführenden Schulen hinweisen (»Wir können das Kapitel nicht einfach überspringen, das kommt immer wieder vor!«; »Das müsst ihr später können, da geht kein Weg dran vorbei!«),
- die gleichzeitig ein Verständnis für die mangelnde Lernlust der Schüler auszudrücken versuchen (»Ich hatte früher auch keine Lust, ich kann das verstehen. Aber wenn du nächstes Jahr eine Fünf hast, ist das doch doof, oder?«),
- schließlich auch nonverbale, also mimische oder gestische Ermahnungen (mit der Faust auf den Tisch hauen, ermahnende Blicke, sonstige »Drohgebärden«).

In der Regel reichen solche Ermahnungen aus, um das regelwidrige Verhalten zumindest für den jeweiligen Augenblick abzustellen. Auf die Einhaltung von Regeln zu achten bedeutet für die Lehrer im Unterrichtsalltag also in erster Linie, die Schüler immer wieder an die Regeln zu erinnern und zum Einhalten der Regeln aufzufordern, zu erläutern, warum die Regeln da sind und Regelverstöße anzusprechen.[1] Neben solchen, auf akute Regelverstöße reagierende Ermahnungen, gibt es auch »präventive«, gleichsam auf einen langfristigen Disziplinierungseffekt hin angelegte Formen der Ermahnung. Ein Beispiel wäre die Szene, in der die Klassenlehrerin Karin zu Beginn der zweiten Woche am Montagmorgen nach den Sommerferien den Zehntklässlern mitteilt: »So, von den 37 Wochen in diesem Schuljahr ist jetzt schon eine um, wir haben also noch 36 Wochen!« (10, 25.8.97) Offensichtlich möchte Karin hier den Schülern vermitteln, dass die Zeit des bevorstehenden 10. Schuljahres knapp bemessen und deshalb möglichst sinnvoll zu nutzen sei. Sie spricht diese Ermahnung aber nicht auf Grund eines akuten Regelverstoßes aus, sondern um die Schüler langfristig (zumindest für die Dauer der bevorstehenden Mathe-Doppelstunde) zu einer disziplinierten Arbeitshaltung zu motivieren.

Wenn bestimmte Regeln von der Gruppe oder von einzelnen Schülern trotz zahlreicher Ermahnungen immer wieder missachtet werden, drohen Lehrer meist mit Sanktionen. Wenn auch diese Androhung fruchtlos bleibt, greifen die Lehrer auf verschiedene Sanktionsmittel zurück, die zudem von Gruppe zu Gruppe unterschiedlich gehandhabt werden. In Kapitel 5.2 ist das in Stamm 7/8 während der gesamten Untersuchungsphase gebräuchliche Sanktionssystem der »Strichlisten« bereits erörtert worden. Beispiele für weitere Sanktionsformen sind:

- der Ausschluss vom Unterricht für die jeweilige Unterrichtstunde, für den jeweiligen Tag oder für mehrere Tage,
- der Ausschluss von attraktiven Gruppenaktivitäten (z.B. Ausflüge, Videos gucken),
- Schadensersatz bzw. »Wiedergutmachung« (z.B. wurde ein Schüler, der in ein Aquarium Milch geschüttet hatte, dazu verpflichtet, das Aquarium auszuräumen und die entstandenen Unkosten zu bezahlen),

1 Regelverstöße werden natürlich nicht *nur* von Lehrern angesprochen und kritisiert. Ganz im Gegenteil spielen Ermahnungen *von Schülern* im Hinblick auf ihre disziplinierende Wirkung meines Erachtens eine kaum zu überschätzende Rolle. Insbesondere in der 10. Klasse konnte ich häufig beobachten, wie die dominanten (und gleichzeitig arbeitseifrigsten) Mädchen dieser Klasse einzelne Mitschüler bei regelwidrigem Verhalten (z.B. lauten Privatgesprächen im Unterricht) vehement und letztlich erfolgreich ermahnten. Die kritisierten Mitschüler gaben sich in solchen Fällen zwar meist den Anschein, als hätten sie die eben ausgesprochene Ermahnung gar nicht gehört, stellten aber dennoch kurz darauf ihr regelwidriges Verhalten ein. Dass ich solche Beobachtungen in der Stammgruppe 7/8 viel seltener machen konnte, führe ich darauf zurück, dass in der Hierarchie dieser Gruppe erstens nicht Mädchen, sondern Jungen und zweitens solche Jungen die dominanten Positionen belegten, die selbst am häufigsten durch regelwidriges Verhalten auffielen. Ich vermute also, dass die Frage der Machtverteilung zwischen den verschiedenen Cliquen in einer Klasse für den jeweiligen Grad ihrer Diszipliniertheit von ausschlaggebender Bedeutung ist.

- Briefe an die Eltern,
- tadelnde Worte im Jahresbrief,
- und schließlich ab Klasse 9 als wahrscheinlich wirkungsvollste »Sanktionsform«: schlechte Zensuren (natürlich handelt es sich bei schlechten Zensuren nicht primär um Sanktionsmittel, zumindest im Bewusstsein der Schüler/innen werden sie aber nicht selten als »Strafe« für konsequent regelwidriges Verhalten, z.B. dauernde Unterrichtstörungen, empfunden).

5.5.2 Ein theoretischer Exkurs zur institutionellen Funktion und zum pädagogischen Selbstverständnis der Lehrer

Die aufgeführten Formen der Ermahnung und Sanktionsmittel lassen sich institutionstheoretisch allesamt auf die schon in Kapitel 4.2.1 angesprochene Funktion der Schule zurückführen, die schon in Familie und Kindergarten angelegte *zivilisatorische Zurichtung* des Selbst fortzuführen. In seinem Vortrag »Tabus über dem Lehrerberuf« (1965) beschreibt Adorno den Lehrer dementsprechend als »Agent des Zivilisierungsprozesses«, der die Aufgabe habe, den Schülern systematisch ihre »wilde« Triebnatur auszutreiben und ihre Eigenarten und ihre Individualität zu bekämpfen, also die Schüler zu nivellieren (vgl. Adorno 1965, S. 71ff.). Wegen dieser Aufgabe werde der Lehrer gemeinhin unbewusst verachtet und gehasst, ihm hafte, so Adorno, das Odium des Henkers und Kerkermeisters an. Psychoanalytisch betrachtet handelt es sich bei dieser zivilisatorischen Zurichtung des Selbst letztlich um einen Teilaspekt dessen, was Freud in seinen »Formulierungen über die zwei Prinzipien des psychischen Geschehens« (1911) als wesentliche Aufgabe der Erziehung begreift, nämlich die *Ersetzung des Lustprinzips durch das Realitätsprinzip*.

Die psychische Aktivität des Menschen hat zunächst und ursprünglich zum Ziel, Unlust zu vermeiden und Lust zu verschaffen. Freud nennt dies das »Lustprinzip«. Dieses Lustprinzip stößt aber notwendigerweise auf die Einschränkungen der Realität. Früher oder später muss das Kind sich mit der Tatsache auseinander setzen, dass die Realität eine unbeschränkte Befriedigung seiner Bedürfnisse nicht zulässt. In dem Maße, in dem es dem Kind gelingt, dieser Tatsache gerecht zu werden, setzt sich das »Realitätsprinzip« durch, d.h., die Suche nach Befriedigung geht dann »nicht mehr auf dem kürzesten Wege vor sich, sondern schlägt Umwege ein und schiebt ihr Ergebnis auf Grund von Bedingungen auf, die durch die Außenwelt auferlegt werden« (Laplanche/Pontalis 1992, S. 427). Die allmähliche Etablierung des Realitätsprinzips ist freilich ein langwieriger und konfliktträchtiger Prozess, der in der frühen Kindheit noch längst nicht abgeschlossen ist. Freud geht davon aus, dass »die Herrschaft des Lustprinzips eigentlich erst mit der vollen psychischen Ablösung von den Eltern ein Ende nehmen« (Freud 1911, S. 32f.) kann, also in der Adoleszenz. Freud versteht nun die Erziehung als »Anregung zur Überwindung des Lustprinzips, zur Ersetzung desselben durch das Realitätsprinzip« (ebd., S. 36). Ziel der Erziehung kann es m.E. aber nicht sein, das Lustprinzip durch das Realitätsprinzip im engeren

Sinne wirklich zu *ersetzen*. Vielmehr ginge es darum, das Realitätsprinzip als ein gleichwertiges, handlungsbestimmendes Moment *neben* dem Lustprinzip zu etablieren. Es ist davon auszugehen, dass der innerpsychische Kampf zwischen Lust- und Realitätsprinzip ein Leben lang bestehen bleibt und nicht mit dem Abschluss der Adoleszenz ein für alle Mal »erledigt« ist.

Eine ähnliche Auffassung vertritt auch Brück (1980) in seiner Auseinandersetzung mit der unbewussten Dynamik von Lehrerängsten, die er auf die Tatsache zurückführt, in diesem Beruf immer wieder mit der eigenen Kindlichkeit und dem eigenen Erzogen-worden-Sein konfrontiert zu werden. Entgegen der weit verbreiteten Meinung, der grundlegende Konflikt der Kindheit, verstanden als die schmerzhafte Anpassung an das Realitätsprinzip, würde mit dem Eintritt ins Erwachsenenalter beigelegt, geht Brück davon aus, »dass der Konflikt zwischen Erwachsenheit und Kindlichkeit niemals beigelegt wird, dass er vielmehr immer schwelt und oft aufflammt und zwar *innerpsychisch* in den betroffenen Erwachsenen und Kindern und auch *auf der Handlungsebene* zwischen den Erwachsenen und den Kindern« (ebd., S. 10). Erwachsene tragen ihre Erwachsenheit deshalb »oft genug wie eine siegreich erkämpfte Trophäe; sie ist aber *auch* ein leidvoll zugefügtes Stigma, ein peinliches und folglich zu verbergendes« (ebd., S. 11). Durch die ständigen Konfrontationen mit den spontanen, impulsiven, noch weitgehend undisziplinierten Affektäußerungen der Schüler wird es aber gerade dem Lehrer schwer gemacht, seine eigene Kindlichkeit zu verleugnen. Manifestationen von Kindlichkeit im Schulalltag erinnern den Lehrer stets an seine eigene verdrängte Kindlichkeit und können somit einen bedrohlichen und beängstigenden Charakter erhalten.

Die Art und Weise, wie Lehrer mit dieser Angst umgehen, ist freilich je nach ihrer Charakterstruktur und ihrem pädagogischen Selbstverständnis höchst unterschiedlich. Wagner-Winterhager unterscheidet in ihrem Aufsatz »Die Angst des Lehrers vor der Erziehung« idealtypisch zwei Lehrer, deren »Führungsstil« und Umgangsweise mit undisziplinierten Affektäußerungen der Schüler sich konträr gegenüberstehen (vgl. Wagner-Winterhager 1982, S. 263ff.).

> *Lehrer A* identifiziert sich in hohem Maß mit dem Bereich von Geboten und Verboten, den herrschenden Normen und Traditionen. Er verkörpert eine Art »Zurichtungspädagogik«, d.h., seine Aufgabe sieht er vor allem darin, aus den oft ungebärdigen und undisziplinierten Kindern das zu machen, was er unter einem »vernünftigen« erwachsenen Menschen versteht. Die direkte, ungenierte und lebendige Affektäußerung seiner Schüler macht ihm Angst, weil sie seine eigene mühsam erworbene Affektkontrolle ins Wanken zu bringen droht. Diese Angst wird ihm aber nicht bewusst, sondern drängt sich nur als der Impuls ins Bewusstsein, die Affektäußerungen der Schüler so schnell wie möglich zu zügeln. Dabei greift er in der Regel zu Mitteln, mit denen seine eigene Affektunterdrückung vollzogen wurde. Die Angst des Lehrers A ist also die Angst vor der Wiederkehr der eigenen verdrängten Kindlichkeit.

> Ganz anders der *Lehrer Z*. Dem Lehrer Z ist in lebhafter Erinnerung, wie sehr er unter seiner eigenen Erziehung gelitten hat, und er ist von dem Wunsch beseelt, seinen Schülern nicht das anzutun, was ihm selbst angetan wurde. Er will auch gar nicht »erziehen«, sondern ist Lehrer geworden, um seine Schüler zu lieben und von ihnen geliebt zu werden. Von ungestümen Affektäußerungen seiner Schüler ist er eher fasziniert als geängstigt. Auf Grund seiner institutionell vorgegebenen Funktion lösen sie aber die Angst in ihm aus, er könne so wie die Lehrer werden, unter denen er selbst in seiner Kindheit so leiden musste. Er hat also Angst davor, vor den Kindern und Jugendlichen die Welt der Erwachsenen, also eine Welt, mit der er sich nicht identifizieren kann, repräsentieren zu müssen.

Nach den bisherigen psychoanalytischen Anmerkungen zur Rolle des Lehrers stellt sich nun die Frage, inwiefern diese für das Selbstverständnis des (hier ebenfalls idealtypisch gedachten) Alternativschullehrers relevant sind. Auffällig ist zunächst die Tatsache, dass die Rolle des Lehrers als »Agent des Zivilisierungsprozesses«, der die Schüler nivelliert und ihnen ihre Kindlichkeit austreibt, genau das beschreibt, was der Lehrer einer Alternativschule *nicht* sein möchte. Er versteht sich nicht als eine Verkörperung des Über-Ichs, dem seine Schüler nachzueifern und sich anzugleichen haben, sondern eher als »Bezugsperson« und »Begleiter« des Kindes in seiner seelischen und geistigen Entwicklung. Das pädagogische Selbstverständnis des Alternativschullehrers entspricht also weit mehr dem Selbstverständnis des Lehrers Z als dem des Lehrers A. Tendenziell hat der Alternativschullehrer Schwierigkeiten damit, die Tatsache anzuerkennen, dass er im Schulalltag gegenüber seinen Schülern immer wieder als ein Mensch auftreten muss, der Affekte unterdrückt, Grenzen setzt und diszipliniert. Anders als beim Lehrer A fällt es ihm demgegenüber nicht schwer, sich seinen Schülern als ein einfühlsamer und verständnisvoller Gesprächspartner anzubieten.

Die obige Bestandsaufnahme der lehrerseitigen Ermahnungen und Sanktionen verweist indes eindeutig auf die Tatsache, dass die Lehrer der Freien Schule Bochum ihre disziplinierende Funktion nicht verleugnen, sondern ganz im Gegenteil in ihrer alltäglichen Schulpraxis auf zahlreiche Formen der Ermahnung und Sanktionierung von Regelverstößen oder ungestümen Affektäußerungen zurückgreifen. Insofern der Verzicht auf jedwede »Zwangsmittel zur Disziplinierung von Kindern« laut pädagogischer Grundsatzerklärung der Freien Alternativschulen zu den grundlegenden Prämissen der Alternativschulpädagogik gehört, sind die Lehrer der Freien Schule Bochum so gesehen also keine »typischen Alternativschullehrer«, und sicherlich verkörpert keiner von ihnen das Selbstverständnis des Lehrers Z in Reinform. Nichtsdestotrotz wird im Folgenden deutlich werden, dass das aufgezeigte Spannungsfeld zwischen einer idealisierenden Identifikation mit der »wilden« Triebnatur der Jugendlichen auf der einen Seite und dem Impuls, dieselben Jugendlichen zu disziplinierten und »vernünftigen« Schülern zu erziehen, auf der anderen Seite, auch für das alltägliche Handeln der Lehrer in der Freien Schule Bochum von großer Relevanz ist.

5.5.3 *Innerpsychische und interaktive Konfliktpotenziale der Schüler- Lehrer-Beziehung*

Am Beispiel einer Sequenz aus einer Gruppendiskussion zum Thema »Jugendliche in der Sekundarstufe I« mit fünf Lehrern der Freien Schule Bochum (Karin, Marion, Jutta, Wolfgang und Jörg) sollen zunächst innerpsychische Konfliktpotenziale der Lehrer in ihrer Beziehung zu den Schülern analysiert werden. Unmittelbar vor der folgenden Sequenz diskutierten die Lehrer das Phänomen, dass insbesondere der Umgang mit den Klassen 7 und 8 sich meist als äußerst konfliktträchtig erweist. Wolfgang stellt die These auf, die Schule sollte zukünftig in diesen Jahrgängen ein größeres Schwergewicht auf außerschulisches Lernen legen, da bei den Jugendlichen in diesem Alter ein starker »Drang nach draußen« ganz unverkennbar sei. Seine These findet Zustimmung und wird durch Belegerzählungen und argumentierende Sequenzen im Laufe der Diskussion weiter ausdifferenziert; an dieser Stelle setzt die folgende Sequenz ein:

Karin: Mir fällt grad so ein, in der 7/8, die Fahrten, die wir gemacht haben, da war ja auch unter anderem eine Englandfahrt, wo die in fremden Familien waren, das ist eigentlich, gemessen an dem Verhalten, was die in diesem Schuljahr hatten, ein Unterschied wie Tag und Nacht gewesen, ich weiß nämlich noch, wie wir hier weggefahren sind und noch gedacht haben: »Oh Gott, wenn das *so* weitergeht wie *hier* immer!«, und es war ja völlig anders, die sind ja super in den Familien klargekommen und haben sich während der ganzen Fahrt ganz zuverlässig auch verhalten, also da ist keiner abgehauen oder hat sonst irgendwelche Dönekes gemacht und das ist auch so was, was absolut auch dafür spricht, da mit denen wirklich rauszugehen, weil es offensichtlich immer nur in diesem Rahmen, in diesem Clinch mit Lehrer, Schüler diese Konflikte gibt, die da immer wieder neu auftreten.

Marion: Nee, das sagte auch eine letztens, hat ein Mädchen zu mir ganz klar gesagt: »Warum soll ich zu dir höflich sein? Dich kenn ich doch, Marion, außen bin ich höflich!« Tja. (Lachen)

Schüler legen offensichtlich, so zeigt das erzählte Beispiel einer Englandfahrt, im außerschulischen Rahmen ein gänzlich anderes Verhalten an den Tag als innerhalb der Schule. Die Gegensätzlichkeit dieser Verhaltensweisen wird ausdrücklich betont (»ein Unterschied wie Tag und Nacht«, »völlig anders«) und

- an zwei positiv bestimmbaren Merkmalen, nämlich der Sozialkompetenz im Umgang mit wenig nahe stehenden oder gar fremden Personen sowie zuverlässigem Verhalten und

- an zwei negativ bestimmbaren Merkmalen, nämlich dem Ausbleiben von Albereien, Unfug und dergleichen sowie einem unerlaubtem Sich-Entfernen aus der Gruppe festgemacht.

Im Umkehrschluss ließe sich folgern, dass Jugendliche im schulischen Kontext sich tendenziell unzuverlässig verhalten, sich als sozial inkompetent erweisen, Unfug treiben und häufig unerlaubt die Schule verlassen. Die sich aus diesem Verhalten ergebenden Konflikte werden auf die strukturellen Rahmenbedingungen der Institution Schule zurückgeführt und bezeichnenderweise mit dem Begriff »Clinch« belegt, ein Begriff, der ursprünglich die Umklammerung des Gegners in einem Boxkampf bezeichnet. Implizit wird also auch die *erstarrte* Struktur typischer Lehrer-Schüler-Konflikte angesprochen, die »immer wieder neu auftreten«, also mit der schulischen Beziehungsdynamik offenbar untrennbar verbunden sind.

Weil dieser Clinch im außerschulischen Rahmen aufgelöst zu sein scheint, wird der ursprünglichen These Wolfgangs, »mit denen wirklich rauszugehen«, nochmals ausdrücklich zugestimmt. Marion bezieht sich dann in ihrer Äußerung auf den festgestellten Kontrast des Verhaltens der Jugendlichen im außer- und innerschulischen Rahmen und stimmt dieser Feststellung in Form einer kurzen Belegerzählung zu. Mit der Begründung, dass sie Marion doch schon kenne, äußerte eine Schülerin ihr Unverständnis, warum sie sich ihr gegenüber höflich verhalten solle. Es kann vermutet werden, dass Marion das besagte Mädchen unmittelbar vorher für eine unhöfliche Handlung oder Äußerung kritisierte. Die Sinnhaftigkeit höflichen Verhaltens geht also im Verständnis des Mädchen offensichtlich mit einer zunehmend vertrauter werdenden Beziehung immer mehr verloren.

Insgesamt kann festgehalten werden, dass Jugendliche innerhalb des schulischen Rahmens ihrer Regressionslust offensichtlich stärker nachgeben als außerhalb. Die Notwendigkeit, sich im schulischen Kontext gleichermaßen zuverlässig, diszipliniert, höflich, berechenbar und »vernünftig« zu verhalten wie in anderen Lebenszusammenhängen, scheint nicht zu bestehen. Es ließe sich somit die Vermutung aufstellen, dass regressives Agieren in der Schule für die Schüler kompensatorische Funktionen erfüllt, da es in diesem Maße in anderen Lebenszusammenhängen nicht auslebbar ist. Erinnern wir uns an die entwicklungsfördernde Bedeutung, die der Regression von der psychoanalytischen Jugendtheorie zugesprochen wird, muss es günstig erscheinen, wenn Jugendliche in der Schule eine vom üblichen Realitätsdruck entlastende Lebenswelt vorfinden. Andererseits ist klar, dass die Aufgabe der Schule, Jugendliche zu einer progressiven Auseinandersetzung mit den Gegebenheiten der sie umgebenden Welt anzuregen und somit auch ihre eigene Erfahrungswelt zu erweitern, durch ein dauerndes kompensatorisches Ausagieren regressiver Bedürfnisse arg vereitelt wird.

Da die hier angesprochene Problematik zweifellos zu den Kernproblemen der Alternativschulpädagogik zu rechnen ist, soll sie unten noch stärker beleuchtet werden. Wenden wir uns aber zunächst dem weiteren Verlauf der Gruppendiskussion zu. Jörg validiert den von Karin und Marion angesprochenen Kontrast des Schülerverhaltens außerhalb und innerhalb der Freien Schule Bochum durch eine weitere Belegerzählung, beendet seinen Beitrag mit den Worten »das ist sozusagen (amüsiert:) so 'ne Art Auszeit hier vom richtigen Leben«, worauf Marion die Diskussion mit folgender Bemerkung fortführt:

Marion: Aber dadurch zeigen sie sich natürlich auch eher, was noch so in ihnen drin ist, sie brauchen es echt nicht zu verstecken, und das ist ja auch einerseits was, was ich möchte, denn ich denke, so'n Betriebspraktikum auch, mit den Erfahrungen, die wir da gemacht haben, oder auf den Englandfahrten, sind ja eigentlich recht gut, manchmal sogar erstaunlich, wo wir ganz andere Kinder sehen plötzlich oder Seiten sehen, die wir hier nicht so mitbekommen, allerdings sie können auch das Wilde so'n bisschen zeigen hier auch, oder, das finde ich eigentlich auch schön, weil das sind ja viel spannendere Sachen als diese höflichen, finde ich jedenfalls (lacht kurz). (Pause)

Wolfgang: Warum kämpfst du dann so gegen diese Wilden? (Lachen)

Jörg: (lachend:) Weil sie dadurch auch wilde Zeiten erlebt.

Marion: Nein, ich kämpfe um meinen Englisch-Unterricht dann.

Jutta: Ja ja, aber du kämpfst ja mit der Wildheit manchmal auch.

Wolfgang: Du kämpfst für Regeleinhaltung, jeden Tag, ziemlich viel.

Marion: Ja, weil ich auch weiß, oder weil ich Angst habe, dass das dann ausufert, wenn ich vielen ihre eigenen Regeln zugestehe, ich denke, in dem Rahmen natürlich, den gewissen Rahmen brauchst du ja wahrscheinlich, aber der Rahmen ist hier auch weiter als im Betriebpraktikum zum Beispiel, für die Kinder, für die Jugendlichen.

Wolfgang: Ja, aber die Frage ist eben nach deinem Ziel, willst du im Grunde, dass die sich so verhalten, also distanzierter verhalten, das heißt auch höflicher verhalten, nicht so viele Regelverstöße sich erlauben, mehr Respekt und Achtung, vielleicht auch mehr Angstgefühle entwickeln, ähm oder willst du ihnen hier wirklich diesen Freiraum geben, sich ausleben zu lassen, und wenn du das willst, warum verhältst du dich dann immer so konträr dagegen?

Marion versucht der oben festgestellten Einsicht, dass sich Schüler innerhalb der Schule undisziplinierter und weniger höflich verhalten als außerhalb, in ihrer Fortführung der Diskussion etwas Positives abzugewinnen: Damit verbunden würden diese nämlich auch eher zeigen, was tatsächlich »in ihnen steckt«, tendenziell können sich die Jugendlichen im schulischen Rahmen also authentischer verhalten, da sie hier auch ihre triebhafte und »wilde« Seite ausagieren können. Marion fügt hinzu, sie persönlich fände diese wilde Seite im Verhalten der Jugendlichen auch »spannender« als die nach außen gezeigte höfliche Seite.

Wolfgang bemerkt nun, er sehe einen Widerspruch zwischen dieser Äußerung Marions und ihrem realen Verhalten. Letzteres interpretiert er nämlich in zugespitzter Formulierung primär als einen »Kampf gegen die Wilden«. Marion widerspricht zunächst dieser Einschätzung, indem sie behauptet, ihr alltäglicher »Kampf« (der Kampf-Begriff wird als solcher nicht in Frage gestellt) im Umgang mit den Jugendlichen richte sich nicht *gegen* deren »Wildheit« (wie Jutta es zutreffender formuliert), sondern *für* den Unterricht. Bemerkenswert ist auch der von Jörg zwar scherzhaft eingebrachte, aber wahrscheinlich doch nicht ganz unzutreffende Einwurf: »Weil sie dadurch auch wilde Zeiten erlebt.« Der manifeste Bedeutungsgehalt dieses Einwurfes zielt zwar auf den Tatbestand, dass die grenzsetzende Konfrontation mit Jugendlichen häufig emotional aufgeladene Konflikte und insofern auch »wilde Zeiten« herbeiführt. Dass »wilde Zeiten« hier aber überhaupt implizit positiv belegt werden, weist auf den von Marion selbst mutig eingestandenen Sachverhalt, die wilde und triebhafte Seite der Jugendlichen sei für sie faszinierender, »spannender« als die höfliche und disziplinierte Seite. Der latente Bedeutungsgehalt des Einwurfes verweist somit auf die für Erwachsene immer wieder aufschwelende Sehnsucht nach einer verloren gegangenen juvenilen Vitalität und Unbekümmertheit.

Die Argumentation, dass Marion in erster Linie nicht *gegen*, sondern *für* eine bestimmte Sache kämpft, greift Wolfgang nun auf, indem er ihr unterstellt, sie kämpfe »jeden Tag ziemlich viel« für die Einhaltung von Regeln. Dieser Formulierung widerspricht Marion nun nicht mehr und legitimiert ihren alltäglichen Kampf mit der Gefahr der Ausuferung eines individualisierten Regelverständnisses auf Seiten der Schüler. Die individuelle Freiheit des Einzelnen müsse in den »Rahmen« eines gemeinsamen gruppeneigenen Regelwerkes eingebettet sein.

Wolfgang insistiert auf die von ihm unterstellte Widersprüchlichkeit, indem er ausdrücklich die Frage der grundlegenden pädagogischen Intention des Lehrerhandelns stellt. In einer für die freie Rede meines Erachtens beeindruckend dichten Formulierung, entwirft er die Alternative eines höflichen, distanzierten, respektvollen und damit verbunden eventuell auch ängstlicheren Schülerverhaltens auf der einen Seite und einem Selbstverständnis von Schule auf der anderen Seite, welches Jugendlichen einen größtmöglichen Freiraum bietet, sich »ausleben« zu können. Entscheide man sich nun für die letztere Option, sei es fragwürdig, sich in der Alltagspraxis immer konträr zu diesem pädagogischen Selbstverständnis zu verhalten.

Ein innerpsychisches Konfliktpotenzial der Schüler-Lehrer-Beziehung auf Seiten der Lehrer ist damit deutlich gekennzeichnet. Einerseits sind sie fasziniert von den Triebdurchbrüchen der Schüler, partizipieren manchmal sogar genießerisch an denselben, indem sie die Jugendlichen ihr eigenes verdrängtes Regressionsbedürfnis gleichsam »stellvertretend« ausagieren lassen[1]; andererseits wünschen sie sich, dass

1 In diesem Zusammenhang sei an die (im vorigen Kapitel angesprochene) auffällige Bereitschaft der Lehrer erinnert, auch über *subversive* Formen adoleszenter Komik herzlich mitzulachen. Würden die Lehrer sich stärker mit dem institutionellen Wertesystem der Schule identifizieren, wäre dies meines Erachtens undenkbar.

die Jugendlichen sich höflicher, disziplinierter, zuverlässiger verhalten und appellieren fortwährend an Erwachsenheit. Mehr oder weniger dürfte dieses Spannungsfeld für jeden Lehrer kennzeichnend sein, ich vermute aber, dass die Lehrer der Freien Schule Bochum sich dabei stärker auf die Seite des Lustprinzips stellen, als sie sich selbst dessen bewusst sind. Während sie ihr eigenes, immer wieder ermahnendes und sanktionierendes Handeln primär als einen »Kampf gegen die Wildheit« der Schüler wahrnehmen, geben sie andererseits den Schülern einen großen Raum, ihre regressiven Triebbedürfnisse auszuagieren, und stellen sich, wie in Kapitel 5.2 herausgearbeitet, in Einzelfällen sogar *in Opposition* zu den Schüler/innen auf die Seite des Lustprinzips.

Wollte man den psychodynamischen Hintergrund dieser ambivalenten Haltung näher analysieren – ich tue dies hier nur andeutungsweise –, so ließe sich die Hypothese aufstellen, dass der idealtypische Alternativschullehrer dazu tendiert, einseitig die *defizitären* Aspekte seiner eigenen Anpassungsfähigkeit und erwachsenen Gesetztheit zu empfinden. Die unbewusste Dynamik dieser Selbstwahrnehmung könnte vielleicht mit folgenden Worten umschrieben werden: »Auf meine eigene Anpassungsfähigkeit, Reife und Vernünftigkeit bin ich wenig stolz. Im Gegenteil erscheint mir meine Erwachsenheit oft wie eine Last. Nicht dass ich mich verachte, aber was hätte aus mir erst werden können, wenn ich in meiner Kindheit und Jugend nicht so reglementiert worden wäre! Die mir anvertrauten Schüler sollen aber ihr Potenzial frei entfalten können. Ich möchte ihre Kreativität nicht zuschütten, ihre Lebendigkeit nicht ersticken.«

Die Aufgabe der Lehrer, dennoch auch ungestüme Triebdurchbrüche der Jugendlichen zu unterdrücken, Grenzen zu setzen und zu disziplinieren, kann wahrscheinlich nur dann befriedigend eingelöst werden, wenn sie, zumindest partiell, von den Lehrern ebenfalls als eine *lustbesetzte* Tätigkeit wahrgenommen werden kann. Zwei diesbezüglich gegensätzliche Szenen mögen dies veranschaulichen.

> Die Schüler verhalten sich in der heutigen Deutschstunde bei Wolfgang extrem unruhig und zeigen kein Interesse, sich auf den unterrichtlichen Inhalt, einer kurzen Erzählung von Heinrich Böll, ernsthaft einzulassen. Wolfgang ermahnt im Laufe der Stunde hin und wieder einzelne Schüler zu einer disziplinierteren Arbeitshaltung, unterlegt diese Ermahnungen aber nicht mit einer gesteigerten Strenge, die der gesteigerten, für sonstige Unterrichtstunden in diesem Maße untypischen Triebhaftigkeit der Schüler entsprechen würde. Wolfgang scheint heute wenig »Lust« zu haben, den Jugendlichen gegenüber eine konfrontative Position einzunehmen. Dieser Eindruck verfestigt sich bei mir, als Wolfgang auch eine äußerst rabiate Unterrichtsstörung zweier Schüler ignoriert. Während Wolfgang vorbereitete Fragen zur eben gelesenen Erzählung von einigen Schülern nacheinander laut vorlesen lässt, laufen Udo und Florian zwischen Pult und Tafel, also hinter seinem Rücken, hin und her, zeichnen Graffittis an die Tafel und versuchen einer vorne sitzenden Schülerin ihr Heft zu entwenden. Etwa 10 Minuten vor Ende der Stunde wird Udo dann von Wolfgang aufgefordert, den Inhalt der

> Erzählung mündlich kurz wiederzugeben. Udo stellt sich hin und und gibt den Inhalt der Erzählung sehr schnell und prägnant wieder. Ein eigentümliches Lächeln umspielt seinen Mund, und am Ende der Geschichte fügt er laut und ungeduldig hinzu »So, Schluss!«, worauf prompt einige Schüler/innen aufstehen, die Unterrichtsstunde also offensichtlich als beendet ansehen. Ebenfalls lautstark erwidert Wolfgang nun: »Nein, noch nicht!« Vorwurfsvoll entgegnet Gabi: »Du darfst hier nicht einfach überziehen!«, und provoziert mit diesem Kommentar, dass einige weitere Schüler aufstehen. Wolfgangs aufgestaute Wut scheint an dieser Stelle plötzlich auszubrechen. Seine Stimme ist so laut, dass sie sich kurzzeitig überschlägt. Von Wolfgangs Wutausbruch erschreckt, versage ich in meiner Rolle als gewissenhafter Protokollant des Geschehens und kann mich auch im Nachhinein nicht an den Wortlaut seiner »Standpauke« erinnern. Nur einzelne Satzfetzen wie »Ich darf sehr wohl ...« sind mir in Erinnerung geblieben. Eingeschüchtert setzen sich die Schüler wieder auf ihre Plätze, und der Unterricht wird noch etwa fünf Minuten fortgeführt. (8/9, S. 24.9.98)

Zu Kontrastierung dieser Szene sei nun eine weitere aufgeführt.

> Ich habe eben einer vergleichsweise unruhigen Mathestunde bei Karin beigewohnt, in der einzelne Schüler immer wieder durch »alberne« Bemerkungen das eigentliche Unterrichtsgeschehen unterbrachen und treffe Karin kurz darauf im Lehrerzimmer wieder. Lächelnd kommentiert sie die zurückliegende Stunde mit den Worten: »Das war ja eine Kasper-Stunde! Es hat richtig Spaß gemacht!« Ihr Kommentar erstaunt mich, hatte ich doch erwartet, die unruhige Atmosphäre der Stunde hätte sie verstimmt. (10, 25.2.98)

Wolfgangs Wutausbruch in der ersten Szene hängt offensichtlich mit der Gefahr des totalen Machtverlustes zusammen. Ein Schüler, nicht er selbst, erklärt den Unterricht etwa 10 Minuten vor dem eigentlichen Ende der Stunde für beendet. Als er diese Erklärung als nichtig zurückweist, spricht eine andere Schülerin ihm das Recht ab, die Unterrichtszeit zu überziehen. Die Plötzlichkeit und Vehemenz seiner emotionalen Reaktion legt offen, dass der Ablauf der ganzen Stunde für ihn höchst unbefriedigend war. Anders als Karin in der zweiten Szene nahm Wolfgang während dieser Stunde aber kaum eine konfrontative Stellung gegenüber den Jugendlichen ein, ignorierte auch rabiate Unterrichtsstörungen und konzentrierte sich stattdessen auf seine eigentliche Lehrtätigkeit. Karins Auftreten in ihrer Mathestunde, vor allem aber ihr anschließender Kommentar zu dieser Stunde, legt offen, dass der mit den Schülern ausgefochtene Machtkampf für sie zumindest partiell lustbesetzt war und von ihr wie ein Spiel wahrgenommen wurde. Die Fähigkeit, den täglich auszuführenden Machtkampf mit den Schülern als ein *Spiel* zu verstehen und somit auch gelassener und letztlich erfolgreicher bestehen zu können, lässt sich meinen Beobachtungen nach allerdings nicht einzelnen Lehrern zuordnen, sondern unterliegt vielmehr bei jedem Lehrer großen Schwankungen. Es kann zwar vermutet werden, dass es manchen Lehrern grundsätzlich leichter fällt als anderen, auch ihrer disziplinierenden Tätigkeit Lust abzugewinnen, je nach aktueller »Stimmungslage« dürfte diese Fähigkeit bei *allen* Lehrern aber von Tag zu Tag unterschiedlich ausgeprägt sein.

Wie auch immer dürfte eine entscheidende Voraussetzung dieser Fähigkeit darin liegen, sich mit seinem Erziehungsschicksal so weit ausgesöhnt zu haben, dass man nicht nur, wie es oben »dem« Alternativschullehrer tendenziell unterstellt wurde, die defizitären Aspekte seiner eigenen Erwachsenheit wahrzunehmen im Stande ist, sondern vielmehr auf dieselbe stolz ist und sie genießen kann. Die unbewusste Dynamik einer solchen Selbstwahrnehmung könnte vielleicht mit folgenden Worten umschrieben werden: »Meine juvenile Triebhaftigkeit überwunden zu haben und ein anpassungsfähiger, kompromissbereiter und disziplinierter Erwachsener geworden zu sein erlebe ich in erster Linie nicht als eine Verarmung, sondern als eine *Bereicherung* meiner psychischen Entwicklung. Nicht dass ich mir überhaupt nicht mehr erlauben würde, auch mal »unvernünftig« und triebhaft zu sein, aber wie viele Möglichkeiten wären mir in meinem Leben verschlossen worden, wie viele wichtige Erfahrungen hätte ich niemals machen können, wenn ich stets der »unbekümmerte« und lustorientierte Mensch meiner Jugendjahre geblieben wäre! Es macht mir deshalb Spaß, den Jugendlichen zu vermitteln, dass es sich lohnt, erwachsen zu werden. An den Grenzen, die ich ihrem Verhalten dabei setze, können sie sich reiben und wachsen daran.«

Die aufgezeigten innerpsychischen Konfliktpotenziale der Lehrer in ihrem Umgang mit den Jugendlichen sollen nun, ebenfalls am Beispiel einer Sequenz aus einer Gruppendiskussion, mit innerpsychischen Konfliktpotenzialen auf Seiten der Schüler in Beziehung gesetzt werden. Die Gruppendiskussion wurde mit fünf Schülern der zehnten Klasse (Anna, Vanessa, Ulrike, Sascha, Tom) am 20.5.98, also kurz vor dem Ende ihrer Schulzeit in der Freien Schule Bochum durchgeführt. In der ausgewählten Sequenz der Gruppendiskussion geht es zunächst um das als nicht »konsequent« beschriebene Verhalten der Lehrer bei Unterrichtsstörungen und anschließend um die Schwierigkeit, sich trotz mangelnder Motivation auf die Lernanforderungen der Lehrer einzulassen. Einleitend sei noch bemerkt, dass es sich bei den fünf Diskussionsteilnehmern um sehr eloquente, selbstsichere und – abgesehen von Tom – auch um die »diszipliniertesten« und arbeitseifrigsten Schüler des Klassenverbandes handelt.

Anna: Was mich manchmal stört ist, dass die Schüler nicht einfach rausgeschmissen werden, wenn die laut sind. Die drohen das immer an, aber ...

Sascha: Ach so, ja, wie lange die hier keinen mehr rausgeschmissen haben, ne.

Anna: Ja.

Vanessa: Konsequent sind die einfach nicht.

Anna: Und das finde ich teilweise echt ..., das ist einfach schade, weil die stören dann ja trotzdem die ganze Zeit.

Ulrike:	Ja, aber ist denn Rausschmeißen die Lösung?
Sascha:	Nein, ich mein, ich störe zwar auch manchmal, aber vielleicht würd ich damit besser klarkommen, wenn ich wüsste, ich flieg gleich raus, als wenn ich weiß, ich kann stören, und das ist eh egal.
Anna:	Ja eben.

Anna kritisiert in der die Diskussionssequenz einleitenden Bemerkung einen bestimmten Aspekt des Verhaltens der Lehrer. Den Unterricht störende Mitschüler »einfach rauszuschmeißen« würden diese zwar häufig androhen, letztlich aber nicht in die Tat umsetzen. Sascha und Vanessa stimmen Anna zu: Schon lange hätten die Lehrer keinen Schüler mehr aus dem Klassenraum verwiesen, so gesehen seien diese »einfach nicht konsequent«. In Form einer rhetorischen Frage zweifelt Ulrike demgegenüber an, dass der »Rausschmiss« störender Mitschülern eine gute Lösung für das angesprochene Problem sei. Sascha verweist nun auf die abschreckende Wirkung konsequent durchgeführter Sanktionen. Insofern er seiner Einschätzung nach manchmal selbst den Unterricht stört, würde ein Rausschmiss für ihn zwar zunächst keine »Lösung« darstellen, er vermutet aber, dass die Angst vor einem Klassenverweis ihn tendenziell von Unterrichtsstörungen abhalten würde. Wie der weitere Verlauf der Diskussion zeigt, lässt Ulrike sich auch von diesem Argument aber nicht in die Defensive drängen.

Ulrike:	Vielleicht sollte man das nicht rausschmeißen nennen, sondern vielleicht sollte man das eher so machen, die Schüler, die sich ..., die es nicht mehr aushalten können, kriegen keine Verwarnung oder keinen blauen Brief oder so, sondern dürfen rausgehen, weil sie es nicht mehr aushalten in der Klasse.
Sascha:	Ja, aber dann gehen sie ja nicht raus, dann bleiben sie drin, haben keinen Bock alleine draußen und stören weiter.
Anna:	Ja, aber dann muss man dann einfach sagen, du gehst dann jetzt raus.
Ulrike:	Wenn klar wär, dass es keine Konsequenzen gäb.
Vanessa:	Dann würden gleich *alle* gehen.
Anna:	(lacht)
Ulrike:	Nein.
Tom:	Doch.
Vanessa:	(an Ulrike gewandt): Ja, *du* vielleicht nicht.
Tom:	Oder zumindest ein großer Teil.
Vanessa:	Ein großer Teil, ich würd auch raus gehen dann.
Ulrike:	Wenn ich nicht mehr könnte, würd ich auch rausgehen, wenn ich aber weiß, ich will Abitur machen und ich ...
Vanessa:	Ja, aber teilweise hab ich das einfach nicht vor Augen, ich weiß, dass ich für mich lerne, aber manchmal denke ich auch, Scheiße, was brummt die mir jetzt wieder für Aufgaben auf, ne, und ...

Sascha: Dann denkste, ah, jetzt ...
Vanessa: ... ich kann das, aber ich hab da jetzt *überhaupt keinen Bock drauf,* dann gehe ich raus und rauche eine.
Anna: Ja, das finde ich aber auch gut.
Ulrike: Ja also, dann ist es doch auch richtig rauszugehen.
Vanessa: *Nein,* weil ich das mache, weil ich keinen Bock auf die Aufgaben hab, nicht weil ich nicht mehr kann.

Ulrike plädiert für einen Umgang mit potenziellen Störern, der diese nicht sanktioniert, sondern ihnen das Recht einräumt, den Klassenraum zu verlassen, wenn sie es nicht mehr »aushalten« können. Implizit argumentiert sie damit für eine radikale Umsetzung des Prinzips der freiwilligen Teilnahme am Unterricht, wie es nur in den ersten Wochen der Freien Schule Bochum tatsächlich praktiziert wurde. Schon nach den ersten Wochen hatte sich nämlich die Regel eingebürgert, dass die Entscheidung für eine Teilnahme an einem Unterrichtsangebot zu einer kontinuierlichen Teilnahme verpflichtet. Zu häufig hatten Schüler, womöglich aus dem Bedürfnis heraus, mit Gleichaltrigen zu kommunizieren, »mal eben« bei einer Lerngruppe vorbeigeschaut, um kurz danach die Gruppe wieder zu verlassen. Interessanterweise verweist Sascha ebenfalls auf das kommunikative Bedürfnis, welches störende Schüler davon abhalte, als Einzige den Klassenraum zu verlassen, da sie »*keinen Bock haben, alleine draußen*« zu sein.

Insbesondere Ulrikes Auffassung, dass die freie Entscheidung eines Schülers, sich dem Unterrichtsangebot situativ zu entziehen, »keine Konsequenzen« für ihn haben sollte, erregt den Widerstand ihrer Diskussionspartner. Es wird behauptet, dass unter solchen Bedingungen alle oder zumindest ein großer Teil der Schüler sich den Unterrichtsangeboten entziehen würden. Vanessa versucht dies am Beispiel eigener Motivationskonflikte zu verdeutlichen. Grundsätzlich sei sie sich zwar durchaus bewusst, dass die Verantwortung für ihren Lernprozess primär in ihrer eigenen Hand liege, andererseits gäbe es aber immer wieder Situationen, in denen sie in ihrem Handeln nicht dem Realitätsprinzip, sondern dem Lustprinzip folge. In solchen Situationen entziehe sie sich den unterrichtlichen Anforderungen nicht etwa, weil sie tatsächlich schon an die Grenzen ihrer Leistungsfähigkeit gelangt wäre, sondern weil ihr die Lust vergangen sei, sich mit den unterrichtlichen Anforderungen weiterhin auseinander zu setzen. Die von Ulrike eingeworfenen, eher diffusen Formulierungen »es nicht mehr aushalten« bzw. »nicht mehr können« werden damit inhaltlich ausdifferenziert.

Ein zentrales innerpsychisches Konfliktpotenzial der Schüler in ihrer Auseinandersetzung mit den durch die Lehrer gestellten Lernanforderungen ist damit angesprochen. Weil sie nicht in jedem Fall mit negativen Konsequenzen oder gar mit Sanktionen rechnen müssen, wenn sie sich diesen Lernanforderungen entziehen, erfahren sie quasi kontinuierlich die Verletzlichkeit der eigenen Motivation. Immer wieder sind sie genötigt, sich Fragen zu stellen wie »Beherrsche ich den Unterrichtsstoff schon gut genug?«, »Ist es für einen guten Schulabschluss wirklich unabdingbar, mich der jetzigen Anforderung zu stellen?«, oder: »Habe ich heute nicht schon genug geleistet, sodass ich mir jetzt guten Gewissens eine Pause gönnen kann?«

Sich immer wieder in dieser Weise der Verletzlichkeit und Widersprüchlichkeit der eigenen Motivation bewusst zu werden wird im Abschlussbericht der wissenschaftlichen Begleitung der Glocksee-Schule als ein die Autonomie förderndes Moment der Glockseepädagogik positiv hervorgehoben, da nur diese Bewusstheit letztlich eine produktive Bearbeitung der besagten Verletzlichkeit ermögliche (vgl. Manzke 1981, S. 94). Problematisch muss diese dauernde Bewusstheit aber insbesondere bei jenen Schülern erscheinen, die am Ende solcher »Gewissensnöte« letztlich doch fast immer dem Lustprinzip folgen. Die offene, weitgehend sanktionsfreie Struktur der Schule beinhaltet für diese Schüler quasi unzählige *Verführungssituationen*. Es kann sich somit ein defizitäres Leistungsselbstbild verfestigen, welches auf der wiederholten Erfahrung fußt, sich selbst nicht disziplinieren zu können: »Ich bin ein Mensch, der seinen ›inneren Schweinehund‹ einfach nicht überwinden kann! Deshalb kann ich nur etwas leisten, wenn man mich ganz stark unter Druck setzt. Aus eigenem Antrieb würde ich nie etwas Vernünftiges zu Stande bringen!« Eine Schulpädagogik, die es in Kauf nimmt, die Autonomiefähigkeit einiger Schüler/innen chronisch zu überfordern, muss meines Erachtens mit der Ausprägung eines derart problematischen Leistungsselbstbildes rechnen.

Was die Gruppendiskussion weiterhin offen legt und auch an anderer Stelle (vgl. Kapitel 5.3.3) bereits herausgearbeitet wurde, ist der Tatbestand, dass die Mehrzahl der Schüler *bewusst* die disziplinierende Funktion der Lehrer billigt. Dessen ungeachtet ist gleichwohl davon auszugehen, dass es für die um Autonomie ringenden Jugendlichen *unbewusst* tendenziell demütigend ist, im schulischen Kontext immer wieder einer primär fremdbestimmten Tätigkeit nachzugehen und von den Lehrern fortwährend zu einer disziplinierten Arbeitshaltung ermahnt zu werden.

Einen beobachteten Mechanismus, diese narzisstisch kränkende Demütigung zu verarbeiten, möchte ich als *trotzige Autonomievergewisserung* bezeichnen. Eine beobachtete Szene möge exemplarisch veranschaulichen, was hiermit gemeint ist.

> Kurz vor Beginn der nächsten Mathestunde sitze ich mit einigen Schülern auf den Sofas neben der Klassentür. Wenig später erscheint Karin, wirft auf ihrem Weg zum Pult einen kurzen Seitenblick auf die Sofas und bemerkt »Setzt euch bitte hin!«. Ein Schüler erwidert prompt »Wir sitzen doch schon!« und erhält für diese schlagfertige Erwiderung von seinen Mitschülern ein zustimmendes, anerkennendes Lächeln. Einem Mitschüler scheint die Erwiderung so gut zu gefallen, dass er sie lautstark wiederholt: »Genau, Karin, wir sitzen doch schon!«, was Karin aber weiterhin ignoriert. Einige Augenblicke bleiben die Schüler noch auf den Sofas sitzen, begeben sich dann aber ohne nochmalige Aufforderung zu ihren Arbeitsplätzen. (10, 27.8.97)

Bemerkenswert ist an dieser Szene vor allem die Tatsache, dass die Schüler, obgleich sie der (etwas ungeschickt formulierten) Aufforderung Karins, sich zu den Arbeitsplätzen zu begeben, zunächst verbal Widerstand entgegensetzen, ihr letztlich aber doch Folge leisten, ohne dass Karin ihre Aufforderung noch einmal bekräftigen müsste. Meinem Eindruck nach liegt diesem Verhalten der gleiche psychodynamische Mechanismus zu Grunde, den man bei »trotzigen« Kleinkindern häufig beobachten kann. Wenn eine Mutter etwa ihr laut schreiendes Kind ermahnt, doch endlich mit dem Schreien aufzuhören, so schreit dieses Kind unmittelbar nach der Ermahnung noch einmal extra laut, als wolle es sagen »Ich schreie so laut, wie mir es passt!«, verhält sich letztlich aber doch gehorsam, indem es nach dieser Trotzreaktion das kritisierte Verhalten einstellt. Unbewusst hat sich das Kind damit der eigenen (Schein-)Autonomie versichert, ohne weitere Konflikte mit der Mutter heraufzubeschwören. In der obigen Szene »weiß« Karin offenbar um den psychodynamischen Sinn dieser Trotzreaktion und ignoriert sie ebenso, wie die geschickte Mutter über das trotzige Verhalten ihres Kindes gewährend hinwegsehen würde.

Ein anderes beobachtetes Phänomen, welches ich als Reaktion auf die angesprochene Demütigung interpretiere, betrifft die übersteigerte Anspruchshaltung, welche viele Schüler gegenüber der Sachkompetenz ihrer Lehrer an den Tag legen. Mehrfach konnte ich beobachten, wie Schüler Fehler oder kleinste Anzeichen von Inkompetenz auf Seiten der Lehrer penibel registrierten und lauthals kritisierten. Die heftige Reaktion etwa auf ein an der Tafel falsch geschriebenes Wort oder auf das Unvermögen, eine sachliche Frage zu beantworten, vermittelte jedes Mal den Eindruck, als sei die Lehrbefähigung des jeweiligen Lehrers aus Sicht der Schüler dadurch völlig in Frage gestellt. Besonders ausgeprägt zeigte sich diese Tendenz bei einer Lehrerin, die erst seit kurzer Zeit in der Klasse unterrichtete. Es liegt nun auf der Hand, diese *reaktive Omnipotenzerwartung* ebenso wie den besprochenen Mechanismus einer trotzigen Autonomievergewisserung als Reaktion auf die kränkende Erfahrung zu verstehen, überhaupt von anderen *belehrt* zu werden. Besonders im Umgang mit neuen Lehrern entwickeln also viele Jugendliche eine Erwartungshaltung, die man etwa so umschreiben könnte: »Wenn jemand sich einbildet, mich belehren zu können, dann soll er erst mal zeigen, was er auf dem Kasten hat!«

Die beiden aufgezeigten Mechanismen, mit denen Jugendliche strukturell gegebene Fremdbestimmung im schulischen Kontext verarbeiten, beschreiben die Dynamik innerpsychischer Konfliktpotenziale auf Seiten der Schüler sicherlich noch nicht erschöpfend. Es dürfte aber deutlich geworden sein, dass sich hier ähnliche Konfliktpotenziale abzeichnen wie auf Seiten der Lehrer. Schüler wie Lehrer müssen sich durch ihre gegenseitige Interaktionen immer wieder neu im Spannungsfeld von Lust- und Realitätsprinzip verorten. Eine schematische Darstellung der erörterten Konfliktpotenziale der Schüler-Lehrer-Beziehung möge abschließend das Gesagte zusammenfassen.

Zu innerpsychischen Konflikten kommt es auf Seiten der Schüler, wenn ihr Bedürfnis, die Grenzen der eigenen Leistungsfähigkeit auszuloten und ihr zukunftsgerichteter Wunsch, möglichst viel zu lernen, um einen guten Schulabschluss zu erlangen, in Widerstreit gerät mit dem Bedürfnis, sich in der Schule regressiv auszuagieren und der Angst, in neuen Lernsituationen die eigene Inkompetenz erfahren zu

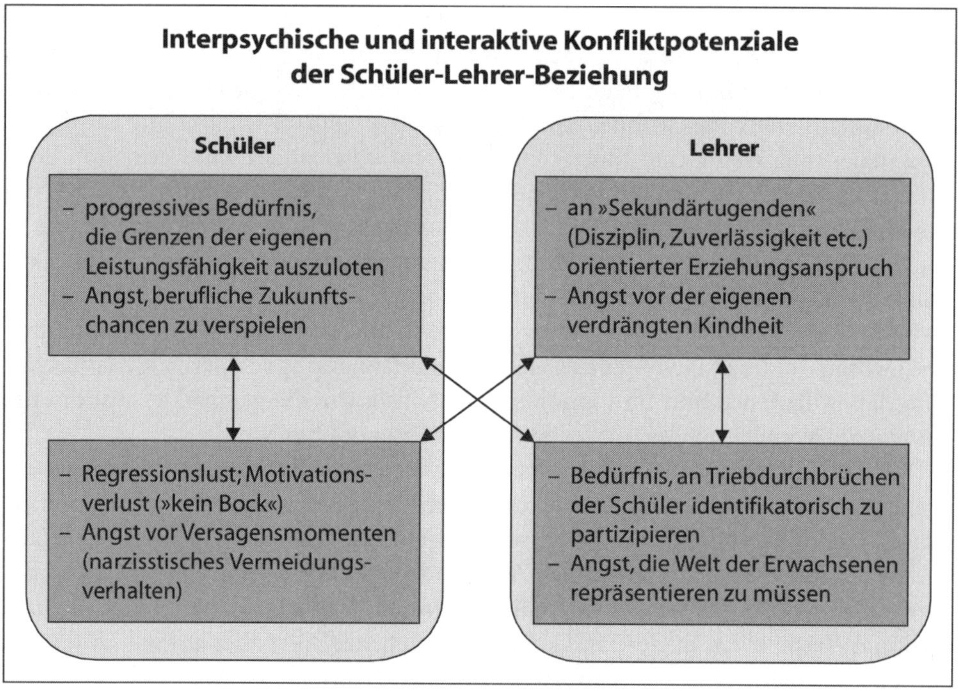

müssen. Entsprechend kommt es auf Seiten der Lehrer zu innerpsychischen Konflikten, wenn sie einerseits von dem Wunsch beseelt sind, die Jugendlichen zu disziplinierten, höflichen und zuverlässigen Schülern zu erziehen, andererseits aber in ihrer Sehnsucht nach der eigenen verloren gegangenen juvenilen Vitalität und Unbekümmertheit von regressiven Triebdurchbrüchen der Jugendlichen fasziniert sind. Zu interaktiven Konflikten kommt es, wenn die Regressionslust der Schüler mit dem disziplinierenden Erziehungsanspruch der Lehrer zusammentrifft oder umgekehrt (und diese Konflikte dürften in Freien Alternativschulen häufiger auftreten als in anderen Schulen) die Progressionslust der Schüler mit der Faszination des Lehrers für die »wilden« Seiten seiner Schüler.

6. »Ich habe so eine kleine Schutzmauer um mich rum gebaut« – der Fall Tom

6.1 Toms (schul-)biografische Entwicklung

Der folgende Abriss von Toms Lebensgeschichte, der bewusst von Interpretationen weitgehend freigehalten wurde, soll dem Leser einen ersten unbefangenen Eindruck von Toms Persönlichkeit und seinen biografischen Erfahrungen verschaffen. Anschließend unternehme ich den Versuch, möglichst prägnant herauszuarbeiten, inwiefern Toms Verhalten, seine Ängste, Wünsche und charakterlichen Eigenarten vor dem Hintergrund seiner Erfahrungen in der Familie interpretiert werden können. Das dritte Kapitel geht dann schlaglichtartig der Frage nach, inwiefern die Freie Schule Bochum es Tom ermöglichte, seine spezifische Emotionalität im schulischen Rahmen zum Ausdruck zu bringen und zu bearbeiten.

Biografische Skizze bis zum Eintritt in die Freie Schule Bochum

Tom wird im Frühjahr 1981 als einziges Kind der Eheleute Paul und Erika Gärtner geboren. Im Hinblick auf ihr Einkommen und ihren Lebensstandard lassen sich die Gärtners der Mittelschicht zuordnen. Der Vater ist in einem Büro tätig, die Mutter stellt ihre Berufstätigkeit mit der Geburt des Kindes ein (und nimmt sie erst zehn Jahre später wieder auf). Toms Mutter beschreibt ihn als »ein ausgesprochen aufgewecktes, sehr liebes Kind, wir haben immer gesagt, wenn andere Kinder brüllten, Gott sei Dank nicht unseres, wobei wir jetzt sagen, hätte er mal mehr gebrüllt und getrotzt, dann hätten wir uns jetzt manches ersparen können, weiß ich nicht«.

Ihren Umgang mit dem kleinen Tom beurteilt sie ambivalent. Einerseits betont sie, wie viel Zeit sie und ihr Mann für Tom aufgebracht hätten, dass sie, die Mutter, im Spiel immer auf Tom eingegangen sei, darüber sogar die Haushaltsführung vernachlässigt habe und der Vater oft Ausflüge zusammen mit anderen Kindern ermöglicht habe. Andererseits bemerkt sie selbstkritisch, Tom eventuell in seiner Kindheit zu sehr mit Angeboten und Zuwendung »*zugekleistert*« zu haben:

> »Ich glaube, wir haben also viel zu viel auch organisiert, statt ihn mal in seiner Langeweile schon als kleinen Jungen umkommen zu lassen, dass er selbst initiativ wird und sagt, lass uns mal dies machen und ich möchte mal das machen, wir haben ihm *immer* vorgeschlagen, immer mit Vorschlägen überhäuft, einer schöner als der andere.«

Von besonderen Vorkommnissen aus der Grundschulzeit berichten weder Tom noch seine Mutter, beide erwähnen aber die Besonderheit, dass Tom und ein weiterer Schüler namens Klaus die einzigen Jungen in der Klasse gewesen seien. Tom behauptet zwar im ersten Interview, er habe Klaus noch nie leiden können, die Mutter erwähnt aber, dass Klaus zu dieser Zeit manchmal »im Hause« gewesen sei. 1991 ereignet sich ein Unfall, bei dem beide Eltern von Klaus tödlich verunglücken. Paul und Erika Gärtner entschließen sich, Klaus zu adoptieren; seit 1991 hat Tom damit einen etwa gleichaltrigen Stiefbruder. Sowohl Tom als auch seine Mutter interpretieren dieses Datum als Beginn einer problematischen Entwicklung, in deren Folge Toms Schulleistungen – er besucht inzwischen ein Gymnasium – zunehmend schlechter werden und sein psychisches Befinden so sehr aus dem Gleichgewicht gerät, dass Toms Eltern sich entschließen, psychologische Beratung in Anspruch zu nehmen. Tom klagt während dieser Zeit über Albträume, entwickelt eine unerklärliche Angst vor Aids, schreibt einmal sogar auf sein Fensterbrett, so seine Mutter, er wolle nicht mehr leben. Die verunsicherten Eltern begeben sich daraufhin in eine Familientherapie, lassen Tom in der Kinder- und Jugendpsychiatrie psychologisch untersuchen und suchen später die Erziehungsberatung auf. Den Erfolg der mehrfach in Anspruch genommenen psychologischen Beratung schätzt Toms Mutter allerdings sehr skeptisch ein, Tom selbst wertet die Erziehungsberatung gar als einen »vollen Tiefschlag«:

> »Wir waren in der Psychiatrie, es war total lustig, ich habe einen IQ-Test machen müssen, es hat Stunden gedauert, ich hab nichts dabei erfahren, nur, dass ich überdurchschnittlich intelligent bin, (...) danach sind wir dann irgendwie zur Erziehungsberatung gegangen, das war auch ein voller Tiefschlag, ich habe irgendwie, na ja, man sagt dann immer nur, ja, ich weiß, ich werde mich ändern, viel mehr kommt dabei nicht rum.«

In der 8. Klasse werden Toms Schulleistungen so schlecht, dass er ein Schuljahr wiederholen muss. Gleichzeitig wird Toms Beziehung zu seinen Eltern immer angespannter. Toms Mutter:

> »(...) aber es war also nicht, dass er eben ein zerknirschtes oder trauriges Kind war oder was, er wurde renitent, der hat sich also mit aller Macht ähm, man hat das Empfinden gehabt, gegen uns wehren wollen, wir wussten nicht wieso warum, ich muss sagen, ich bin sicherlich ein bisschen dominant hier in dieser Familie, hatte aber zum Tom immer ein *ausgesprochen* gutes Verhältnis, wir haben uns immer *blind* verstanden, aber ähm die Psychologin sagt Ja, das ist eine ambivalente Beziehung, diese Nähe zu mir, das ist in der Pubertät etwas, was ähm, automatisch da ist, äh ein Kind versucht sich abzunabeln, und wenn die Beziehung so eng ist, und wenn es die zerschlagen muss und der Tom hat *wirklich* zerschlagen.«

Tom beschreibt dies in seiner biografischen Erzählung folgendermaßen:

> »Na ja, ich hatte immer mehr Streit mit meinen Eltern und irgendwie artete das immer weiter aus, so Aschenbecher flogen durch die Gegend, der Hund wurde getreten, die Katze fiel vom Balkon (...) ich wurde auf den Balkon ausgesperrt, das war lustig, ich hab draußen, hab meine Mutter beschimpft, sie hat mich einfach ausgeschlossen, ich hab alles in den Garten geschmissen, und dann hat sie mich angeschrien und ich hab halt meinen ersten Nervenzusammenbruch gekriegt irgendwie.«

Provokativ wird Tom aber nicht nur gegenüber seinen Eltern, sondern auch gegenüber seinen Lehrern und in seinem äußeren Auftreten. Mehrfach lässt er sich piercen, färbt sich die Haare und bevorzugt auffällige Kleidungsstücke. Er arbeitet so gut wie gar nicht mehr im Unterricht mit und stößt mit seinem provokativen Auftreten auf keinerlei Verständnis. Seinen damaligen Lehrern wirft er Engstirnigkeit und ein rücksichtsloses »Durchziehen« des Schulstoffes vor. Am Ende des wiederholten achten Schuljahres haben sich seine schulischen Probleme so zugespitzt, dass die Schule meint, ihn nicht mehr als Schüler tragen zu können und er sich vehement weigert, diese oder eine ähnliche Schule jemals wieder zu besuchen. Die Eltern schauen sich daraufhin nach Alternativen um und bemühen sich für ihren Sohn um einen Platz in der Freien Schule Bochum. Zu Beginn des Schuljahres 1996/97 wird Tom dann probeweise in die 9. Klasse der Freien Schule Bochum aufgenommen.

Toms Entwicklung in den zwei Jahren an der Freien Schule Bochum
Toms Einstieg in die 9. Klasse der Freien Schule Bochum wird erschwert durch den Widerstand einiger Mitschüler, die Tom nicht als neuen Klassenkameraden akzeptieren wollen. Die Kombination aus Toms auffälligem äußeren Erscheinungsbild, seiner selbstbewussten Körperhaltung und seiner partiell weiblich wirkenden und von manchen Mitschülern als »schwul« interpretierten Gebärdensprache scheint einige Mitschüler zu verunsichern und stößt dementsprechend auf Ablehnung. Tom wirkt in seinem Auftreten für viele Mitschüler unnahbar, manche fühlen sich offenbar sogar provoziert. Wie seine Klassenlehrerin Karin ihm später aber in dem an ihn gerichteten Jahresbrief bescheinigen wird, zeigt sich Tom in »Auseinandersetzungen immer tolerant«, und sie lobt seine freundliche und hilfsbereite Art, die es vielen leicht gemacht habe, Kontakt zu ihm zu knüpfen. Es kommt hinzu, dass ein paar andere Mitschüler sich mit Tom solidarisieren und ihm so in der Gruppe den nötigen Rückhalt geben, um nach einigen Wochen doch zu einem von allen akzeptierten Gruppenmitglied zu werden.

Das Besondere, von Tom als »persönlicher« eingeschätzte Sozialklima der Freien Schule Bochum sowie die Freundschaften zu einigen seiner Mitschüler tragen sichtlich dazu bei, dass Tom sich in der Schule wohl fühlt: »Es ist persönlicher als auf Regelschulen, weil man halt ..., man duzt sich und auch die Arbeitsmethoden, mit Wochenplan und so, ist besser als auf Regelschulen, weil es wird viel mehr auf die Leute eingegangen.« Die neuen Lehrer sind ihm überwiegend sympathisch und seine Schulleistungen verbessern sich erheblich. Nichtsdestotrotz bemängeln seine Lehrer seine Arbeits- und Lernhaltung. Tom zeigt nur wenig Eigenaktivität, beteiligt sich nur selten aktiv durch mündliche Beiträge am Unterricht, kommt häufig gar nicht oder zu spät zum Unterricht. An ihn herangetragene Aufgaben erledigt er meist nur nach mehrmaliger Aufforderung. Am Ende seines ersten Schuljahres in der Freien Schule Bochum, also im Juli 1997, erhält er in dem von seiner Klassenlehrerin Karin verfassten Jahresbrief zu seinem Arbeitsverhalten u.a. die folgende Rückmeldung:

> »(...) Schade ist auch, dass du besonders in den Unterrichtszeiten, die offener strukturiert sind, wie z.B. der WP-II-Bereich, die Projektzeit, AGs und Projektwochen, zunehmend weniger interessiert bist, die Zeit sinnvoll zu nutzen. Um Entschuldigungen und lange Ausführungen, warum du gerade jetzt nicht arbeiten kannst, bist du nie verlegen. Natürlich gibt es immer einen Grund, etwas nicht zu tun. Lieber Tom, deine Haltung diesbezüglich sollte sich im kommenden Schuljahr unbedingt ändern. Hierzu gehören auch deine zunehmend häufigeren Fehlzeiten. Das geht so nicht!«

Einig sind sich letztlich alle Tom betreuenden Lehrer darin, dass er zwar über außergewöhnliche intellektuelle und kreative Fähigkeiten verfügt, diese aber weit weniger in seine schulischen Lernprozesse einfließen lässt, als es denkbar wäre. Auch Toms Mutter teilt den Eindruck der Lehrer, dass Tom stellenweise unterfordert ist und so wenig Energie in schulische Belange investiert, wie möglich. Gleichwohl ist sie über die schulische Entwicklung ihres Sohnes seit dem Eintritt in die Freie Schule Bochum sehr glücklich, da er sich immerhin schulischen Anforderungen nun nicht mehr total verweigert: »(...) Von daher war die Freie Schule natürlich ein Segen, die haben ihn so genommen, wie er ist, und können, glaube ich, sicherlich sehr gut mit ihm umgehen.«

Während sich Toms »Schulkarriere« mit dem Eintritt in die Freie Schule Bochum also schlagartig wieder normalisiert, bleibt die Beziehung zu seinen Eltern weiterhin angespannt. Offene Auseinandersetzungen mit Wutausbrüchen finden zwar kaum noch statt, nach wie vor ist Toms Verhalten aber von einem starken Abgrenzungsbedürfnis geprägt, er vermeidet nähere Kontakte zu den Eltern, schließt sich häufig in seinem Zimmer ein und empfindet die Atmosphäre in seinem Elternhaus als bedrückend. Einen Höhepunkt erreicht der Konflikt mit den Eltern im März 1997, nachdem Tom mehrmals seinen Eltern Geld entwendete und dies schließlich entdeckt wird. Im Mai '98 berichtet Tom, die Beziehung zu seinen Eltern habe sich inzwischen entspannt, da er eh kaum noch Kontakt zu seinen Eltern habe: »Mit meinem Vater spreche ich kaum, mit meiner Mutter habe ich mich öfters gefetzt, aber mittlerweile auch nicht mehr so, also wir werden alle irgendwie ruhiger.«

Sorgenvoll berichtet die Mutter im Interview auch von Toms Interesse an Drogen, welches er vor der Mutter nicht verhehlt. Mir selbst teilt er im ersten Interview mit, er habe zwar noch nicht so viele Erfahrungen mit Drogen gemacht, wolle aber auf jeden Fall in naher Zukunft noch einige Drogen wie Ecstasy, Kokain und LSD ausprobieren. Auch in der Schule macht Tom aus seinem Drogenkonsum kein Geheimnis und schreibt seine letzte Projektarbeit zum Thema »Designer-Drogen« (auf diese Arbeit werde ich weiter unten noch näher eingehen).

Einigen Wirbel verursacht Tom in seinem Elternhaus auch mit Vorstellungen darüber, was er nach der 10. Klasse machen wolle. Eine Zeit lang favorisiert er die Idee, die 10. Klasse in der Freien Schule Bochum zu wiederholen, um seinen Notendurchschnitt zu verbessern, zum Ende des 1. Halbjahres der 10. Klasse äußert er dann den Wunsch, auf ein Internat zu gehen. Die verunsicherten Eltern bitten die Klassenlehrerin Karin aus diesem Anlass zu einem Gespräch, in dessen Verlauf diese sich – letztlich erfolgreich – bemüht, den Eltern die Fragwürdigkeit beider Alternativen zu vermitteln.

Wohl in dem Wissen darum, dass ihm keine andere Alternative bleibt, wenn er sein Ziel, das Abitur zu machen, erreichen möchte, kann sich Tom im zweiten Halbjahr der 10. Klasse dann zu einer disziplinierteren Arbeitshaltung überwinden und erreicht knapp die Qualifikation für den Besuch einer gymnasialen Oberstufe, die er zu Beginn des Schuljahres 1998/99 besuchen wird.

6.2 Toms emotionale Bedürfnislage im Lichte der psychoanalytischen Jugendtheorie

Toms Konflikte mit seinen Eltern lassen sich zunächst als normale Bestandteile des adoleszenten Loslösungs- und Individuationsprozesses verstehen. Betrachtet man sie allerdings näher, so fällt ihre ungewöhnliche Dramatik und Schärfe auf. Um diese nachvollziehen zu können, ist es wichtig, sich hier noch einmal den familiären Erfahrungshintergrund Toms zu vergegenwärtigen.

Toms Beziehung zu seiner Mutter ist geprägt durch eine ungewöhnliche dyadische Dichte. Zehn Jahre lang stellt die Mutter ihre Berufstätigkeit ein, um sich der Erziehung ihres Sohnes zu widmen, spricht im Interview fast schwärmerisch von der Zeit, in der sie mit Tom »so schön gespielt« habe, und erwähnt, dass Tom nicht gerne in den Kindergarten gegangen sei, da dort die Bezugspersonen logischerweise nicht derart intensiv auf seine Wünsche hätten eingehen können.

Die mit der Adoption seines Stiefbruders verbundene narzisstische Kränkung, plötzlich um die elterliche Liebe konkurrieren zu müssen, muss vor diesem Hintergrund für Tom besonders hart gewesen sein. Nicht zufällig betrachtet er ja auch selbst die Adoption des Stiefbruders als den Zeitpunkt, an dem seine Probleme anfingen.

Noch in seiner Adoleszenz bietet sich die Mutter Tom als Gesprächspartnerin für Themen wie Sexualität und Drogen an, also Themen, die Jugendliche in aller Regel lieber mit Gleichaltrigen verhandeln als im Elternhaus. Vor dem Hintergrund ihrer eigenen leidvollen Erfahrungen mit ihrer häufig verständnislosen Mutter möchte sie ihrem Sohn eine Mutter sein, die bereit ist, für alle seine Probleme offen zu sein.

Toms Vater hat demgegenüber eine ganz andere Beziehung zu seinem Sohn. Während es ihm einerseits sehr schwer fällt, gelassen auf Toms provokatives Auftreten zu reagieren (so kann er sich beispielsweise mit dem Piercing seines Sohnes anfänglich kaum abfinden), spielt er doch nicht die in vielen Familien typische Rolle des sanktionierenden Vaters. Zwar sei er, wie die Mutter ausführt, sehr hilfs- und aufopferungsbereit, scheue aber die direkte Konfrontation mit seinem Sohn: »Also der Paul ist bei seinem Sohn wie Butter an der Sonne, der schmilzt, ne, ja, also ich bin wirklich allein erziehende Mutter.« Diese familiäre Beziehungsdynamik, geprägt durch das vereinnahmende, »verschlingende« Verständnis einer übermächtigen Mutter und der emotionalen Abwesenheit eines hilfsbereiten, aber konfliktscheuen Vaters schlägt sich nicht zuletzt nieder in der tendenziellen Ohnmacht der Eltern in der Erziehung ihres Sohnes.

Toms Reaktion auf die spezifische Beziehungsdynamik in seiner Familie erinnert in mancherlei Hinsicht an das, was Thomas Ziehe (1998) als »negative Elternfixierung« bei Jugendlichen bezeichnet, denen die Aufgabe, die innerpsychischen Elternrepräsentanzen abzustreifen, durch eine bedrückende kognitive und affektive Nähe der Eltern zu ihrem Kind erschwert wird. Diese Jugendlichen, so Ziehe, seien geneigt »einen Weg der Abgrenzung zu beschreiten, der die Loslösung von den inneren Repräsentanzen quasi abkürzen will, indem sie genau das Gegenteil von dem tun, was ihre Eltern als wünschenswert erachten; immer in der Hoffnung, damit (Toleranz-) Grenzen austesten zu können« (Ziehe 1998, S. 66). Toms im ersten Interview geäußerte Selbsteinschätzung, er sei »kriminell veranlagt«, sein bekundeter Vorsatz, in Form krimineller Aktivitäten herauszufinden, »wie dumm eigentlich der Staat ist«, die durchschimmernde Faszination und der verhaltene Stolz bei der Aufzählung seiner bisherigen Delikte zum Ende seiner biografischen Erzählung, sein phasenweise schonungsloser Umgang mit dem eigenen Körper (ich denke hier an seinen Drogen- und Zigarettenkonsum), sein provokatives Auftreten und seine Leistungsverweigerung auf dem Gymnasium, das er vor der Freien Schule Bochum besuchte – all dies sind Aspekte seines Verhaltens und seines Selbstkonzeptes, die sich in diesem Sinne deuten lassen.

Unverkennbar verliert diese eher extrovertierte, die Konfrontation herausfordernde Form der Abgrenzung gegenüber seinen Eltern für Tom mit zunehmendem Alter aber an Bedeutung. Schon im zweiten Interview hat sich sein Selbstbild als »kriminell veranlagter« Mensch erheblich relativiert. Ausdrücklich betont er, dass er inzwischen nicht mehr daran glaube, sein späteres Leben mit kriminellen Aktivitäten finanzieren zu können. Diese »gemäßigteren« Zukunftsperspektiven korrespondieren mit seiner äußeren Erscheinung, die sich im Laufe seiner zwei Schuljahre an der Freien Schule Bochum erheblich gewandelt hat: Die Haare trägt Tom inzwischen kürzer und färbt sie nicht mehr, auch sein Kleidungsstil ist wesentlich unauffälliger geworden; insgesamt hat er sich von den Stilelementen des Punk weit entfernt.

Tom fordert also am Ende der zehnten Klasse mit seinem Verhalten und Auftreten weit weniger die Konfrontation heraus als etwa noch drei Jahre vorher. Die für Tom inzwischen dominant gewordene Form der Abgrenzung (auch gegenüber den

Eltern, aber nicht nur diesen) zeigt sich auf der Verhaltensebene insofern, als Tom »arrogant und eingebildet« ist, wie er es selbst von sich behauptet. Diese Selbsteinschätzung gibt er im zweiten Interview als Antwort auf die Frage, was er als eigene charakterliche Schwächen bezeichnen würde, fügt aber sofort hinzu, dass dies eigentlich auch Stärken seien,

> »weil dadurch, dass ich arrogant und eingebildet bin, habe ich mir so eine Art kleine Schutzmauer um mich rum gebaut, also man verletzt mich nicht sehr leicht, und es gibt auch nur sehr wenige Menschen, die mich verletzen können, ja, und deshalb ist es im Grunde genommen auch wieder eine Stärke«.

Die für Tom vorherrschende narzisstische Selbstkonfiguration im Sinne Streeck-Fischers (1994, vgl. Kapitel 3.3.3) ist also das »aggrandisierte Selbst«. Beim Typus des aggrandisierten Selbst werden unliebsame Selbstaspekte von Unzulänglichkeit, Hilflosigkeit und mangelnder Kompetenz verleugnet und gleichzeitig auf andere, vor allem die Eltern projiziert. Wie ich im nächsten Kapitel an einigen Beispielen veranschaulichen werde, ist die »Abwertung realer Objekte« bei Tom zwar verhältnismäßig stark ausgeprägt, allein die Tatsache, wie weitgehend sich Tom der Schutzfunktion dieses Verhaltens bewusst ist, weist aber meines Erachtens darauf hin, dass Toms »Arroganz« nicht pathologischer Natur ist.

Ein letztes Theorieelement der psychoanalytischen Jugendtheorie, auf das ich hier zum Zwecke eines tieferen Verständnisses der emotionalen Bedürfnislage Toms zurückgreifen möchte, ist der von Erdheim (1982) entfaltete Ansatz, das Verhältnis zwischen adoleszenten Allmachtsfantasien und Arbeit als ein Dilemma zu begreifen (vgl. Kapitel 3.3.5). Zur Erinnerung seien nochmals die vier von Erdheim unterschiedenen Möglichkeiten aufgeführt, den Widerspruch zwischen Allmachtsfantasien und Arbeit aufzulösen, von denen aber nur die vierte die volle Entfaltung menschlicher Kreativität und die Versöhnung zwischen adoleszentem Narzissmus und Welt ermögliche:

1) Verleugnung der Allmacht, Projektion derselben ins Über-Ich (Fetischisierung der Arbeit)
2) Projektion der Allmachtsfantasien in die Freizeit (entfremdete Arbeit)
3) Verleugnung der Arbeit und des Realitätsprinzips (Verwahrlosung, Kriminalität)
4) Abarbeitung der Allmachtsfantasien an der Realität (selbst bestimmte Arbeit)

Toms Verhalten während der Untersuchungsphase ließe sich in diesem Schema weitgehend der zweiten Kategorie zuordnen. In Bezug auf seine Rolle als Schüler und auf die an ihn gestellten schulischen Anforderungen hat er, seitdem er die Freie Schule Bochum besucht, das Realitätsprinzip verinnerlicht, wenn es auch noch auf gleichsam »wackligen Füßen« steht. Sein eigentliches Interesse, seine Fähigkeit zur Faszination und Begeisterung richtet sich aber weitgehend auf Freizeitaktivitäten. Während sich aber seine Zukunftsperspektiven zum ersten Interviewzeitpunkt noch eindeutig der dritten Kategorie zuordnen lassen (er sieht nicht ein, legal Geld zu verdienen, da er ja mit einem geringeren Arbeitsaufwand illegal das »Vier- bis Fünffache« verdienen könne, und träumt davon, Deutschland zu verlassen, »am besten mit einem Koffer voller Bargeld«), haben sich seine Perspektiven bis zum zweiten Interviewzeitpunkt sowohl zur zweiten wie zur vierten Möglichkeit hin geöffnet. Lediglich die Gefahr einer Fetischisierung der Arbeit scheint mir bei Tom überhaupt nicht gegeben zu sein.

6.3 Zur Bearbeitung seiner Bedürfnislage im schulischen Kontext

6.3.1 Selbsterprobungen und deren identitätsbildende Funktion – Toms Verhalten und die rückspiegelnden Reaktionen seiner Mitschüler/innen

Es wurde oben bereits dargestellt, dass Tom nach seinem problematischen Einstieg in die Gruppe schon bald zu einem von allen Mitschülern akzeptierten Gruppenmitglied wird und zu einigen Mitschülern engere Kontakte aufbaut. Das seiner Einschätzung nach tolerante und vertrauensvolle Sozialklima der Freien Schule Bochum führt dazu, dass er gerne die Schule besucht und zum ersten Interviewzeitpunkt eine ausgesprochen gute Meinung von der Freien Schule Bochum hat. Vor allem der Vergleich mit dem Sozialklima an der vorher von ihm besuchten Schule lässt die Freie Schule Bochum in einem günstigen Licht stehen:

> »Hier kommt das nicht so drauf an, wer man ist, in der alten Schule war das so, entweder man ist irgendwas oder man ist weg vom Fenster und hier, na ja, kann man anderer Meinung sein, versteht sich aber trotzdem.«

Ausschlaggebend für Toms Wohlbefinden ist nicht zuletzt das vertrauensvolle Verhältnis zu seinen Lehrern. Rückblickend schreibt er zu seinem Verhältnis zu den Lehrern an der vorherigen Schule in einem Text aus dem Englischunterricht: »*I hated the teachers and the teachers hated me.*« Auch in der Freien Schule Bochum sind ihm zwar nicht alle Lehrer ausgesprochen sympathisch, er schätzt aber die vorherrschend »lockere« Umgangsweise und reagiert auf Ermahnungen und Kritik nicht mehr notorisch abweisend. Toms Klassenlehrerin Karin hebt im Interview ihrerseits hervor, dass sie sich mit Tom relativ ungezwungen unterhalten könne und dass er sich kritische Rückmeldungen zu seinem Verhalten auch durchaus gefallen lasse.

In dem sozialen Beziehungsgeflecht seiner Klasse gibt es zwei Mädchen-Cliquen, die im Hinblick auf ihre Weltanschauung, ihr Auftreten und ihr Selbstverständnis tendenziell gegensätzliche Ausprägungen des Jugendlichseins verkörpern: die einen, Sabine, Jana und Paula, eher modebewusst und unpolitisch; die anderen, Vanessa, Anna, Ulrike und Katrin mit einem eher oppositionellen und »alternativen« Selbstverständnis. Während Sabine aus der ersten Mädchengruppe diejenige war, die Toms Aufnahme in den Klassenverband den größten Widerstand entgegensetzte, ihm einmal sogar auf dem Schulhof, wie er erzählt, drohend mit einem halb gefüllten Abfalleimer hinterherlief, war es vor allem die andere Mädchengruppe, allen voran Vanessa, die sich mit ihm solidarisierte und ihm in Auseinandersetzungen Rückhalt gab. Toms oben zitierte Meinung, dass »man anderer Meinung sein kann, sich aber trotzdem versteht«, spiegelt sich in der von mir beobachteten Schulrealität beispielsweise darin wider, dass er auf der Arbeitsebene auch mit den Mädchen der ihm eher fern stehenden Clique durchaus kommuniziert. Szenen wie die, dass Sabine oder Jana Tom darum bitten, ihnen die Lösung einer Matheaufgabe mitzuteilen, oder dass umgekehrt Tom sich von Jana zum Abschreiben ihr ausgefülltes Deutscharbeitsblatt geben lässt, sind keine Seltenheit. Tom ist im Umgang mit diesen Mädchen und allgemeiner, mit allen seinen Mitschülern, also sehr hilfsbereit und auch kommunikativ. In den Pausen pflegt er aber zu jenen Schülerinnen und Schülern, die ihm eher unsympathisch sind, keinen Kontakt.

Anlass für Konflikte bietet aber sein manchmal arrogantes Auftreten. Beispielhaft dafür mag eine von mir beobachtete Szene im Geschichtsunterricht sein, in der Jana die Lehrerin fragt, welche Partei sich hinter den Buchstaben »NSDAP« verberge, und Tom prompt mit etwas verächtlichem Unterton fragt: »Das ist doch wohl nicht dein Ernst!?« Tom drückt damit also aus, dass diese Wissenslücke über einen verzeihlichen Mangel an Allgemeinbildung eindeutig hinausgehe. Wenig später stellt er selbst der Lehrerin eine andere Wissensfrage, worauf der mit Jana befreundete Sascha an Tom gewandt kontert: »Das ist ja wohl nicht dein Ernst!?«

In einem anderen Zusammenhang versteigt sich Tom gegenüber Sabine zu der anmaßenden Äußerung, er sei eh ein besserer Mensch als sie. Insbesondere bei jenen Schülern, gegen die sich solche herablassenden Äußerungen richten, handelt sich Tom verständlicherweise massive Antipathien ein. In einem Gespräch mit ihrer Lehrerin äußert Jana ihren diesbezüglichen Unmut: »Tom ist total klug, sagt er ja selbst. Echt, der braucht nur den Mund aufzumachen, dann nervt der mich schon!«

Auch die oben schon erwähnte nachlässige Erfüllung des Küchendienstes durch Tom, mit der er unbewusst seinen Mitschülern zum Ausdruck bringt, dass ihm seine eigenen Interessen (wie zum Beispiel ausschlafen) wichtiger sind als die der Klassengemeinschaft (wie zum Beispiel rechtzeitig mit dem Frühstück beginnen zu können), führt verständlicherweise zu Konflikten mit seinen Mitschülern. In einer Morgenrunde teilt ein Mädchen mit, dass sie ab sofort nicht mehr bereit sei, mit Tom den Küchendienst zu machen. Auf die Frage der Lehrerin, wer denn dazu bereit sei, meldet sich zunächst niemand, erst nach einer Schweigephase wirft Matthias ein: »Aber nur, wenn du nicht mehr zu spät kommst!«

Die Rückmeldungen seiner Mitschüler/innen und Mitschüler zu seinem manchmal arroganten Auftreten sind also zum einen kritisch-ablehnend, zum anderen aber auch duldend-tolerant, Letzteres natürlich nur bei jenen Schülern, die Tom nicht zu Objekten seiner Abwertung macht. Ein besonders eindrückliches Beispiel für eine Rückmeldung zu Toms Sozialverhalten der letzteren Art sei hier etwas ausführlicher wiedergegeben:

> Die Verabschiedung der 10. Klasse wird in diesem Jahr im Klassenraum der 10er gefeiert. Eingeladen zu diesem Fest ist die ganze Schulgemeinde, also die Schüler der anderen Klassen ebenso wie ehemalige Lehrer und die Eltern der 10er. Der Klassenraum ist dementsprechend überfüllt, nicht alle eingeladenen Gäste finden im Raum Platz. Nach einem Büffet, der Schüleraufführung einer kurzen Szene des Theaterstückes »Besuch der alten Dame« von Friedrich Dürrenmatt, der Darbietung von drei Abschiedsliedern eines spontan ins Leben gerufenen »Lehrerchors« und einigen anderen Programmpunkten kommt Vanessa mit ihrem »Programmpunkt« an die Reihe. Sichtlich aufgeregt steht sie auf der Bühne, die anderen Zehntklässler neben und hinter ihr, und teilt dem Publikum mit, sie wolle jetzt einigen ihrer Mitschüler, die ihr besonders viel bedeutet hätten, Geschenke überreichen. Mit einer Rose in der Hand wendet sie sich grinsend und mit lauter Betonung zuerst an Tom: »Zuerst möchte ich dem arrogantesten, überheblichsten und eingebildetsten Menschen was schenken, den ich jemals kennen gelernt habe.« Etwas leiser und ernsthafter fügt sie hinzu, indem sie ihm die Rose überreicht: »Aber auch dem großzügigsten Menschen, den ich jemals kennen gelernt habe!« Dann bückt sie sich zu ihrem vor ihr liegenden Rucksack und kramt das für Tom bestimmte Geschenk heraus, dessen Anblick im Publikum einige witzelnde Bemerkungen herausfordert: Es handelt sich um einen rosafarbenen Handspiegel. Mit der Bemerkung »Damit du mich nicht mehr bei H&M von Spiegel zu Spiegel zerrst!« überreicht sie Tom den Spiegel, der ihn leicht errötet und lächelnd entgegennimmt. Das Publikum klatscht. (10, 10.6.98)

Bedeutungsvoll scheint mir diese Szene insofern, als hier, öffentlich wahrgenommen und sanktioniert, Toms Persönlichkeit von einer befreundeten Mitschülerin wertgeschätzt wird, gleichzeitig aber auch eine Kritik an seiner Arroganz artikuliert wird, deren narzisstische Komponente im Übrigen kaum pointierter als durch einen Handspiegel symbolisch zum Ausdruck gebracht werden könnte (Narziss verliebte sich bekanntlich in sein Spiegelbild). In Wechselwirkung mit den teilweise aggressiv-kritischen Rückmeldungen anderer Schüler schaffen Erfahrungen dieser Art, so meine Vermutung, die denkbar besten Voraussetzungen, dass Tom bei der Stabilisierung seines Selbstwertgefühles zunehmend weniger auf die narzisstische Selbstkonfiguration des aggrandisierten Selbst zurückgreifen muss.

6.3.2 Allmachtsfantasien und Arbeit – Tom im Spannungsfeld des Lust- und des Realitätsprinzips

»An einer Regelschule könnte ich nicht so viel draußen rumlaufen wie hier.« – so eine Äußerung Toms in der im Mai ’98 durchgeführten Gruppendiskussion mit fünf Zehntklässlern. Deutlich wird hier, dass ein wesentlicher Vorzug der Freien Schule Bochum in Toms Wahrnehmung in der Tatsache begründet liegt, dass er sich relativ weitgehend schulischen Anforderungen entziehen kann, ohne mit strafenden Sanktionen der Lehrer rechnen zu müssen. Dass ihm dies aber gleichzeitig auch Probleme bereitet, macht er in einer im ersten Interview geäußerten Kritik deutlich: »Also ärgern tu ich mich irgendwie über nichts so direkt, außer, dass es vielleicht nicht klingelt, damit man so etwa den Zeitplan einhalten kann.«

Toms Verhalten ist also von der Ambivalenz geprägt, einerseits in der Schule recht weitgehend dem Lustprinzip folgen zu können und dies zu genießen, andererseits aber das Gefühl zu haben, bei der Einübung des Realitätsprinzips zu wenig Hilfestellungen zu bekommen. Auch die von mir beobachteten Reaktionen der Lehrer, wenn Tom etwa zu spät zum Unterricht erscheint, eine Aufgabe nicht erledigt oder eine Vereinbarung nicht eingehalten hat, sind wenig einheitlich und weisen auf ein Grundproblem der Freien Schule Bochum, dass schulische Regeln situativ immer neu ausgehandelt werden und die Lehrer sich dabei in der belastenden Rolle befinden, immer wieder neu die Einhaltung dieser Regeln persönlich legitimieren und einfordern zu müssen.

Szenen wie die, dass Tom etwa zehn Minuten vor dem Ende einer Deutschstunde von seinem Platz aufsteht und mit dem demonstrativ an die Lehrerin gerichteten Kommentar »Ich bin jetzt nicht mehr ansprechbar!« den Klassenraum verlässt, ohne noch eine Reaktion der Lehrerin zu erhalten, finden sich in meinen Beobachtungsprotokollen ebenso häufig wie die, dass Tom zusammen mit zwei Mitschülern etwa 15 Minuten zu spät zur Mathestunde erscheint und die Lehrerin dies kurz mit »Schon notiert, Jungs!« (gemeint ist ein Eintrag ins Klassenbuch) kommentiert. Wenn Toms Klassenlehrerin ihm in dem oben schon zitierten Auszug aus dem ersten Jahresbrief nach dem Hinweis auf seine zunehmenden Fehlzeiten ermahnend mitteilt: »Das geht so nicht!«, dann hat die Schulrealität Tom bewiesen, dass es eben doch so geht. Seine wesentlich kritischere Einschätzung der Freien Schule Bochum zum zweiten Befragungszeitpunkt mag darin eine Ursache haben. Insbesondere in der Gruppendiskussion spricht Tom von seiner Angst vor der großen Stofffülle, die in der weiterführenden Schule auf ihn zukommen werde und – deutlich ironisch – von dem »riesen Fachwissen« was er in der Freien Schule Bochum vermittelt bekommen habe. Andererseits richtet sich seine unmittelbar geäußerte Kritik eher in eine andere Richtung: Die Freie Schule Bochum, so sein Eindruck, entwickelt sich immer mehr zu einer Regelschule, wird immer »kommerzieller«, und dies sei schade, weil er denke, »dass diese antiautoritäre Erziehung einfach in Deutschland gebraucht wird«.

Die Widersprüchlichkeit, dass Tom unter Umständen sich gerade mehr Fachwissen in der Freien Schule Bochum hätte aneignen können, wenn diese sich schon mehr in »Richtung Regelschule« entwickelt hätte, er aber diese Entwicklung kritisiert, kann als Indiz dafür gewertet werden, dass Tom durchaus »weiß«, dass gerade der in der Freien Schule Bochum übliche »lockere« Umgang mit Regeln, insbesondere die Tatsache, dass seine häufigen Fehlzeiten letztlich nicht sanktioniert wurden, für ihn ein notwendiges Moratorium darstellte. Dieses »Wissen« ist aber kein bewusstes, sondern eine ins Vorbewusste verdrängte Erfahrung. Sein labiles Selbstwertgefühl würde ihm nicht erlauben, sich einzugestehen: »Ich hätte mir ja in der Freien

Schule Bochum mehr Fachwissen aneignen können, konnte mich dazu aber nicht überwinden, habe oft den Unterricht geschwänzt und bin von daher selbst für meine Wissenslücken verantwortlich!« Tom löst dieses Dilemma, indem er die Freie Schule Bochum, so wie sie sich ihm darstellte, abwertet, für die »antiautoritäre« Wurzel dieser Schule aber Partei ergreift.

Der folgende Auszug aus dem Interview mit der Mutter macht deutlich, dass auch sie die Bedeutung der Freien Schule Bochum für Tom vor allem darin sieht, dass die Schule für ihn das darstellt, was Erikson (1956) als ein »psychosoziales Moratorium« bezeichnete:

> »(...) seit der Schule geht es eigentlich aufwärts, dass er auch mal wieder ein bisschen Erfolgserlebnisse hat und so weiter ne, dass er sich da angenommen fühlt, eine andere Möglichkeit hat es für den Tom nicht gegeben, davon bin ich überzeugt. (...) Der braucht einfach das Luftholen, um sich selbst über vieles im Klaren zu sein oder ins Klare zu kommen, das glaube ich einfach, dass das beim Tom jetzt einfach irgendwo ein Lern- und Umdenkungsprozess ist, der eben seine Zeit braucht, und die Ruhe müssen wir ihm auch gönnen und ihm die Zeit lassen.«

Ihrer institutionellen Funktion, den Schülern bei der Verinnerlichung des Realitätsprinzips Hilfestellungen zu leisten, ist die Freie Schule Bochum im Falle Toms also gerade dadurch gerecht geworden, dass sie die mit dieser Verinnerlichung verknüpften Anforderungen nicht verabsolutiert hat. Anforderungen wie die, pünktlich zum Unterricht zu erscheinen, konnten von Tom nur unter der Bedingung akzeptiert und befolgt werden, dass Tom zwar mit Ermahnungen, aber nicht gleich mit Sanktionen zu rechnen hatte, wenn er dieselben phasenweise nicht erfüllte.

Bemerkenswert ist in diesem Zusammenhang auch der Tatbestand, dass die Freie Schule Bochum Tom erlaubt, eines der beiden zweiwöchigen Praktika in einem Piercing-Studio zu absolvieren – ein Tatbestand, der in stärker hochkulturell orientierten Schulen (wie etwa den Waldorfschulen) sicherlich undenkbar wäre. Die Wahl eines Piercing-Studios als Praktikumplatz ermöglicht Tom die Erfahrung einer Verknüpfung jugendlicher Lebenskultur mit den Anforderungen der Arbeitswelt. In den Inhabern des Studios begegnet Tom erwachsenen Menschen, die seine Faszination für diese besondere Form des Körperschmucks teilen und sich insofern potenziell für idealisierende Identifikationen anbieten, im Unterschied zu seiner Tendenz, die Anforderungen der Arbeitswelt zu verleugnen, aber einer weitgehend geregelten Arbeit nachgehen. Während es aus wertkonservativer Perspektive zunächst fragwürdig sein mag, Jugendliche in einem »suspekt« erscheinenden Milieu ihr Praktikum absolvieren zu lassen, erreicht die Freie Schule Bochum hier meines Erachtens einmal mehr, was auch aus dieser Perspektive zu den wichtigsten Aufgaben der Institution Schule zählt, nämlich Jugendlichen Erfahrungen zu bieten, die zu einer allmählich sich verfestigenden Verinnerlichung des Realitätsprinzips anregen.

Während die obigen Erörterungen deutlich machen sollten, inwieweit die spezifische Anforderungsstruktur der Freien Schule Bochum auf den Ebenen der organisatorischen Rahmenbedingungen sowie der Kommunikations- und Interaktionsstrukturen Toms emotionaler Bedürfnislage gerecht wurde, soll dies im Folgenden anhand von drei Beispielen auf der Ebene konkreter Lerninhalte thematisiert werden. Dabei möchte ich mich auf den referierten Ansatz Erdheims beziehen, das Verhältnis von adoleszenten Allmachtsfantasien und Arbeit als ein Dilemma zu begreifen.

Toms im ersten Interview geäußerte Selbsteinschätzung, er sei kriminell veranlagt, ist oben bereits erwähnt worden. Moralische Konventionen über Bord werfend, entwirft er in einer Interview-Passage von sich das Bild eines rücksichtslosen Menschen, für den andere Menschen bei der Verfolgung eigener Interessen zu Objekten degradiert werden können. Mit seinem Selbstbild als kriminell veranlagter Mensch verknüpfen sich adoleszente Allmachtsfantasien, die im Interview etwa dann zum Ausdruck kommen, wenn er erzählt, an seinen eventuellen zukünftigen Verbrechen könne nichts schief gehen, da er ein Perfektionist sei. Die Vermutung liegt nahe, dass Tom mit seinem Selbstkonzept als »Krimineller« sein Gefühl des Verletzt-worden-Seins ins Gegenteil verkehrt: Die erlittene Passivität wird in Aktivität verwandelt und so psychodynamisch verarbeitet.

Bemerkenswerterweise ist es genau diese Thematik, die Tom in einem im Englischunterricht verfassten freien Text mit dem Titel »Another Love-Story« symbolisch zum Ausdruck bringt. Vorgegeben war von der Englischlehrerin der Beginn einer Geschichte, die die Schüler dann weitererzählen sollten. In der vorgegebenen Einleitung lernt der Erzähler der Geschichte eines Tages eine junge, offensichtlich stark übermüdete Frau kennen und bietet ihr vorübergehend ein Zimmer an, in dem sie ausschlafen kann. Mit »She slumped down on the bed ...« endet die vorgegebene Einleitung – Tom fährt fort: »... and cried.« Der Erzähler entpuppt sich dann in der von Tom fortgesponnenen Geschichte als ein Drogensüchtiger, der im Auftrage eines »großen Mafia-Bosses« selbst mit Drogen dealt. Die junge Frau ist am nächsten Morgen mitsamt einer großen Menge Kokain, welches der Erzähler in besagtem Zimmer versteckt hatte und welches ihm selbstverständlich nicht selbst gehörte, verschwunden. Im Wissen um die Brutalität seines Bosses sucht er panikartig nach der verschwundenen Frau und kommt nach einer langen, vergeblichen Suche zu dem Entschluss, sich selbst das Leben zu nehmen. Im letzten Augenblick trifft er aber doch noch die Frau, diese erzählt ihm ihre Leidensgeschichte, und sie fahren gemeinsam zurück in seine Wohnung. Trotz einer beginnenden Liebesbeziehung schlägt der Erzähler die Frau dort mit einem Baseball-Schläger tot und resümiert am Ende der Geschichte: »I knew that no one would love me like her. And I never loved a girl like her so much – but I had to do my job.«[1] Auffallend an dem von Tom in dieser Geschichte gewählten Sprachstil ist vor allem die Kaltblütigkeit und Nüchternheit, mit der er Szenen äußerster Brutalität schildert. Seine Lehrerin versieht den korrigierten Text mit dem Kommentar »Beim Lesen des Textes sind mir die Schauer

1 Dass sich dieser Satz tiefenhermeneutisch auch als symbolischer Ausdruck der Bemühung Toms deuten lässt, sich von der übermächtigen Mutter-Repräsentanz abzulösen, sei zumindest erwähnt, wenngleich diese Deutung hier nicht näher ausgeführt werden soll.

über den Rücken gelaufen«, und im Jahresbrief stellt sie lobend fest: »In der Unterrichtsreihe zum kreativen Schreiben hast du dich als begnadeter Verfasser von Psycho-Thrillern geoutet!«

Inwiefern kann Toms Text »Another Love-Story« nun als Beispiel für die Abarbeitung von Allmachtsfantasien an der Realität gelesen werden? Fest steht, dass es sich in diesem Beispiel lediglich um eine symbolische Form der Abarbeitung handelt. Anders aber als etwa bei einer Tagträumerei hat Tom hier eine für sein Selbstkonzept relevante Thematik sprachlich kreativ in einen realen Text einfließen lassen. Auf die Bedeutung, die die *Symbolbildung* bei der Versöhnung zwischen Narzissmus und Welt über das Medium der Arbeit für Jugendliche gewinnen kann, ist oben (Kap. 3.3.4) unter Bezugnahme auf Hirblinger bereits ausdrücklich hingewiesen worden. Toms kriminelle Allmachtsfantasien, so kann vermutet werden, verlieren also gerade dann etwas von ihrer verhaltensbestimmenden Kraft, wenn sie in einer Art und Weise symbolisch artikuliert werden, wie dies an obigem Beispiel veranschaulicht wurde.

Eine ganz andere Form der Versöhnung zwischen Narzissmus und Welt über das Medium der Arbeit stellt sich in Toms letzter, im Mai 1998 fertig gestellten individuellen Projektarbeit zum Thema »Designer-Drogen« dar. Diese Arbeit umfasst ca. 50 Seiten, geht einleitend auf die geschichtliche Entwicklung des Drogenkonsums ein, fasst kurz wesentliche Argumente zusammen, die für und gegen die Freigabe von Drogen sprechen und wendet sich im Hauptteil vier verschiedenen Drogen(-gruppen) zu, am ausführlichsten wird der Wirkstoff MDMA thematisiert. Die einzelnen Drogen werden jeweils sehr vielschichtig thematisiert. Entdeckung, Wirkung und Gefahren der jeweiligen Droge kommen ebenso zur Sprache wie physiologisch-medizinische, juristische, drogenpolitische, soziologische und psychologische Aspekte. Eine Grafik, die einen Überblick über alle wichtigen Designer-Drogen bietet, ein Fremdwörterlexikon und einige Fotos am Ende runden die Arbeit ab.

Als Toms Klassenlehrerin mir diese Arbeit kurz nach ihrer Fertigstellung aushändigte, war ich zunächst sehr verwundert, hatte Tom mir doch vorher angekündigt, er wolle in seiner Arbeit keine Literatur verarbeiten, sondern nur seine eigenen Drogenerfahrungen beschreiben. Im zweiten Interview teilt er dann mit, er habe eben während der Arbeit an diesem Text festgestellt, dass viele Aspekte in der Literatur viel besser beschrieben seien, als er selbst es hätte leisten können, außerdem sollte die Arbeit wissenschaftlichen Ansprüchen genügen, was ohne eine Einarbeitung von Literatur nicht möglich sei.

Toms Arbeit zeichnet sich im Vergleich zu den Projektarbeiten seiner Mitschüler, die mir ebenfalls zugänglich waren, tatsächlich gerade durch ihre wissenschaftliche Nüchternheit und Distanz aus. Toms Anspruch einer wissenschaftlichen Behandlung seines Themas ist dabei weniger ein von der Lehrerin vorgegebener, als vielmehr ein selbst gesetzter Anspruch. Während die Projektarbeiten seiner Mitschüler (die Themen »The doors«, »Schalke 04«, »Diana – Königin der Herzen«, »Indianer«, seien hier beispielhaft genannt) von ihrem zu Grunde liegenden Arbeitsaufwand her Toms Arbeit durchaus gleich stehen und teilweise sogar übertreffen, fehlt ihnen fast vollständig die metareflexive Ebene. Deutlicher als Toms Arbeit lassen sie die Eingenommenheit der Autoren für ihr jeweiliges Thema spüren.

Vor dem Hintergrund der großen Bedeutung, die der Drogenkonsum in Toms Leben spielt, kann meines Erachtens auch diese Projektarbeit als eine Form der »Versöhnung zwischen Narzissmus und Welt« im Sinne Erdheims interpretiert werden. Jeder Drogenrausch (sofern er nicht zu einem »Horror-Trip« ausartet) vermittelt dem Konsumenten narzisstische Verschmelzungszustände. Der Konsument bejaht im Rausch das pure, sich selbst genügende Dasein, blendet die Anforderungen der Realität situativ aus und genießt so gewissermaßen einen Triumph des Lustprinzips. Gerade für Jugendliche mit einem oppositionellen Selbstkonzept wie Tom ist der Konsum illegaler Drogen darüber hinaus insofern faszinierend, als er – als eine gesellschaftlich geächtete Handlung – gleichermaßen den Zusammenhalt in der peer-group wie die Abgrenzung gegenüber der Erwachsenenwelt zu stärken vermag. Indem Tom gerade jene Drogen aus verschiedenen Blickwinkeln thematisiert, die er selbst konsumiert, werden seine mit dem Drogenkonsum verknüpften Allmachtsfantasien nicht verleugnet, über das Medium der Arbeit aber in ihrer Bedeutung relativiert und mit gesellschaftlicher Tradition gedanklich in Verbindung gebracht.

Weniger mit gesellschaftlicher Tradition, als vielmehr mit der eigenen familiären Vergangenheit setzt sich Tom in einer weiteren individuellen Projektarbeit auseinander, die er unmittelbar vor seiner Arbeit über Drogen fertig stellte: nämlich eine 28-seitige, mit zahlreichen Fotos illustrierte Arbeit mit dem Titel »Familienchronik«. Angesichts des angespannten Verhältnisses zu seinen Eltern war es für mich zunächst erstaunlich, dass ausgerechnet Tom ein Thema wählte, welches die Beschäftigung mit den eigenen familiären Wurzeln zum Inhalt hat. Darauf angesprochen, teilt Tom im zweiten Interview seine ursprünglichen Beweggründe mit, die ihn zu einer Auseinandersetzung mit seiner Familiengeschichte motivierten.

> »Ja, das wollte ich ja auch eigentlich damit ausdrücken, ich wollte eigentlich so'n bisschen auf die Probleme der Familie in sich, die ja jede Familie in sich hat irgendwie, auf die wollte ich so'n bisschen aufmerksam machen, das ist mir aber nicht geglückt, also irgendwie fange ich immer jede Projektarbeit anders an, als ich sie beende, also aus einem anderen Aspekt wahrscheinlich so, ja.«

Während also Tom zu Beginn der Arbeit offenbar noch die Idee verfolgt, sich gewissermaßen auf die »Schattenseiten« seiner Familiengeschichte zu konzentrieren, um sich damit gleichzeitig von derselben abzugrenzen, fällt das Resultat seiner Arbeit ganz anders aus. Inhaltlich wie formal drückt seine Familienchronik eher liebevolle Achtung als distanzierte Missachtung aus. Die Lebensdaten seiner Vorfahren werden im Text minuziös vorgetragen und an vielen Stellen durch kleine Anekdoten bereichert. Partiell setzt sich Tom mit den »Taten« seiner Vorfahren zwar auch kritisch auseinander, wie im folgenden Beispiel gibt es aber auch Äußerungen, denen, denkt man an Toms Selbstbild als »kriminell veranlagter« Mensch, unverkennbar eine gewisse idealisierende Identifikation und Faszination anhaftet:

»Magdalena hatte noch eine stattliche Mitgift in die Ehe gebracht, die auch bald aufgezehrt war. Ihr Mann, mein Urgroßvater, stellte mit der Eheschließung sämtliche berufliche Aktivitäten ein, war fortan Privatier, bereiste ferne Länder und vervollkommente seine sechs Fremdsprachen, die er nahezu fließend beherrschte. Er starb völlig verarmt. Seine Söhne haben ihn nur um wenige Jahre überlebt.«

Tom räumt im Interview zudem ein, dass seine Mutter ihm beim Verfassen der Arbeit geholfen hat und einzelne Abschnitte zum mütterlichen Zweig des Stammbaums sogar selbst geschrieben hat. Im scharfen Kontrast zu der oftmals provozierenden Abgrenzung, die Tom gegenüber seinem Elternhaus an den Tag legt, werden familiäre Bindungen in der Auseinandersetzung mit seiner Familiengeschichte hier identifikatorisch verarbeitet. Psychoanalytisch betrachtet stellt sich Tom mit seiner Projektarbeit »Familienchronik« der adoleszenten Entwicklungsaufgabe der Identitätsbildung, welche ja nicht nur den zukunftsgerichteten Entwurf einer neuen Identität umfasst, sondern immer auch die Auseinandersetzung mit der Frage einschließt »Wie bin ich der geworden, der ich heute bin?«. Indem sich Tom seinen familiären Wurzeln zuwendet und seinem Geworden-Sein nachspürt, fühlt er, was seine ureigene Vergangenheit und somit die Grundlage seiner unverwechselbaren Identität ist. Wie Blos überzeugend darlegte (vgl. Kap. 3.3.1), setzt adoleszente Individuation gerade nicht den radikalen Bruch mit der eigenen Vergangenheit voraus, sondern zeichnet sich im gelungenen Falle durch eine Verschmelzung von Gegenwart und Vergangenheit aus.

6.3.3 Autonomie und Widerstand – Tom im Spannungsfeld von Selbst- und Fremdbestimmung

Die adoleszente Entwicklungsaufgabe der Loslösung von den inneren Elternrepräsentanzen – dies wurde im 2. Kapitel herausgearbeitet – stellt sich für Tom angesichts des vereinnahmenden Verständnisses seiner Mutter als besonders schwierig dar. Auch vor dem Hintergrund seiner in der Kindheit gemachten Erfahrung, mit Angeboten – wie die Mutter es selbstkritisch formuliert – förmlich »zugekleistert« worden zu sein, äußert sich Toms Bemühen um Autonomie zum einen in einer die Konfrontation herausfordernden Nichteinlösung elterlicher Erwartungen, zum anderen in dem Abwehrmodus des Sich-nicht-verfügbar-Machens. Ein allgemeines Kennzeichen des adoleszenten Bemühens um Autonomie ist also bei Tom besonders deutlich ausgeprägt: Da das Gefühl von entscheidender Bedeutung ist, eine Entscheidung eigenständig getroffen zu haben, tendiert der Jugendliche dazu, sich den Wünschen und Anforderungen anderer zunächst einmal nicht verfügbar zu machen – letztlich fremdbestimmte Tätigkeiten werden dann häufig zumindest nachträglich in selbst bestimmte Tätigkeiten umgedeutet.

Wie Tom den Abwehrmodus des Sich-nicht-verfügbar-Machens in seiner Klasse szenisch inszeniert und wie er andererseits die Beziehung zu seiner übermächtigen

Mutter-Repräsentanz symbolisch verarbeitet, soll nun am Beispiel eines Referates über Eva Braun analysiert werden. Tom hatte sich »Eva Braun« als Referatthema im Rahmen der Projektzeit »Nationalsozialismus« selbst ausgewählt. Unterrichtsmethodisch war diese Projektzeit so gestaltet, dass die Schüler sich jeweils mit einem Thema intensiv auseinander setzen, ein schriftliches Referat erarbeiten und dann die Ergebnisse ihrer Arbeit im Klassenverband präsentieren. Das folgende (stark gekürzte) Beobachtungsprotokoll skizziert den Ablauf von Toms Referat, welches gleichzeitig das letzte Referat im Rahmen dieser Projektzeit war, da Tom vorher mehrmals seine entsprechenden Unterlagen nicht mitgenommen hatte und so als Letzter an die Reihe kam.

> Die Deutschlehrerin Jutta kommt pünktlich um 11.30 Uhr in den Klassenraum, der heutige Referent Tom hält sich aber noch mit zwei Mitschüler/innen auf dem Schulhof auf, sodass der Unterrichtsbeginn verzögert wird. Erst als Jutta einen Schüler darum bittet, Tom doch bitte reinzuholen, erscheint dieser zusammen mit Vanessa und Anna um 11.40 Uhr im Klassenraum. Tom setzt sich auf seinen Platz und fragt in die Klasse, ob es okay sei, wenn er während des Referates auf seinem Platz sitzen bleibt. Das wird zunächst geduldet, als er dann aber die ersten Sätze zu seinem Referatthema sagt, bitten einige Schüler und Jutta ihn doch energisch, sich nach vorne zu begeben, worauf er dann leicht widerwillig eingeht. Tom stellt sich zwischen Pult und Tafel, hat keine Notizen in der Hand, beabsichtigt also offensichtlich einen freien Vortrag zu halten. Seine Einleitung wirkt sehr unmotiviert und auch etwas verlegen. Tom sagt, über Eva Braun könne man nicht viel sagen, überhaupt sei es schwer, über sie etwas in der Literatur zu finden, sie habe keinen Einfluss auf Hitler gehabt und sei alles in allem recht unbedeutend gewesen. Tom: »Mehr kann man dazu eigentlich nicht sagen.« Man hat den Eindruck, als wolle er mit dieser einleitenden Bemerkung sein »Referat« beenden. Jutta sagt daraufhin, dass er ihr eine ellenlange Arbeit über Eva Braun abgegeben habe und dass das also wohl noch lange nicht alles gewesen sein könne. Sie bittet deshalb die Schüler/innen, Fragen zu stellen. Fragen wie »Wie hat Hitler die denn kennen gelernt?« oder »Was fand die denn an Hitler so toll?« tauchen auf. Tom kann die meisten Fragen beantworten, bleibt dabei zwar recht wortkarg, lässt aber doch erkennen, dass er sich intensiver mit dem Thema auseinander gesetzt hat. (...)
>
> Nach etwa 10 Minuten wirft Jutta ein, Tom habe ja auch das Tagebuch Eva Brauns gelesen. Mit der sonderbaren Begründung, er wolle den Intimbereich Eva Brauns nicht verletzen, weigert sich Tom aber, davon etwas zu erzählen. Anna entgegnet: »Aber wenn das doch veröffentlicht ist!« Es entspinnt sich eine kleine Diskussion: Ulrike zu Anna: »Ja toll, fändest du das etwa gut, wenn dein Tagebuch veröffentlicht würde?« Jan zu Ulrike: »Na wenn du tot bist, ist das doch auch egal!« Vanessa wendet sich nach einigem Hin und Her lächelnd an Tom: »Aber *du* hast das Tagebuch gelesen?!« Mit einem verhaltenen Lächeln antwortet Tom: »Ja ich *musste* das ja lesen!« (...)

Jutta: »Tom, was mich ja auch interessiert, du hast dir das Thema ja selber ausgesucht, warum hast du es eigentlich ausgewählt, was fasziniert dich an Eva Braun?« Gespannt erwarte ich Toms Antwort, da mich gerade diese Frage auch sehr interessiert. Tom: »Hm, da die so ›die Frau hinter dem Schurken‹ war, die Frau als absolute Randerscheinung, das hat mich eigentlich fasziniert.« Mit der Bemerkung »Ja, wenn jetzt keine Fragen mehr kommen, dann kannst du dich ja wieder setzen. Danke schön« beendet Jutta das Referat. (10, 18.5.98)

Sicherlich ist deutlich geworden, dass Toms Abwehrmodus des Sich-nicht-verfügbar-Machens sich hier gleich in mehrfacher Hinsicht äußert:

- mehrmals »vergisst« er seine Materialien, referiert deshalb als Letzter,
- seinen Mitschülern mutet er zu, zehn Minuten auf sein Referat zu warten,
- obgleich es in dieser Klasse bei Referaten so üblich ist, lässt Tom sich ausdrücklich darum bitten, während des Referates von seinem Platz aufzustehen,
- die Präsentation seines Themas gestaltet sich sehr widerständig: Erst auf Grund konkreter Nachfragen gibt er etwas von seinem Wissen über Eva Braun preis,
- er weigert sich, etwas über die Tagebuchaufzeichnungen Eva Brauns der Klasse mitzuteilen.

Die Schule bietet sich hier also Tom als Bühne einer unbewusst inszenierten Selbstdarstellung. Das »Publikum« lässt sich geduldig auf dieses Spiel ein und bietet Tom so kaum eine Chance, sich seiner szenisch vermittelten Botschaft »Von mir, das merkt euch, ist nicht so leicht etwas zu haben!« bewusst zu werden. Einzig die von Vanessa mit einem wissenden Lächeln eingeworfene Frage »Aber du hast das Tagebuch gelesen?!« treibt Tom gewissermaßen in die Enge und ist geeignet, ihm die Widersprüchlichkeit seiner Haltung bewusst zu machen.[1] Seine Deutschlehrerin Jutta verhält sich ihm gegenüber zwar nicht völlig unkritisch, hält ihm im Jahresbrief beispielsweise vor, er habe das »gelungene« Referat über Eva Braun »leider etwas sehr lässig und bruchstückhaft vorgetragen«, geht in der wiedergegebenen Unterrichtsszene aber doch nicht das Risiko einer direkten Konfrontation ein.

Meines Erachtens wird an diesem Beispiel die Kehrseite des »lockeren« Sozialklimas in der Freien Schule Bochum sichtbar: Tom kann seinen verinnerlichten Abwehrmodus des Sich-nicht-verfügbar-Machens zum wiederholten Male inszenieren, ohne dabei – im Sinne einer fördernden Streitkultur – auf korrigierende Resonanzen zu stoßen. Diese (weitgehend) folgenlose Selbstinszenierung geht aber gleichzeitig

1 Abgesehen von dieser konkreten Szene sind es im Übrigen oftmals gerade seine Mitschüler, die auf seinen typischen Abwehrmodus mit der notwendigen Ungeduld reagieren. Im Matheunterricht geht er etwa auf die Bitte der Lehrerin, die eben von ihm ausgesprochene, richtige Lösung einer Aufgabe noch einmal der ganzen Klasse mitzuteilen, nicht ein, worauf Sabine mit der derb formulierten Drohung kontert: »Wenn du das jetzt nicht sagst, hau ich dir in die Fresse!« Anna ermahnt ihn in einer anderen Stunde, er solle sich nicht immer davor drücken, an der Tafel vorzurechnen.

auch auf Kosten – und dies ist mindestens ebenso problematisch – einer anspruchsvollen Auseinandersetzung mit Lerninhalten. Der Unterricht kann so in der Wahrnehmung der Schüler – um die Kritik zuzuspitzen – zu einer Farce werden, bei der das vorhandene intellektuelle Potenzial (Toms schriftliche Ausarbeitung seines Referates ist um ein Vielfaches anspruchsvoller als die mündliche Präsentation desselben) unausgeschöpft bleibt. Tom selbst bemängelt im zweiten Interview auch gerade am Beispiel der Projektzeit »Nationalsozialismus« das seiner Einschätzung nach mangelnde inhaltliche Niveau der Freien Schule Bochum. Einige seiner Mitschüler, so Tom, hätten sich bei den Referaten keine Mühe gemacht und zudem mangele es ihm auch nach dieser Projektzeit immer noch an wichtigem Kontextwissen zu diesem Thema.

Während die oben skizzierten Kommunikationsprozesse im Rahmen von Toms Referat also geeignet sind zu veranschaulichen, wie das Bemühen eines Schülers um Autonomie (hier in Form einer die Konfrontation herausfordernden Wiederinszenierung eines verinnerlichten Abwehrmodus) im schulischen Kontext ins Leere laufen kann, weist der symbolische Gehalt, den das Thema »Eva Braun« subjektiv für Tom darstellt, auf eine ganz andere Dimension des adoleszenten Bemühens um Autonomie. Auf die Frage der Lehrerin, was ihn am Thema »Eva Braun« fasziniert habe, spricht Tom von »der Frau als absoluter Randerscheinung«. Seine achtseitige schriftliche Ausarbeitung des Referates, in der er unter anderem auf die kurz vor dem gemeinsamen Selbstmord vollzogene Heirat von Hitler und Eva Braun eingeht, endet mit den als »Epilog« betitelten Sätzen: »Eva Braun hatte sich Zeit ihres Lebens aus Liebe zu Hitler von ihm demütigen lassen. Die letzten Minuten vor ihrem Tod wird sie wohl einmal glücklich und dankbar gewesen sein.« – Hitler als Personifikation der Macht und des Bösen, Eva Braun als Personifikation der Demut und Unterwürfigkeit – meinem Eindruck nach ließe sich kaum eine Beziehungskonstellation finden, die noch dramatischer und überspitzter symbolisch den Gegensatz dessen ausdrücken könnte, was ein männlicher Jugendlicher empfindet, der sich von einer übermächtigen Mutter innerlich loszulösen sucht. Ob daraus gefolgert werden kann, dass Tom in der Auseinandersetzung mit Eva Braun auf einer symbolischen Ebene das Verhältnis zu seiner Mutter (freilich nicht der realen Mutter, sondern deren innerpsychischer Repräsentanz!) verarbeitet, sei dahingestellt. In jedem Falle scheint mir aber der tiefenhermeneutische Ansatz fruchtbar zu sein, freie Texte dieser Art wie Traumtexte zu lesen und auf ihren symbolischen Gehalt hin zu analysieren.

6.4 Resümee

Am Beispiel des Schülers Tom konnte gezeigt werden, dass sich adoleszente Emotionalität im schulischen Kontext auf den unterschiedlichsten Ebenen artikuliert und die Wege ihrer Bearbeitung sehr vielfältig sind. Im Hinblick auf seine familiäre Sozialisation wurden die narzisstische Kränkung, die für ihn mit der Adoption des Stiefbruders verbunden war, das vereinnahmende Verständnis einer übermächtigen Mutter sowie die emotionale Abwesenheit des Vaters als Faktoren herausgearbeitet, die für die spezifische Prägung seiner emotionalen Bedürfnislage ausschlaggebend waren. Diese äußerte sich nicht zuletzt in der auffälligen Tendenz, die Anforderungen des Realitätsprinzips zu verleugnen und sich der Einflussnahme anderer Menschen, insbesondere der Eltern, nicht zugänglich zu machen.

Die damit zusammenhängenden schwer wiegenden Schulprobleme führten dazu, dass Tom zu Beginn der neunten Klasse von einem Gymnasium zur Freien Schule Bochum wechselte. Das spezifische Sozialklima der Freien Schule Bochum erwies sich für die psychosoziale Verfasstheit Toms als günstig. Im Unterschied zu seinen vorherigen Schulerfahrungen erlebte Tom hier ein vertrauensvolles Klima gegenseitiger Achtung und wurde nach anfänglichen Schwierigkeiten trotz seines auffälligen, zum Teil provozierenden Auftretens zu einem von allen Mitschülern akzeptierten Gruppenmitglied. Im Sinne adoleszenter Selbsterprobung erhielt er durchaus auch kritische Momente enthaltende Rückspiegelungen zu seinem Verhalten durch wichtige andere. Am Ablauf eines von ihm gehaltenen Referates über Eva Braun konnte freilich auch die Schattenseite eines derart toleranten und »lockeren« Sozialklimas veranschaulicht werden. Ohne auf korrigierende Resonanzen zu stoßen, inszeniert Tom hier zum wiederholten Male den für ihn typischen Abwehrmodus des Sich-nicht-verfügbar-Machens, womit seine adoleszente Suche nach Konfrontation letztlich ins Leere läuft und der eigentliche Unterricht in Gefahr steht, von ihm selbst und seinen Mitschülern als eine Farce erlebt zu werden.

Die vergleichsweise milde Ausprägung schulischer Leistungsanforderungen in der Freien Schule Bochum entsprach insoweit Toms emotionaler Bedürfnislage, als sie für ihn ein notwendiges Moratorium darstellte. Es wurde herausgearbeitet, dass die Freie Schule Bochum im Falle Toms ihrer institutionellen Funktion, den Schülern bei der Verinnerlichung des Realitätsprinzips Hilfestellungen zu leisten, gerade dadurch gerecht wurde, dass sie die mit dieser Verinnerlichung verknüpften Anforderungen nicht verabsolutierte. Andererseits zeigten sich alle Lehrer ebenso wie die Mutter darin einig, dass die Leistungskultur der Freien Schule Bochum für Tom eine Unterforderung darstellte und somit seine intellektuellen und kreativen Fähigkeiten keineswegs erschöpfend gefördert wurden.

Bemerkenswert ist in diesem Zusammenhang allerdings der Tatbestand, dass Tom insbesondere im Rahmen individueller Projektarbeiten (gewissermaßen die »Höhepunkte« seiner schulischen Leistungen) in vielfältiger Weise die Möglichkeit nutzte, individuelle Begabungen einfließen zu lassen und seine emotionale Konfliktlage auf einer symbolischen Ebene zu artikulieren. Es kann zwar kaum davon gesprochen werden, dass Tom seine konflikthaften biografischen Erfahrungen und emotionalen Nöte in Form eines *bewussten* und kontinuierlichen Dialoges mit wichtigen anderen in der Freien Schule Bochum hätte aufarbeiten wollen oder können.[1]

1 Meines Erachtens wäre dies im schulischen Kontext aber auch weder notwendig, noch möglich – Schule würde damit zu einer therapeutischen Einrichtung werden, die sie nicht ist und auch nicht werden sollte.

Toms Projektarbeit zum Thema »Designer-Drogen«, der sich in der »Familienchronik« und dem schriftlichen Referat über Eva Braun ausdrückende adoleszente Loslösungs- und Individuationsprozess oder die im englischen Text »Another Love-Story« durchscheinenden Allmachtsfantasien und entsprechenden Versagensängste veranschaulichen aber eindrücklich, dass Jugendlichen im schulischen Kontext potenziell viele (in der vorherrschenden Lernkultur heutiger Schulen meist verschüttete) Möglichkeiten offen stehen, ihre individuelle Bedürfnislage zu bearbeiten, *ohne* sich der dabei jeweils ausschlaggebenden psychodynamischen Prozesse bewusst sein zu müssen.

7. Zur emotionalen Bedürfnislage Jugendlicher im schulischen Kontext – eine Zusammenschau der Untersuchungsergebnisse

Wie in Kapitel 4 bereits angesprochen, reicht der theoretisierende Anspruch der vorliegenden Studie nicht bis zur Entwicklung einer »formalen Theorie« im Sinne der »grounded theory« nach Glaser und Strauss. Die in den vorigen Kapiteln gewonnenen Hypothesen sollen nun aber, ohne Anspruch auf Vollständigkeit, in einen sinnvollen Zusammenhang gebracht werden. Weil die folgenden Erörterungen den Zweck erfüllen sollen, möglichst prägnant den theoretischen Gehalt der Untersuchungsergebnisse offen zu legen, verbietet es sich, weiteres empirisches Material zu präsentieren. Durch ihre Abstrahierung vom empirischen Material stehen die folgenden Erörterungen in Gefahr, für sich genommen wenig substantiiert und im Detail unbegründet zu erscheinen. Diese Gefahr soll durch kurze Verweise auf das empirische Material an einigen Stellen zumindest eingedämmt werden.

7.1 Möglichkeiten und Grenzen einer Berücksichtigung und entwicklungsfördernden Bearbeitung adoleszenter Emotionalität im schulischen Kontext

Wie in Kapitel 3.3 dargestellt, vollzieht sich die adoleszente Identitätsbildung in einem dialektischen Wechselverhältnis von Regression und Progression. Jugendliche wollen einerseits erwachsen werden, sehnen sich nach seelischer Reife und Souveränität, brauchen andererseits aber auch immer wieder Momente der Erholung, des psychodynamischen Rückschritts, aus denen heraus sie die Kraft schöpfen, ihre adoleszenten Entwicklungsaufgaben überhaupt bewältigen zu können. Vor diesem Hintergrund stellt sich die Frage, inwieweit und in welchen Formen Jugendlichen im schulischen Rahmen Möglichkeiten offen stehen, ihren regressiven und progressiven Bedürfnissen nachzugehen.

Die empirisch untersuchte Praxis der Freien Schule Bochum kann im Hinblick auf diese Frage, dies wurde mehrfach deutlich, keineswegs als typisch für das allgemeine Schulwesen gelten. Bemerkenswert erschien beispielsweise die von fünf Lehrern in einer Gruppendiskussion einhellig geäußerte Einschätzung, dass sich die Schüler der Freien Schule Bochum *in* der Schule oftmals gerade *weniger* diszipliniert, höflich, vernünftig und berechenbar verhalten als außerhalb. Insgesamt entstand der Eindruck, dass die Freie Schule Bochum für die Schüler ein Ort darstellt, in dem regressive Bedürfnisse weiter gehend ausagiert werden können als in manchen anderen Lebenszusammenhängen und dass das regressive Agieren in der Schule somit für viele Schüler kompensatorische Funktionen erfüllt. Als ausschlaggebende Faktoren dafür wurden erstens die vergleichsweise langen Pausen herausgearbeitet, zweitens der große Zeitanteil offener Unterrichtsformen (z.B. Projektwochen) und drittens die vergleichsweise tolerante und weitgehend sanktionsfreie Schulkultur der Freien Schule Bochum. Am Beispiel des Schülers Tom konnte auch deutlich gemacht werden, dass die Freie Schule Bochum gerade durch diesen Aspekt ihrer pädagogischen Prägung für viele »Quereinsteiger«[1] in ihrer Schulbiografie eine Art »psychosoziales Moratorium« darstellt. Die in anderen Schulen nicht in gleichem Maße gegebene Möglichkeit, regressive Bedürfnisse auszuagieren, ist offenbar für viele Schüler geeignet, das geschwächte Selbstbewusstsein und die vitale Basis wieder erstarken zu lassen.

Die weitgehend sanktionsfreie Schulkultur der Freien Schule Bochum erschien im Hinblick auf das für den adoleszenten Entwicklungsprozess entscheidende Wechselverhältnis von Regression und Progression allerdings insofern fragwürdig, als sie für die Schüler quasi unzählige Situationen der *Verführung* impliziert, der progressiv zu widerstehen manchen Schülern nur selten gelingt. Entwicklungsfördernd kann die immer wiederkehrende Gelegenheit, einer Verführung zum regressiven Agieren aus eigener Entscheidung heraus zu widerstehen, letztlich nur für relativ ich-starke Schüler/innen sein, die – in Abhängigkeit von ihrer situativen Bedürfnislage – ausgewogen mal eher ihren progressiven und mal eher ihren regressiven Bedürfnissen folgen. Bei ich-schwachen Jugendlichen, die der Verführung zum regressiven Agieren aber nur in Ausnahmefällen widerstehen können, verfestigt sich aber u.U. ein defizitäres Leistungsselbstbild, welches die adoleszente Autonomieentwicklung empfindlich beeinträchtigen würde (vgl. Kapitel 5.5.3).

Die (in der Freien Schule Bochum sehr weitgehend gegebene) Möglichkeit des Ausagierens regressiver Bedürfnisse im schulischen Kontext kann also weder pauschal als entwicklungsfördernd noch als entwicklungshemmend bezeichnet werden, da es letztlich darauf ankommt, wie Jugendliche jeweils mit dieser Möglichkeit umgehen. Viel versprechend müssen dementsprechend didaktische Arrangements und Organisationsformen des Lernens erscheinen, die das Lerngeschehen im Klassenzimmer nicht allein nach der bei den Schülern je unterschiedlich ausgeprägten Leistungs-, sondern auch nach deren *Autonomiefähigkeit und -bereitschaft differenzieren* (vgl. dazu die in Kapitel 5.3.1 erörterte Projektzeit »Handwerkliche Projektarbeiten/Erdkunde«).

In Kapitel 5.2 und 5.3.3 konnte gezeigt werden, dass auch die *Besprechungen* durch das – für den adoleszenten Entwicklungsprozess so entscheidende – dialektische Wechselverhältnis von Regression und Progression stark geprägt werden. Eine

1 Wie in Kapitel 2.1 bereits erwähnt setzt sich die Schülerschaft im Sekundarbereich der Freien Schule Bochum zu etwa 60% aus so genannten »Quereinsteigern« zusammen, also aus Schüler/innen, die die Freie Schule Bochum nicht seit der ersten Klasse besuchen. Bei einem erheblichen Anteil dieser Schüler/innen begründet sich der Wechsel zur Freien Schule Bochum, so wie auch beim Schüler Tom, mit massiven Problemen an den vorher besuchten Schulen.

entwicklungsfördernde Komponente kommt den Besprechungen insofern zu, als sie den Schülern zahlreiche Gelegenheiten bieten, sich im Spannungsfeld von Lust- und Realitätsprinzip argumentativ zu verorten und sich somit – auf dem Wege der identitätsrelevanten Rückspiegelung durch bedeutsame andere – des eigenen Standes der Autonomieentwicklung bewusst zu werden. Als kennzeichnend für das pädagogische Profil der Freien Schule Bochum erschien dabei insbesondere die Gelegenheit, situativ *in Opposition zu den Lehrern* Partei für das Realitätsprinzip zu ergreifen. Manche Schüler nutzten im Rahmen der beobachteten Besprechungen auch in geradezu exzessiver Weise die Möglichkeit, sich über konflikthafte Auseinandersetzungen (in denen es meist um die Einhaltung bzw. Nicht-Einhaltung von Regeln des Schullebens und des Unterrichts ging) mit Lehrern zu reiben und sich an ihnen zu messen. Die Bereitschaft der Lehrer, mit den Schülern in einem möglichst gleichberechtigten Diskurs Regeln des gemeinsamen Zusammenlebens auszuhandeln, wurde auch insofern als entwicklungsfördernd interpretiert, als sie implizit die errungene Reife der Jugendlichen anerkennt und sie so dazu ermutigt, ihr Ringen um Autonomie progressiv fortzuführen.

Die Grenzen des entwicklungsfördernden Potenzials der Besprechungen liegen indes in der Tatsache begründet, dass es sich bei der intendierten Gleichwertigkeit des Diskurses aus strukturellen Gründen immer nur um eine partielle Gleichwertigkeit handelt (Schüler haben, was grundlegende Regeln des Schullebens und des Unterrichtes angeht, Beratungs-, aber kaum Entscheidungsgewalt) und die Jugendlichen sich dementsprechend im Hinblick auf ihre Autonomiefähigkeit auch nur partiell anerkannt fühlen können. Problematisch erschienen die beobachteten Besprechungen auch insofern, als sie in Verkennung des Wesens adoleszenter Intellektualität (vgl. Anna Freud 1936, S. 157) die Jugendlichen tendenziell zu einer altersunangemessenen übersteigerten Selbstthematisierung nötigten, welche zudem für Jugendliche mit einem ausgeprägten Abschirmungsbedürfnis als ein beängstigender Eingriff in die Intimsphäre empfunden werden kann. Vor diesem Hintergrund darf auch der Befund nicht verwundern, dass sich einige Schüler den Kommunikationsangeboten der Lehrer im Rahmen der Besprechungen nahezu vollständig verweigerten.

Die vorliegende Studie legt den Schluss nahe, dass – verglichen mit den begrenzten Kommunikationspotenzialen der Besprechungen – der *informellen Kommunikation zwischen Gleichaltrigen* im schulischen Kontext prinzipiell eine größere Bedeutsamkeit für den adoleszenten Entwicklungsprozess zukommt. Die Möglichkeit einer informellen Kommunikation ist für Schüler in Pausen stärker gegeben als im projektorientierten Unterricht und in diesem wiederum stärker als im Fachunterricht, letztlich durchzieht sie aber als eine inoffizielle Ebene des schulischen Lerngeschehens den gesamten Schulalltag. Da Rückspiegelungen des eigenen Verhaltens durch Gleichaltrige für die adoleszente Entwicklungsaufgabe der Identitätsbildung von zentraler Bedeutung sind, zeigen Jugendliche ein nahezu unersättliches Verlangen, das eigene Ich mit Worten und Taten vor Gleichaltrigen zu präsentieren. Viele Jugendliche neigen dementsprechend in unterrichtlichen Zusammenhängen dazu, wie oben bereits erwähnt, auf Kosten einer konzentrierten Auseinandersetzung mit dem jeweiligen Lerngegenstand die selbst erprobende Kommunikation mit Gleichaltrigen in den Vordergrund zu rücken. Störende Schüler, die am eigentlichen Unterrichtsgeschehen situativ nicht teilnehmen, verbleiben aus einem kommunikativen Bedürfnis heraus oftmals selbst dann im Klassenraum, wenn sie eben vom Lehrer aus der Klasse verwiesen wurden.

Am Beispiel des Schülers Tom konnte exemplarisch nachgewiesen werden, wie kritisch-aggressive, im Zusammenspiel mit duldend-toleranten und anerkennenden Rückspiegelungen durch Mitschüler einem Jugendlichen dabei helfen können, einen dominant gewordenen Abwehrmechanismus aufzulockern und sich gegenüber alternativen Formen der Konfliktverarbeitung zu öffnen.

Die Möglichkeit einer (informellen) Kommunikation zwischen Gleichaltrigen scheint gerade in der Freien Schule Bochum auf Grund ihrer pädagogischen Prägung (vergleichsweise lange Pausen, »lockeres« Sozialklima, großer Zeitanteil offener Unterrichtformen, zahlreiche Ausflüge und Klassenfahrten etc.) weitgehend gegeben zu sein und umfasst auch die Möglichkeit einer *gemeinsamen* Bearbeitung schulischer Aufgaben.

Tendenziell unterentwickelt erschien in der Freien Schule Bochum demgegenüber die Kultur einer ritualisierten, d.h. symbolisch aufgeladenen, feierlichen Präsentation von Ergebnissen und Produkten der schulischen Lernarbeit. Präsentationen fanden in der beobachteten Praxis der Freien Schule Bochum nur selten statt, wenn doch, hatten sie oft ein sehr geringes inhaltliches Niveau und/oder waren so wenig symbolisch aufgeladen, dass sie sich vom normalen Alltagsgeschehen der Schule kaum abhoben und dementsprechend bei den Schülern zwar keine Angstgefühle erzeugten, aber auch kaum geeignet waren, eine Atmosphäre schulöffentlicher Intensität herzustellen. Dies muss als bedauerlich gewertet werden, denn Präsentationen bieten, wie es anhand von zwei positiven Gegenbeispielen veranschaulicht wurde (Vanessas Geschenk an Tom im Rahmen des Abschlussfestes der 10. Klasse, Timos Referat über die Möhnetalsperre), potenziell die Möglichkeit, die eigene Bedürfnislage vor bedeutsamen anderen zu artikulieren und persönlichkeitsstärkende, in jedem Falle aber *für die eigene Identitätsentwicklung bedeutsame* Rückmeldungen zu erhalten.

Wie im vorigen Kapitel bereits angesprochen, kann die Auseinandersetzung mit Lerngegenständen für Jugendliche im schulischen Kontext nur begrenzt eine subjektive Bedeutsamkeit erlangen, weil schulische Lernarbeit primär als eine fremdbestimmte Tätigkeit empfunden wird. Mit ihrem Leistungsanspruch konfrontiert die Institution Schule den Jugendlichen strukturell mit seiner Unvollkommenheit, behandelt ihn als einen »noch-nicht-recht-brauchbaren« Menschen und verletzt so sein adoleszentes Größenselbst (Winterhager-Schmid). Jugendliche reagieren auf diese strukturell kränkende Seite der Institution Schule allerdings unterschiedlich »empfindlich«. Wie stark sich Jugendliche gegenüber den schulischen Lernangeboten distanziert verhalten, hängt wahrscheinlich von dem Grad ihrer narzisstischen Kränkbarkeit und der Intensität ihrer Autonomiebestrebungen ab. Da Mädchen stärker als Jungen ihre Identitätsbildung auch über die *Bezogenheit* zu anderen Menschen definieren (vgl. King 1997, S. 37), also nicht in gleichem Maße wie Jungen auf das Gefühl angewiesen sind, von anderen Menschen *unabhängig* zu sein, darf die in der vorliegenden Studie gemachte Beobachtung nicht verwundern, dass Jungen sich gegenüber den schulischen Lernangeboten tendenziell distanzierter verhalten als Mädchen. Für beide Geschlechter aber gilt, dass sie im Unterricht oftmals ein rezeptives Lernverhalten und ein zweckrationales Lerninteresse an den Tag legen, welches von dem eigentlichen Bedeutungsgehalt der Inhalte abstrahiert ist und auf eine möglichst effektive und wenig mühsame Aneignung abschlussrelevanten Wissens (um später einen guten Schulabschluss zu bekommen) gerichtet ist. Dessen ungeachtet konnte aber auch deutlich gemacht werden, dass inhaltlich-kognitive Lernprozesse im schulischen Kontext auf mindestens zwei Ebenen durchaus eine subjektive Bedeutsamkeit erlangen können:

Erstens in solchen Lernsituationen, in denen es im Sinne Erdheims gelang, adoleszente Allmachtsfantasien an der Realität abzuarbeiten, oder, um mit den Worten Winterhager-Schmids zu sprechen, die ich-fernen Anforderungen der Kultur mit ich-nahen Ausformungen eines persönlichen Ich-Ideals zu verknüpfen. Als ein eindrückliches Beispiel einer solchen Verknüpfung lässt sich beispielsweise die erörterte Projektarbeit zum Thema »Drogen« des Schülers Tom verstehen, mit welcher Tom einen idealisierten Aspekt seines Alltagslebens und entsprechende Allmachtsfantasien über das Medium der Arbeit in ihrer Bedeutung relativierte und mit gesellschaftlicher Tradition gedanklich in Verbindung brachte. Voraussetzung einer solchen Verknüpfung schien in jedem Falle die Offenheit der Schule gegenüber der jugendlichen Alltags- und Subkultur zu sein. Gegenüber einer alltagskulturellen Orientierung didaktischer Arrangements verhielten sich die Jugendlichen zwar häufig sehr reserviert (etwa in der als Talk-Show konzipierten Diskussion zum Thema »Wohnen«); wurden Themen der Alltagskultur aber nicht von den Lehrern, sondern von den Schülern selbst in das schulische Lerngeschehen eingebracht, schien dies in den meisten Fällen die subjektive Bedeutsamkeit desselben aufzuwerten.

Eine subjektive Bedeutsamkeit erlangten inhaltlich-kognitive Lernprozesse zweitens dann, wenn sie die Möglichkeit eröffneten, auf einer *symbolischen* Ebene innere psychische Realität zu verarbeiten. Beispiele dafür wären das besprochene Referat Timos über »Die Zerstörung der Möhnetalsperre« oder das ausführlich erörterte Hörspiel »Schrebergärten des Zorns«. Schulische Lernarbeit, in der die Jugendlichen offensichtlich biografisch- oder entwicklungsbedingte Konflikte symbolisch artikulierten, schien durchweg *nicht* darauf angewiesen zu sein, dass sich die Schüler selbst oder die jeweils involvierten Lehrer der dabei ausschlaggebenden psychodynamischen Prozesse bewusst wären. Unabdingbar für das Zustandekommen einer solchen Lernarbeit schien aber in jedem Fall die mehr oder weniger *freie Themenwahl* zu sein. Denn nur diese ermöglichte es den Jugendlichen, quasi »intuitiv« subjektiv bedeutsame Themen auszuwählen.

7.2 Antinomien pädagogischer Praxis im Sekundarbereich I

An zahlreichen Stellen der vorliegenden Arbeit dürfte deutlich geworden sein, dass der pädagogische Umgang mit Jugendlichen im schulischen Kontext von widersprüchlichen Anforderungen bestimmt wird, die jeweils für sich genommen aber durchaus Gültigkeit beanspruchen dürfen. Solche Antinomien pädagogischer Praxis im Sekundarbereich I sollen nun abschließend noch einmal im Zusammenhang betrachtet werden. Ziel der folgenden Erörterungen ist es allerdings nicht, ein theoretisches Konstrukt zu entwerfen, welches für alle Sekundarschulen gültig wäre. Vielmehr sollen nur solche Antinomien erwähnt und kurz erläutert werden, die sich in der untersuchten Praxis der Freien Schule Bochum als besonders wirksam erwiesen.

An Stelle von »Antinomien« könnte man bei dem hier Gemeinten auch von »Spannungsfeldern« pädagogischer Praxis reden. Greifen wir das Bild der *Spannungsfelder* auf, so ist *gelungene* Praxis keineswegs immer gleichsam genau in der Mitte des jeweiligen Spannungsbogens zu verorten. Abhängig von gesellschaftlichen, regionalen, situativen oder innerpsychischen Faktoren mag es sinnvoll sein, wenn schulische Praxis mal eher zum einen, ein anderes mal eher zum anderen Pol ausschlägt. Ebenso wenig wie es also im Umgang mit Spannungsfeldern darum gehen sollte, jeweils den »goldenen Mittelweg« zu wählen, kann es im Umgang mit Antinomien darum gehen, diese *aufzulösen*. Zweifellos sollten grundlegende Unvereinbarkeiten pädagogischer Praxis umsichtig bearbeitet und miteinander vermittelt werden. Die Vorstellung aber, es sei möglich, Antinomien pädagogischer Praxis gänzlich aufzulösen und in eine von Widersprüchen bereinigte Praxis zu überführen, wäre nicht nur illusorisch, sondern auch, wie Schütze u.a. hervorheben, kontraproduktiv: »Zutiefst abträglich für den Erfolg von Reformprozessen ist dagegen der utopische Glaube an die Erreichbarkeit einer ›heilen Schulwelt‹ ohne Paradoxien des professionellen Handelns und eines entsprechenden ›neuen Menschen‹ – als Schüler/in wie auch als Lehrer/in -, der nicht durch die Gebrechlichkeiten der Existenzwelt und die Brüchigkeiten von Sozialisations- und Identitätsfindungsprozessen affiziert wäre.« (Schütze u.a. 1996, S. 335) Antinomien, die sich vor dem Hintergrund der durchgeführten Erhebung als für die pädagogische Praxis der Freien Schule Bochum relevant erwiesen, sollen nun auf drei Ebenen erörtert werden:

- der Ebene grundlegender Zielvorstellungen von Schule,
- der Ebene der Organisationsformen, der methodisch-didaktischen Gestaltung und der Inhalte des Unterrichtes und schließlich
- der Ebene der Schüler-Lehrer-Beziehung.

Antinomien auf der Ebene grundlegender Zielvorstellungen von Schule
Schule hat einerseits den Auftrag, Jugendlichen eine grundständige Bildung zu vermitteln, den kulturell akkumulierten Wissensbestand einer Gesellschaft an die nächste Generation weiterzureichen und sie – zukunftsorientiert – auf die Qualifikationsanforderungen der Arbeitswelt angemessen vorzubereiten. Andererseits hat

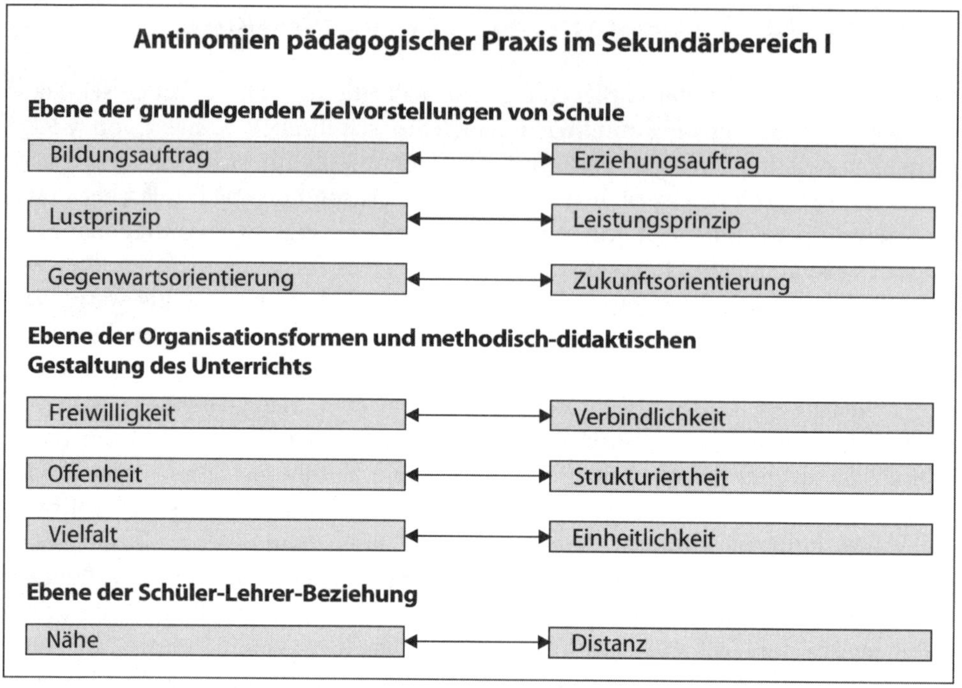

Schule den Auftrag, für die Jugendlichen Moratorien für adoleszente Selbsterprobung und Selbstvergewisserung zu arrangieren, den Prozess der adoleszenten Identitätsbildung unterstützend zu begleiten und ein Ort zu sein, in dem Sinn, Glück und Befriedigung schon in der Gegenwart erfahrbar sind.[1] Diese unterschiedlichen Aufgaben bzw. Funktionen von Schule müssen sich nicht per se widersprechen, enthalten jedoch im Kern auch Aspekte letztlich unvereinbarer Anforderungen.

Solche Widersprüchlichkeiten äußern sich in der beobachteten Praxis der Freien Schule Bochum beispielsweise darin, dass die Schule, indem sie den Schülern weit gehende Freiräume für ein kompensatorisches Ausagieren regressiver Bedürfnisse zugesteht, damit gleichzeitig ein herabgesetztes Niveau inhaltlich-kognitiver Lernprozesse in Kauf nimmt. In der Auseinandersetzung mit adoleszenter Komik wurde deutlich, dass ein überschwängliches Auskosten der Lustkomponenten der Komik zwangsläufig auf Kosten eines ernsthaften und leidenschaftlichen Sich-Einlassens auf Lerngegenstände gehen muss. Die allgemeine Hochschätzung des Lehrerhumors findet dementsprechend bei Schülern auch dort ihre Grenzen, wo dieser Humor den Bildungsanspruch des Lehrers ins Lächerliche zu ziehen scheint. Die in den Besprechungen beobachtete Tendenz, das diskursive Aushandeln sozialer Konflikte in den Vordergrund zu stellen, verhinderte eine gleichgewichtige Auseinandersetzung mit

1 Mit dem Begriff »Erziehungsauftrag« verbinde ich hier also weniger die Vermittlung von Sekundärtugenden und die Anpassung an gesellschaftliche Normen, sondern eher den Auftrag der Schule, die Persönlichkeit der Schüler zu stärken und ihre individuelle Entwicklung fördernd zu begleiten.

anderen Themen und Inhalten, schränkte also das kommunikative Potenzial der Besprechungen insgesamt ein. – Die Beispiele zeigen, dass Lustprinzip und Gegenwartsorientierung auf der einen, sowie Leistungsprinzip und Zukunftsorientierung auf der anderen Seite nicht in jedem Falle miteinander vereinbar sind.

Antinomien auf der Ebene der Organisationsformen und der methodisch-didaktischen Gestaltung des Unterrichtes

Vieles spricht dafür, den Unterricht in Schulen der Sekundarstufe I möglichst offen, flexibel und vielfältig zu gestalten. Jugendliche können nur dann ihre individuellen Bedürfnisse in das schulische Lerngeschehen einfließen lassen, wenn Inhalte und Methoden derselben nicht von vornherein starr festgelegt sind. Jugendliche müssen die Chance haben, eigene Themenschwerpunkte zu setzen, die ihnen gemäße Lernform zu wählen und immer wieder mit neuen Formen des Lernens zu experimentieren. Andererseits wurde deutlich, dass eine offene und flexible Lernorganisation Jugendliche dazu verführen kann, einer Auseinandersetzung mit neuen und unbekannten Lerngegenständen aus dem Wege zu gehen. Auf Grund ihrer leichten narzisstischen Kränkbarkeit vermeiden viele Jugendliche tendenziell Situationen, die das eigene Selbstwertgefühl bedrohen könnten und tun deshalb lieber das, was sie ohnehin schon konnten. Klare und verlässliche Strukturen dienen dem Ich-schwachen Jugendlichen als eine Art »Hilfs-Ich«, erleichtern die Anfänge des Lernens und vermitteln ein Gefühl der Sicherheit. Es gibt also ebenso gute Gründe, das Lerngeschehen im Sekundarbereich I möglichst verbindlich, konturiert und rhythmisiert zu gestalten.

Die in Kapitel 5.3.1 erörterte Tendenz der Lehrer, innerhalb einer Projektepoche Arbeitsmaterialien aus unterschiedlichsten Schulbüchern, Freiarbeitsmaterialien oder Broschüren zusammenzustellen und zum Teil in Eigenproduktion herzustellen, ermöglichte ihnen zwar, auf den jeweiligen Kenntnisstand, die bevorzugte Arbeitsweise und die aktuellen Interessen der Schüler flexibel eingehen zu können. Andererseits wurde vor dem Hintergrund einschlägiger Beobachtungen die Hypothese aufgestellt, dass sich für die Schüler das Gefühl, einen systematisch aufgebauten, inhaltlich kontinuierlich fortschreitenden und in sich abgerundeten Unterricht erlebt zu haben, leichter vermittelt, wenn sich diese Systematik und Kontinuität in der formalen Gestaltung der Arbeitsmaterialien widerspiegelt.

Weiterhin wurde deutlich, dass Lehrer die schwierige Gratwanderung zwischen einer die libidinöse Besetzungsfähigkeit der Schüler überfordernden Offenheit auf der einen und einer enervierenden, in ihrer Kleinschrittigkeit demütigenden Strukturiertheit auf der anderen Seite zu beschreiten haben. Einerseits müssen Lehrer versuchen, die Eigenaktivität der Schüler herauszufordern, indem sie ihnen die Möglichkeit geben, Wege der Problembearbeitung frei zu erkunden. Andererseits können offene Unterrichtsformen die Autonomiefähigkeit überfordern, weshalb es oftmals sinnvoller erscheint, wenn Lehrer – mit klarer Ergebnisorientierung – Aufgabenstellungen vorstrukturieren und den Schülern mögliche Wege der Problembearbeitung aufzeigen, *ohne* deren kreative Schübe geduldig abzuwarten. Diese Widersprüchlichkeit betrifft den Fachunterricht ebenso wie den Projektunterricht. In der unterstützenden Begleitung individueller Projektarbeiten steht beispielsweise jeder Versuch eines Lehrers, einem Jugendlichen Hilfestellungen zur Umsetzung seiner Ideen zu leisten, in Gefahr, bei diesem eine rezeptive Lernhaltung auszulösen, in deren Folge die Verantwortung für den eigenen Lern- und Arbeitsprozess – zumindest teilweise – an den Lehrer abgegeben wird. Umgekehrt impliziert eine unterlassene Hilfestellung die Gefahr, dass Jugendliche am Ende für das eigene Arbeitsprodukt auf Grund seiner mangelhaften Qualität keinen Stolz empfinden können oder ein anfänglich produktiver Arbeitsprozess auf Grund von Problemen im Sande verläuft, die durch die Unterstützung eines Erwachsenen leicht hätten beseitigt werden können.

Antinomien auf der Ebene der Schüler-Lehrer-Beziehung

An mehreren Stellen der vorliegenden Studie dürfte deutlich geworden sein, dass die Lehrer und Lehrer/innen der Freien Schule Bochum ihren Erziehungsauftrag nicht primär in einer Vermittlung von Sekundärtugenden wie Höflichkeit, Fleiß und Ordentlichkeit sehen, sondern vielmehr darin, die Persönlichkeit der Jugendlichen zu stärken und ihre Entwicklung fördernd zu begleiten. Wollen die Lehrer dieser impliziten Selbstzuschreibung als »Entwicklungshelfer« (vgl. Fröhlich-Uhl 1983, Teil I, S. 54f.) gerecht werden, müssen sie versuchen, zu den Jugendlichen ein vertrauensvolles und freundschaftliches Verhältnis herzustellen. Auf dieser Grundlage stellt sich der Lehrer dem Jugendlichen dann als ein Erwachsener dar, der sich für partielle Identifikationen anbietet. Als erwachsene Vertrauensperson bietet der Lehrer dem Jugendlichen emotionale Geborgenheit und Orientierungsmöglichkeiten, die ihm die Ablösung von den Eltern und deren inneren Repräsentanzen erleichtern. Nur wenn Lehrer ihre eigene Kindlichkeit, das eigene Erzogen-worden-Sein und eigene Regressionsbedürfnisse nicht verleugnen, sind sie in der Lage, sich empathisch in die emotionale Bedürfnislage Jugendlicher einzufühlen und zu diesen eine vertrauensvolle Beziehung aufzubauen.

Andererseits darf ein solches vertrauensvolles Verhältnis nicht in eine falsch verstandene, die Abschirmungsbedürfnisse Jugendlicher ignorierende Nähe umschlagen. Jugendliche brauchen konfliktfähige und konfliktbereite Lehrer, die als Vertreter einer *anderen* Generation erkennbar sind, die sich der adoleszenten Suche nach Konfrontation zu stellen wagen, die klare Grenzen setzen und es auch ertragen können, situativ von ihren Schülern »gehasst« zu werden (vgl. zu dieser Problematik auch Ermer 1990, S. 27f. und Kilian 1982, S. 154f.).

In den beobachteten Besprechungen der Freien Schule Bochum zeigten sich die Lehrer meist als sehr konfliktbereit, indem sie sich immer wieder mit den Schülern über die Regeln des Schullebens und des Unterrichtes stritten. Insbesondere die Dauerthematisierung des gruppeneigenen Sanktionssystems in Stamm 7/8 wurde aber verdächtigt, zu einer Personalisierung der Schüler-Lehrer-Beziehung beizutragen, welche für Schüler mit einem ausgeprägten Abschirmungsbedürfnis (wie beispielsweise der Schülerin Lisa) als ein intimisierender und deshalb abzuwehrender Zugriff wahrgenommen werden kann.

8. Ausblick – eine schulpädagogische Bilanz der Untersuchung

8.1 Eine bilanzierende Betrachtung der Lernumwelt Freie Schule Bochum

Eckhard Liebau schreibt in einem Beitrag mit dem Titel »Jugend gibt es nur im Plural«: »Die gesellschaftlichen Teilungen nach Generation, Geschlecht, Klasse, Region, Nationalität, Religion finden sich natürlich auch im Feld ›Jugend‹ und führen dort zu höchst unterschiedlichen Ausgangslagen und ›Jugend-Gestalten‹. Die Hauptschul- und Arbeitslosigkeits-Jugend von Achmed aus Hechingen hat mit der Gymnasial-, Ersatzdienst- und Studien-Jugend von Christoph aus Tübingen herzlich wenig gemein.« (Liebau 1990, S. 6) Ebenso wenig wie *die* Jugend gibt es *die* Sekundarstufe I. Zielvorstellungen von einer wünschenswerten Schulentwicklung müssen dementsprechend von Schule zu Schule ganz unterschiedlich aussehen. Neben ihrem Status als einer staatlich anerkannten Gesamtschule besonderer pädagogischer Prägung ist die Freie Schule Bochum ganz entscheidend von ihrem Klientel geprägt. Der hohe Anteil so genannter »Quereinsteiger« im Sekundarbereich der Schule ist oben bereits angesprochen worden und lässt sich im Wesentlichen auf zwei Faktoren zurückführen: Erstens fühlte sich die Freie Schule Bochum seit ihrem Bestehen schon mehrfach genötigt, zur Absicherung ihrer finanziellen Existenzgrundlage weitere Schüler aufzunehmen. Zweitens kommt es immer wieder vor, dass einige Schüler eines Jahrgangs (meist handelt es sich um die leistungsstärksten Schüler) nach Abschluss der vierten Klasse auf Bochumer Gymnasien wechseln. Weil in den höheren Jahrgängen nur ausnahmsweise Anmeldungen von Schülern *ohne* schwerwiegende Schulprobleme vorliegen, nahm die Schule in der Vergangenheit immer wieder Schüler auf, die an den jeweils vorher besuchten Schulen aus verschiedensten Gründen gescheitert waren. Und dies, obgleich die Lehrer sich im Grunde seit Jahren darüber einig sind, die Integrationskraft der Schule mit dem ungewöhnlich hohen Anteil von »Problemschülern« zu überfordern. Nicht unbewusst, aber ungewollt ist die Freie Schule Bochum damit tendenziell zu einem »Auffangbecken« für Schüler mit schwerwiegenden Schulproblemen und Eltern, die eine Überweisung ihres Kindes auf eine Sonderschule verhindern wollen, geworden. Viele Eigentümlichkeiten der Freien Schule Bochum, die in dieser Studie sichtbar werden, hängen zweifelsohne unmittelbar mit dieser Problematik zusammen.

Ich nenne exemplarisch das an verschiedenen Stellen der vorliegenden Arbeit festgestellte relativ niedrige fachliche Leistungsniveau der beobachteten Unterrichtsstunden. Eine jüngst durchgeführte Absolvent/innenstudie über die Glocksee-Schule (Köhler 1998) kommt diesbezüglich nämlich zu einem ganz anderen Ergebnis. Obgleich die Glocksee-Schule im Hinblick auf ihr pädagogisches Konzept der Freien Schule Bochum sehr stark ähnelt, hat sie doch ein völlig anderes Klientel. Während in der Freien Schule Bochum etwa eine Drittel den erweiterten Sekundarstufen-I-Abschluss erwirbt, sind es in der Glocksee-Schule zwei Drittel. Das Leistungsniveau der Glocksee-Schule wird von der großen Mehrheit der Absolvent/innen im Rückblick positiv eingeschätzt; bezeichnenderweise sind die leistungsschwächeren Schüler hier etwas kritischer (vgl. Köhler/Krammling-Jöhrens 2000, S. 161ff. und 218ff.) Wegen der ganz andersartig zusammengesetzten Schülerschaft in der Freien Schule Bochum vermute ich, dass hier eine entsprechend durchgeführte Absolvent/innenstudie im Hinblick auf das fachliche Leistungsniveau zu etwas kritischeren Ergebnissen führen würde.

Schließlich gilt es zu bedenken, dass die Lernpraxis einer Schule auch erheblich durch ihre Vergangenheit, ihre Erfahrungen mit verschiedenen Formen des Lernens und den je unterschiedlichen pädagogisch-professionellen Erfahrungen, Stärken und Schwächen der Lehrer/innen geprägt wird. Wenn sich beispielsweise vor dem Hintergrund der vorliegenden Studie für die Lernform der individuellen Projektarbeiten eine positivere Bilanz ziehen lässt als für die Projektwochen, so kann daraus nicht gefolgert werden, Projektwochen seien an und für sich eine pädagogisch fragwürdigere Lernform als individuelle Projektarbeiten. Die gelungene Umsetzung eines methodisch-didaktischen Vorgehens oder einer bestimmten Unterrichtsform ist von so zahlreichen Faktoren (Lernvoraussetzungen der Schüler, Wahrnehmungsmuster und pädagogisch-didaktische Kompetenz der Lehrer, materielle Ressourcen u.a.m.) abhängig, dass sie von Schule zu Schule und selbst innerhalb einer Schule notwendigerweise sehr unterschiedlich ausfallen muss.

Im Hinblick auf die untersuchte Sekundarpraxis der Freien Schule Bochum möchte ich nun meinen Eindruck nicht verschweigen, dass sie in hohem Grade reformbedürftig ist und dass für eine wünschenswerte Weiterentwicklung der Schule meines Erachtens nicht nur kleine Kurskorrekturen, sondern eine grundlegende Umorientierung vonnöten wäre. Insgesamt entstand im Laufe der empirischen Arbeit der Eindruck, dass die Schule in ihrer gegenwärtigen Praxis immer noch von alternativschulpädagogischen Ideen geprägt ist, die in ihrer zugespitzten Radikalität schon in den Gründungsjahren der Freien Schule Bochum fragwürdig erscheinen mussten, erst recht aber unter den heutigen gesellschaftlichen Rahmenbedingungen als Leitgedanken einer gelungenen Sekundarschulpraxis untauglich sind.[1] Plakativ

1 Es sei allerdings auch ausdrücklich betont, dass mit dieser Kritik die Gründungsinitiative der Freien Schule Bochum – und weiter gehend die Alternativschulpädagogik in ihrer Gesamtheit – nicht pauschal abgewertet werden soll. Im Gegenteil vertrete ich die Auffassung, dass die Freien Alternativschulen heute über ein beachtliches Innovationspotenzial verfügen (vgl. dazu Maas 1998b, 29ff.) und – gerade *wegen* der radikalen Andersartigkeit ihres schulpädagogischen Ansatzes – die Weiterentwicklung des allgemeinen Schulwesens nachhaltig befruchtet haben. Als die ersten Freien Alternativschulen in den 70er-Jahren ihre Praxis aufnahmen, boten sie dem öffentlichen schulpädagogischen Diskurs zwar kaum *Nahrung*, wirkten aber gleichsam wie ein *Aufputschmittel*, welches die Regelschule aus ihrer Selbstgenügsamkeit aufschreckte

formuliert speisten sich diese Ideen aus der irrtümlichen Annahme, es sei möglich, die im vorigen Kapitel bereits angesprochenen Antinomien pädagogischer Praxis von *Nähe und Distanz* sowie von *Freiwilligkeit und Verbindlichkeit* jeweils zum Pol der Nähe und der Freiwilligkeit hin aufzulösen.

Das Spannungsfeld von *Nähe und Distanz* wurde im vorigen Kapitel im Hinblick auf die Schüler-Lehrer-Beziehung erörtert. Wie in der folgenden Passage des pädagogischen Konzeptes der Freien Schule Bochum nochmals deutlich wird, tendiert die Freie Schule Bochum diesbezüglich eindeutig zum Pol der Nähe:

> »(...) Freilich sind es nicht die Größe und die Überschaubarkeit der Freien Schule Bochum allein, die das Entstehen eines anderen Klimas ermöglichen. Im gesamten pädagogischen Konzept ist die Entwicklung eines sowohl intimeren als auch offeneren Sozialklimas angelegt. Dieses Konzept erlaubt es den Lehrkräften, Rollenzwänge abzulegen, denen andere Lehrer/innen z.B. bei der Zensurenvergabe oder bei der Aufrechterhaltung der Schulordnung unterliegen. Deshalb können die Lehrer/innen an der Freien Schule Bochum für Außenstehende oft verblüffend offen, direkt und unverkrampft mit den Lehrern umgehen.« (Freie Schule Bochum 1994, S. 19)

Symptomatisch für das »sowohl intimere als auch offenere« Sozialklima der Freien Schule Bochum ist nicht zuletzt der Tatbestand, dass sich alle Beteiligten, also Eltern, Lehrer wie Schüler, hier gegenseitig *duzen*. Nun mag man diese Konvention als vergleichsweise unbedeutend empfinden und der Meinung sein, dass sie den Kernbestand des pädagogischen Konzeptes der Schule nicht berührt. Stellt man jedoch die – natürlich rein hypothetische – Überlegung an, was wohl passieren würde, wenn das Kollegium der Freien Schule Bochum eines Tages den Beschluss fassen würde, sich ab sofort von den Schülern nur noch siezen zu lassen, so wird deutlich, wie untrennbar die Konvention des Duzens mit der Identität dieser Schule zusammenhängt. Es ist nämlich davon auszugehen, dass dieser Beschluss ebenso heftige Irritationen und Widerstände auslösen würde, wie der Beschluss eines traditionell orientierten Gymnasialkollegiums, ab sofort das gegenseitige Duzen einzuführen.

Ein Kernproblem der Freien Schule Bochum im Umgang mit Jugendlichen besteht meines Erachtens nun darin, die Abschirmungsbedürfnisse Jugendlicher sowie die positiven Momente einer Differenz im Verhältnis von Jugend und Schule zu verkennen. Der Wunsch der Lehrkräfte, an die außerschulischen Erfahrungen der Jugendlichen so oft wie möglich anzuknüpfen, ihr Anspruch, die Jugendlichen nicht nur in ihrer Rolle als Schüler, sondern als ganze Menschen wahrzunehmen und zu

und sie dazu nötigte, sich ihrer inneren Widersprüche und ihrer Schwächen bewusst zu werden. Das große Verdienst und die nachhaltige Bedeutung der ursprünglichen Alternativschulpädagogik (die sich bis heute wesentlich ausdifferenziert und weiterentwickelt hat) liegt meines Erachtens hauptsächlich in dieser *provokativen Verlebendigung des schulpädagogischen Diskurses* und weniger in der besonderen pädagogischen Behandlung, welches den wenigen Schülern dieser Schulen zukam.

bewerten, das »intimere Sozialklima« der Schule, Besprechungen, deren typischer Ablauf häufig von einer Personalisierung der Schüler-Lehrer-Beziehung begleitet wird – diese und andere Faktoren mehr bedeuten für viele Jugendliche einen intimisierenden Zugriff, den es – in welcher Form auch immer – abzuwehren gilt. Die Kehrseite eines »familienähnlichen« Sozialklimas im schulischen Kontext ist also ein gleichsam »stickiges« Sozialklima, welches den adoleszenten Entwicklungsbedürfnissen und Autonomiebestrebungen diamentral entgegensteht.

Ein zweites Kernproblem der Freien Schule Bochum betrifft meines Erachtens das Spannungsfeld von *Freiwilligkeit und Verbindlichkeit.* Obgleich das Prinzip der freiwilligen Teilnahme am Unterricht schon vor vielen Jahren in der Freien Schule Bochum abgeschafft wurde, konnte in Kapitel 5.6.1 gezeigt werden, dass den Jugendlichen bis heute ein vergleichsweise hoher Grad an Selbstverantwortung für den eigenen Lernprozess zugestanden bzw. zugemutet wird. Der alte reformpädagogische Anspruch, den Unterricht so zu organisieren, dass er die Selbstständigkeit der Schüler herausfordert und ihnen ermöglicht, ihre je unterschiedliche Subjektivität einfließen zu lassen, hat auch in der modernisierten Gesellschaft nicht seine Berechtigung verloren. Im Gegenteil: Der rasante Wandel ökonomischer und kultureller Bedingungen hat dazu geführt, dass jeder Mensch zum »Planungsbüro für sein eigenes Leben« (Ulrich Beck) wird, also sein eigenes Leben, ob er will oder nicht, in die eigene Hand nehmen muss. Die meisten Sekundarschulen bereiten auf diese gesteigerte Selbstverantwortlichkeit in der heutigen und zukünftigen Gesellschaft nach wie vor unzureichend vor, indem sie die Autonomiefähigkeit Jugendlicher chronisch *unter*fordern. Das Hauptproblem der Freien Schule Bochum liegt diesbezüglich meines Erachtens umgekehrt darin, die Autonomiefähigkeit und -bereitschaft der meisten Jugendlichen chronisch zu *über*fordern. Um eine altbekannte Metapher aufzugreifen, besteht die beste Methode, jemandem das Schwimmen beizubringen, weder darin, ihn einfach ins Becken zu stoßen, noch darin, endlos über Techniken des Schwimmens zu theoretisieren, ohne jemals die ersten Schwimmversuche zu wagen.

Stichwortartig zusammengefasst bestehen wesentliche *Schwächen* der Freien Schule Bochum im Sekundarbereich I also darin,

- mit ihrem tendenziell intimisierenden Sozialklima die Distanzierungs- und Abschirmungsbedürfnisse Jugendlicher zu verkennen,
- Autonomiefähigkeit und -bereitschaft Jugendlicher chronisch zu überfordern,
- durch zu offene und unverbindliche Unterrichtstrukturen den Jugendlichen die Anfänge des Lernens zu erschweren,
- durch häufig unklare und nicht konsequent eingehaltene Regeln und Strukturen die Über-Ich-Schwäche der Frühadoleszenz eher noch zu potenzieren als zu kompensieren,
- in unterrichtlichen Zusammenhängen die Beziehungsebene auf Kosten der Inhaltsebene in den Vordergrund zu rücken, ein vergleichsweise niedriges fachliches Leistungsniveau in Kauf zu nehmen und damit das intellektuelle und kreative Potenzial der Schüler unausgeschöpft zu lassen.

Wesentliche *Stärken* der Freien Schule Bochum im Sekundarbereich I bestehen demgegenüber darin,

- sich den Jugendlichen als ein Lebens- und Erfahrungsraum zu präsentieren, in dem subjektiv bedeutsame Dinge ausgelebt und persönliche Interessen eingebracht werden können,
- durch einen hohen Anteil projektorientierten Unterrichtes, durch Praktika, vielfältige Unterrichtsformen, zahlreiche Ausflüge, Exkursionen u.a.m. den Jugendlichen vielfältige Möglichkeiten einer adoleszenten Selbsterprobung zu bieten,
- ihnen darüber hinaus, insbesondere im projektorientierten Unterricht, Spielräume für die sublimierende Verarbeitung biografisch- oder entwicklungsbedingter Konflikte bereitzustellen,
- den Jugendlichen großzügig Zeiten und Räume für das Ausagieren regressiver Bedürfnisse und für die selbst erprobende Kommunikation in der peer-group bereitzustellen.

Wenn oben behauptet wurde, für eine wünschenswerte Weiterentwicklung der Freien Schule Bochum sei eine grundlegende Umorientierung und ein Abschiednehmen von heute überholten alternativschulpädagogischen Prämissen vonnöten, wäre es angesichts dieser beachtlichen Stärken jedoch zweifellos beklagenswert, wenn die Freie Schule Bochum zukünftig ihre pädagogische Identität, ihr besonderes pädagogisches Profil ganz aufgeben würde. Die Leitidee einer pädagogisch reflektierten Weiterentwicklung der Freien Schule Bochum sollte also nicht darin liegen, das Konzept der Schule gleichsam völlig umzukrempeln, sondern eigene Schwächen selbstkritisch zu erkennen und konsequent zu bearbeiten sowie eigene Stärken systematisch auszubauen. Angesichts heutiger Entwicklungstendenzen im Allgemeinen Sekundarschulwesen (ich denke hierbei in erster Linie an die durch den TIMSS-Schock ausgelösten bildungspolitischen Reaktionen) erscheint insbesondere die vergleichsweise *hohe subjektive Relevanz des schulischen Lernens* als eine Stärke der Freien Schule Bochum, die es auch unter widrigen Umständen zu erhalten und zu verteidigen gilt. Denkt man etwa an die mit der PISA-Studie schon in Gang gekommenen überregionalen Vergleichstests im Sekundarschulwesen, so ist zu befürchten, dass sich die Subjektneutralität schulischen Lernens, wie Ullrich zutreffend bemerkt, zukünftig eher noch steigern wird: »Standardisierte Kerncurricula und die normierende Messlatte des deutschlandweiten Leistungsvergleichs drohen, das fachliche Lernen auf die leichter abfragbaren Inhalte und Routinen zu verengen und somit zu trivialisieren (...). Subjektsensiblere Sachverhalte und Lernwege werden wahrscheinlich noch weiter an den Rand gedrängt.« (Ullrich 1999, S. 568)

Im Hinblick auf die zukünftige Entwicklung des allgemeinen Sekundarschulwesens bleibt zu hoffen, dass es möglicht vielen Schulen gelingen wird, eine Lebens- und Lernkultur zu etablieren, die Stärken in sich vereinigt und Schwächen vermeidet, wie sie in der vorliegenden Studie am Beispiel der Freien Schule Bochum skizziert wurden. Eine Rückbesinnung auf die grundlegende Frage, was Jugendliche eigentlich emotional bewegt, welche Entwicklungsaufgaben sie zu meistern haben und wie Schule darauf angemessen eingehen kann, wird dabei wohl unabdingbar sein.

8.2 Alternative Schulpädagogik und die subjektive Bedeutsamkeit des Lernens

> »*Gelernt werden Stoffe, in denen das Ich sich selbst wieder findet, die ihm ein Stück seines eigenen Wesens widerspiegeln, in die einzudringen für das Ich bedeutet, zu sich selber, ›nach Hause‹ zu kommen.*« (Günter Bittner, zit. n. Göppel 1991, S. 421)

Mit ihrer gesuchten Nähe zu den subjektiven Bedürfnissen und Interessen der Schülerinnen und Schüler steht die Freie Schule Bochum unverkennbar in einer reformpädagogischen Tradition, welche die oft beklagte Kluft zwischen Jugend und Schule zu überbrücken versucht. Erinnern wir uns an die in Kapitel 3.2 erörterten normativen Anschauungen verschiedener Autoren (Tillmann, Schweitzer, Fauser u.a.) zum Verhältnis von Jugend und Schule, so war eine wesentliche Grundüberzeugung vieler reformpädagogischer Überlegungen der letzten Jahrzehnte offensichtlich die *Notwendigkeit einer Passung von Jugend und Schule.* Eine solche, als wünschenswert erachtete Passung wurde aber *primär* als Anpassung der Schule an die Erfahrungen und Bedürfnisse der Jugendlichen verstanden und nicht etwa umgekehrt als eine Anpassung der Jugendlichen an die durch die Schule repräsentierten Werte und Verhaltensorientierungen der Erwachsenenwelt.

In den letzten zehn Jahren wurden aber im schulpädagogischen Diskurs Stimmen lauter und stärker rezipiert, die eine tendenziell umgekehrte Argumentationslinie verfolgen. Als eine exponierte, in ihrer Polemik oftmals undifferenzierte Variante dieses neuen Argumentationsmusters können beispielsweise die Publikationen Hermann Gieseckes (vgl. u.a. 1999) gelten, der den reformpädagogisch begründeten Anspruch einer größeren Alltagsnähe und subjektiven Bedeutsamkeit schulischer Lerninhalte grundlegend hinterfragt und für eine Rückbesinnung der Schule auf ihren eigentlichen »Zweck, Unterricht zu erteilen« plädiert (Giesecke 1999, S. 90). Wesentlich beachtenswerter und differenzierter fallen meines Erachtens demgegenüber die im 3. Kapitel schon behandelten Publikationen Thomas Ziehes aus, der es angesichts kultureller Modernisierungsprozesse für wenig innovativ hält, im schulischen Kontext eine größere Nähe der Lernthemen und Lernsituationen zur Lebenswelt Jugendlicher anzustreben, weil Jugendlichen auch außerhalb der Schule schon längst alle Themen zugänglich seien. Ziehe plädiert deshalb ausdrücklich dafür, das »Verhältnis von Jugend und Schule nicht nur empirisch, sondern normativ als ein Differenzverhältnis zu konzipieren« (Ziehe 1999, S. 592).

Eine ähnliche Argumentationslinie wie Ziehe verfolgt Heiner Ullrich in seinem Beitrag »Zwischen Anpassung und Widerstand – Konzepte pädagogischer Schulentwicklung für heutige Jugendliche« (1999). Ullrich arbeitet heraus, dass die reformpädagogische Programmatik der beiden letzten Jahrzehnte wesentlich auf eine Öffnung der Schule für die Erfahrungen, Interessen und Bedürfnisse Jugendlicher gerichtet war. Die damit verbundene Subjektivierung der Lerninhalte berge aber eine ernst zu nehmende Gefahr:

> »Die mit der Öffnung der Schule zu den Jugendlichen verbundene Subjektivierung der Lerninhalte und Familialisierung der Rollenbeziehungen kann die für anspruchsvollere Formen der kulturellen Aneignung nötigen Fremdheits- und Diskrepanzerfahrungen verhindern. Die Zentrierung der Schüler auf ihre Eigenperspektive, ihre narzisstische Selbstbezüglichkeit, kann so gerade verstärkt und unnötig verlängert werden.« (Ullrich 1999, S. 594)

Mindestens genauso wichtig wie eine »Öffnung der Schule« sei heute deshalb auch umgekehrt eine »Öffnung des Schülers« für die Werte und den kulturell akkumulierten Wissensbestand, den die Schule repräsentiere. Schule, so Ullrich, habe die Möglichkeit zu nutzen,

> »im Unterricht die Heranwachsenden aus der ursprünglichen Verstrickung in ihre Routinen und Stereotype freizusetzen und in eine gedanklich erschlossene Welt einzubeziehen. Neben der Schule gibt es gegenwärtig keine andere soziale Einrichtung, die den Jugendlichen systematisch dabei helfen kann, die Komplexität ihres Lebens in Natur, Gesellschaft und Geschichte zu ermessen und darin handlungsfähig zu werden. Der Unterricht ermöglicht durch reflexive Distanz zum außerschulischen Leben eine freiere Sicht und macht lernbar, was sonst nicht in den Blick geriete. So kann es gerade nicht um die Öffnung der Schule zu einer »Erlebnisgesellschaft« gehen, die in Konsum und Mediennutzung hedonistisch auf die Steigerung des Selbstbezugs gerichtet ist. Die Kernaufgabe der Schule muss vielmehr auch und gerade heute die *Öffnung des Schülers* für die Phänomene, Werke und Taten sein, an denen er seine Anschauungskraft und Urteilsfähigkeit ausbilden kann.« (Ebd.)

Der ursprünglichen reformpädagogischen These einer »Öffnung der Schule« wird hier also die Antithese einer »Öffnung des Schülers« entgegengestellt. Ebenso wie bei Ziehe wird Schule in ihrer *Eigenlogik* und *Andersartigkeit* (gegenüber anderen Lebenswelten bzw. Institutionen) akzeptiert und verteidigt. Erst ihre Differenz zur jugendlichen Alltagskultur ermöglicht dem Jugendlichen neue Erfahrungen und befreit ihn aus seiner narzisstischen Selbstbezüglichkeit. Hartmut von Hentigs viel zitiertes Schlagwort einer »Entschulung der Schule« kann so gesehen heute kaum noch als Leitidee einer innovativen Weiterentwicklung der Sekundarstufe I gelten.

Paradoxerweise können im schulischen Kontext also gerade solche Lerninhalte für den Jugendlichen letztlich eine große subjektive und entwicklungsfördernde Bedeutsamkeit erlangen, die ihm zunächst fremd erscheinen, die ihn irritieren und die ihm unvertraut sind. Dies bedeutet nicht, dass Schule sich gegenüber der jugendlichen Alltagskultur verschließen sollte. Im Gegenteil: Wenn der Jugendliche *selbst* ihm vertraute Themen in das schulische Lerngeschehen einbringt, können diese dort produktiv aufgegriffen und weiterführend bearbeitet werden. Bestenfalls schlagen sich dann im Unterrichtsgeschehen Brücken zwischen den Ich-nahen Ausformungen des subjektiven Ich-Ideals eines Schülers und den Ich-fernen Anforderungen der Kultur. (Ein Beispiel hierfür ist die Projektarbeit zum Thema Drogen des 17-jährigen Schülers Tom, die in ihrer sprachlichen und inhaltlichen Qualität selbst das durchschnittliche studentische Niveau von Hausarbeiten bei weitem übertrifft.) Auf jeden Fall sollte Schule aber vermeiden, sich den Jugendlichen mit ihren alltagskulturellen Orientierungen und Interessen *anzubiedern*.

Eine Schulpädagogik, die sich um eine größtmögliche subjektive Intensität des Lernens bemüht, wird sich auch von einem einseitigen *Freiheitsbegriff* emanzipieren müssen, wie er in Teilen der Alternativschulszene leider immer noch verbreitet ist. »Freiheit« sollte im schulischen Kontext nicht mehr in erster Linie als Befreiung *von* Leistungszwängen verstanden werden, sondern als eine Erweiterung der Erfahrungsfähigkeit, also als eine »Freiheit *zu*«. Erst die intensive und oftmals mühsame Auseinandersetzung mit bestimmten Gegenstandsbereichen eröffnet dem Jugendlichen neue Erfahrungsfelder und Interessensgebiete, die für ihn auf den ersten Blick gar nicht sichtbar sind. Am Beispiel der Freiheit des künstlerisch-musischen Ausdrucks lässt sich das hier gemeinte Verständnis von Freiheit gut veranschaulichen: Nur der Musiker kann sich wirklich »frei« mit seinem Instrument ausdrücken, der es virtuos und spielerisch beherrscht. Um aber zu dieser Virtuosität zu gelangen, muss er einiges an »Zwang« und »Selbsteinschränkung« in Kauf nehmen: jahrelanges, oft genug mühsames und »langweiliges« Üben. Schule sollte bemüht sein, Jugendlichen auch diese voraussetzungsreiche Form der Freiheit erfahrbar zu machen.

Ein für die Entwicklung der Alternativschulpädagogik meines Erachtens ebenfalls fatales Missverständnis lag in einer vereinfachenden Interpretation des Konzeptes der »Mathetik«, welches Hartmut von Hentig in einem Gutachten für ein Verwaltungsgericht (1985) als grundlegend für die Theorie und Praxis der Freien Schule Frankfurt bezeichnete. Als die Lehre vom *Lernen* bildet die Mathetik den Gegenbegriff zur Lehre vom *Lehren*, der Didaktik. Die dem mathetischen Prinzip verpflichtete Schule, so von Hentig, lege ihr Hauptaugenmerk nicht so sehr auf die Frage, wie die zu vermittelnden Inhalte am besten gelehrt werden können, sondern vielmehr darauf, wie eine Schule gestaltet sein muss, um Kinder zu einer eigenständigen Organisation ihrer Lernprozesse anzuregen. Aus der Offenheit gegenüber den spontanen Lerninteressen der Kinder ergebe sich notwendigerweise ein Verzicht auf ausdetaillierte Curricula und durchrationalisierte Formen der Belehrung. Da von Hentigs Begriff der Mathetik das Selbstverständnis vieler Alternativschulen prägnant widerspiegelte, wurde er in den folgenden Jahren stark rezipiert. Viele Alternativschulen schrieben sich das Motto »Mathetik statt Didaktik!« auf ihre Fahnen, entwickelten einen großen Ehrgeiz darin, den Kindern ein anregendes Lernumfeld zu bieten, zeigten sich aber gegenüber Fragen der Didaktik uninteressiert bis ablehnend (vgl. Maas 1998b, S. 26f.). Glücklicherweise kann festgehalten werden, dass die große Mehrheit der Freien Alternativschulen diese Haltung inzwischen überwunden hat und zwischen guter Mathetik und guter Didaktik keinen Widerspruch mehr sieht. Denn was die jugendgerechte Schule meiner Einschätzung nach heute am wenigsten brauchen kann, sind Lehrer, die die Kunst des Lehrens für nebensächlich halten oder gering schätzen. Didaktisch anspruchsvoller Unterricht fördert die subjektive Intensität des Lernens, indem er Jugendliche dazu »verführt«, sich auf Lerninhalte einzulassen, die ihm zuerst fremd sind und die Abwehr hervorrufen, in denen er sich dann aber letztlich – im Sinne Bittners – »selbst wieder findet, die ihm ein Stück seines eigenen Wesens widerspiegeln«.

In der vorliegenden Studie wurden vor allem zwei Ebenen erörtert, in denen schulische Lernprozesse eine hohe subjektive Bedeutsamkeit erlangen: erstens nämlich dann, wenn diese Lernprozesse die Möglichkeit eröffnen, innerpsychische Realität auf einer symbolischen Ebene zu bearbeiten, und zweitens, wenn sie die Möglichkeit eröffnen, adoleszente Allmachtsfantasien an der Realität abzuarbeiten. Bemerkenswerterweise wurde herausgearbeitet, dass Lernprozesse diese subjektive Bedeutsamkeit erlangen können, *ohne* dass sich die Lehrer der dabei ausschlaggebenden psychodynamsichen Prozesse bewusst wären. Daraus darf meines Erachtens nun aber nicht gefolgert werden, eine entsprechende Bewusstheit auf Seiten der Lehrer wäre der subjektiven Relevanz schulischen Lernens abträglich. Im Gegenteil sehe ich in einer größeren Bewusstheit um die psychodynamischen Prozesse, die jedes Lerngeschehen begleiten, eine der größten Chancen für eine jugendgerechte Weiterentwicklung der Sekundarstufe I. Wie das folgende Zitat der Sonderschullehrerin Regina Clos zeigt, kann es im schulischen Kontext dabei nicht nur um eine Aufmerksamkeit für die Psychodynamik einzelner Schüler gehen, sondern auch für die Psychodynamik einer Klasse in ihrer Gesamtheit.

> »Wenn die Kinder etwas erzählen oder sich ein bestimmter Konflikt in der Klasse als immer wiederkehrend darstellt, so versuche ich zu erspüren, was in dieser neuen Gruppe die tragende Gruppenfantasie geworden ist, an der alle mehr oder weniger beteiligt sind. Ich versuche, solche Kristallisationspunkte aufzugreifen und symbolisch darzustellen, also den Kindern etwas anzubieten, das mein Verständnis für diese Fantasien, Fragen und Bedürfnisse deutlich macht. Ich versuche, mit den Kindern ›mitzuschwingen‹, mich einzufühlen in das, was gerade ›los‹ ist.« (Clos 1993, S. 61)

Sehr ergiebige Hinweise und Anregungen für psychoanalytisch orientiertes Arbeiten in der Schule bieten die jüngsten Veröffentlichungen des Gymnasiallehrers Heiner Hirblinger (1999, S. 2001). Hauptsächlich an Beispielen des Deutschunterrichtes werden hier sehr differenziert Aspekte einer psychoanalytisch fundierten »Technik« wie »Übertragung und Gegenübertragung«, »Triangulierung« und »gleichschwebende Aufmerksamkeit« erörtert. Meinem Eindruck nach wären Freie Alternativschulen in besonderer Weise dazu geeignet, solche Anregungen aufzugreifen und in die Fortbildung von Alternativschullehrern einfließen zu lassen. Denn auf diese Weise könnte eine Stärke, die den Freien Alternativschulen ohnehin innewohnt, nämlich ihre Sensibilität für die subjektiven Interessen und Bedürfnisse der Schüler, professionell aufgegriffen und somit ein Beitrag zu einer deutlicheren Profilbildung der Alternativschulpädagogik geleistet werden.

8.3 Vier Entwicklungsperspektiven für die Sekundarstufe I

Ohne Anspruch auf Vollständigkeit sollen abschließend Perspektiven aufgezeigt werden, die vor dem Hintergrund der vorliegenden Studie für die Weiterentwicklung der Freien Schule Bochum sinnvoll erscheinen müssen, an denen sich m.E. darüber hinaus aber auch die Reform des allgemeinen Sekundarschulwesens orientieren sollte.[1] Über den begrenzten Erfahrungsschatz der Freien Schule Bochum hinaus sollen dabei auch die Erfahrungen einiger anderer Reformschulen der Gegenwart angesprochen werden.

Außerschulische Lernorte nutzen

Jugendliche können über die Bewältigung ernsthafter, verantwortungsvoller und »nützlicher« Aufgaben ihr Selbstwertgefühl stabilisieren und werden dann nicht mehr so anfällig für entwicklungshemmende Minderwertigkeitsgefühle. Schule sollte deshalb den Jugendlichen so oft wie möglich die Gelegenheit geben, sich – in welcher Art auch immer – »nützlich zu machen«. In der Schule bieten sich solche Erfahrungsfelder etwa in Werkstätten, Schülerbetrieben oder der stadtteilorientierten Projektarbeit, vor allem aber in außerschulischen Praktika. In einem Erfahrungsbericht über das Praxislernen in der Freien Schule Leipzig hebt Scharff (2000) dementsprechend hervor, dass die Attraktivität der durchgeführten Praktika für die Schüler und Schülerinnen vor allem darin begründet lag, dass sie hier einen Stolz auf die erbrachte Leistung erleben konnten, wie er durch schulisches Lernen sonst kaum vermittelt wird. »Der Reiz des Praktikums lag in den meisten Fällen offensichtlich darin, eine Aufgabe wahrnehmen zu können, die wichtig ist und in der Einrichtung gebraucht wird. Damit verbunden war die Erfahrung, selbst gebraucht zu werden und eine wichtige Aufgabe übernehmen und erfüllen zu können.« (Scharff 2000, S. 126) Abgesehen von dem stolzen Gefühl, endlich einmal etwa ›Nützliches‹ geleistet und ›reale‹ Aufgaben bewältigt zu haben, welches Praktika offensichtlich vielen Jugendlichen vermitteln, sind sie für Jugendliche auch ein wichtiges Feld sozialer Selbsterprobung und ermöglichen vertiefte Einblicke in verschiedene Bereiche der Arbeitswelt oder – im Falle von Auslandsaufenthalten (vgl. dazu etwa den Bericht von Fischer u.a. [1997] über die regelmäßig durchgeführten Englandfahrten in der Laborschule Bielefeld) – auch in andere Kulturen.

1 Eine umfassendere Darstellung verschiedener Dimensionen der Weiterentwicklung von Schule findet sich bei Messner (2000a, 2000b), speziell bezogen auf den Sekundarbereich I bei Maas (2000b).

Eine Schule, die in einer bundesweit bislang einmaligen Konsequenz und Differenziertheit des pädagogischen Ansatzes das Bildungspotenzial außerschulischer Lernorte zu nutzen versucht, ist die Stadt-als-Schule Berlin. Drei Tage in jeder Woche werden die Schülerinnen und Schüler »an Praxisplätzen in Berliner Betrieben, Verwaltungen, sozialen und kulturellen Einrichtungen tätig und bilden sich dort durch konkrete ›Praxislernprojekte‹ von jeweils mehrwöchiger Dauer. Unter Beratung und Anleitung ihrer Pädagogen und Praxismentoren planen und reflektieren sie ihr Tun, bearbeiten sie ihre Aufgaben, eignen sich Kenntnisse und Fertigkeiten, Arbeits- und Lernmethoden an. Ein Praxislernprojekt wird durch einen individuellen Lernplan strukturiert und beinhaltet komplexe Handlungs-, Erkundungs- und Fachaufgaben.« (Stadt-als-Schule Berlin 1999, S. 17)

Verlebendigung des Fachunterrichtes
Die im Zuge der TIMS-Studie neu entflammte Besorgnis um die fachliche Leistungskultur in deutschen Schulen hatte neben zahlreichen, sehr bedenklichen Folgewirkungen mindestens auch einen positiven Nebeneffekt: Der lange vernachlässigten Frage der pädagogisch-didaktischen Gestaltung des Fachunterrichtes wurde erneut Aufmerksamkeit geschenkt. Wenn Hermann Giesecke insbesondere den reformpädagogisch orientierten Pädagogen vorhält, ihre Liebe habe im Grunde immer nur dem gegolten, was jenseits der Fachlichkeit angesiedelt sei (vgl. Giesecke 1999, S. 92), so ist dieser Vorwurf sicherlich nicht ganz von der Hand zu weisen. In der reformpädagogischen Diskussion wurde meist nicht beachtet, dass die Eigenlogik und Systematik eines Faches auf Jugendliche durchaus eine Faszinationskraft ausüben kann, die zu erheblichen Lernanstrengungen motiviert.

Die Jugendschule von morgen sollte sich also nicht um eine *Abschaffung*, wohl aber um eine *Verlebendigung* des Fachunterrichtes bemühen. Fachunterricht vermittelt Schülern nämlich so, wie er heute in Sekundarschulen in aller Regel praktiziert wird, zwar eine Vielzahl von Begriffen, Kenntnissen und Fakten (die überwiegend unmittelbar nach dem nächsten Test vergessen werden), erweckt aber nur selten das Bedürfnis, sich in einen Lerngegenstand wirklich intensiv zu versenken und diesen quasi »von innen heraus« zu verstehen. »Wahrscheinlich ist es gar nicht so selten, dass Schüler viele Jahre ein Fach gelehrt bekommen und kein einziges Mal in wirkliches Nachdenken hineinfinden.« (Ullrich 1999, S. 596)

Ein viel versprechender Ansatz, diese Oberflächlickeit schulischen Lernens zu überwinden, ist meines Erachtens das *exemplarische Lernen*. Exemplarisches Lernen und Lehren heißt, an einer irritierenden, den Erkenntniswillen des Schülers herausfordernden Stelle stehen zu bleiben und sich in eine Sache zu versenken, die Schüler in einen Dialog mit dem jeweiligen Gegenstand treten zu lassen, also gleichsam das Phänomen »selbst sprechen zu lassen«. Gelungene Lehr-, Lernprozesse in diesem Sinne beschreibt Hermann in einem Erfahrungsbericht aus der Glocksee-Schule folgendermaßen: »›Verstehen zu lernen gelingt nur, wo etwas zu verstehen *ist*. Wo also vom Lehrer ein möglichst ungekünsteltes, unpräpariertes und unzerstückeltes Phänomen ›exponiert‹ wird, das danach ›schreit‹; indem es erstaunlich ist, das heißt: die gewohnte feste Ordnung durchbricht. Was ist da ›los‹? ruft man dann.‹ (Wagenschein 1980, S. 138) – Wenn einem dies gelingt und wenn man dann noch als Lehrer standhaft bleibt, nicht zu schnell auf ›richtige‹ Antworten aus ist, dann entwickeln sich Situationen gemeinsamen Forschens und Ausprobierens, die in jedem Beteiligten Spuren hinterlassen – Spuren des Lernens.« (Hermann 2000, S. 76) Hermann bemerkt zwar, dass solche Situationen in der Lernpraxis der Glocksee-Schule keineswegs alltäglich seien, dass sie aber andererseits auch auf den »normalen« Kursunterricht eine gewisse Ausstrahlung ausüben und diesen bereichern.

Die Vorstellung, es sei möglich, den gesamten Fachunterricht in Sekundarschulen im Sinne des exemplarischen Lernens zu gestalten, ist sicherlich illusorisch. Es wäre aber schon viel gewonnen, wenn jeder Lehrer in seinen jeweiligen Fachunterricht zumindest einzelne genetische Lektionen einbetten würde, die wie »Inseln im Meer der Routine« (Ziehe) den Jugendlichen die Faszination des fachlichen Lernens vermitteln und ihn dafür öffnen würden, sich nachdenklich auf einen Sachverhalt der realen oder der symbolischen Welt einzulassen und daran ungewohnte Erfahrungen zu machen. Zahlreiche Beispiele für solche genetischen Lektionen bieten die Schriften Martin Wagenscheins (u.a. 1980) für den naturwissenschaftlichen und die »Lehrkunstwerkstatt« Hans Christoph Bergs (Berg/Schulze 1995) für den literarischen und gesellschaftswissenschaftlichen Lernbereich.

Die Entwicklungstatsache der geschlechtlichen Differenzierung ernster nehmen

Es dürfte unumstritten sein, dass die Herausbildung der Geschlechtsidentität zu den wichtigsten Entwicklungsaufgaben der Adoleszenz gehört. Wie auch immer sich der adoleszente Entwicklungsprozess konkret gestaltet – so viel steht fest: Die Auseinandersetzung mit der eigenen Geschlechtlichkeit, der eigenen Geschlechtspartner-Orientierung und den kulturell überlieferten Geschlechtsrollen-Bildern wird für die meisten Schüler und Schülerinnen mit dem Eintritt in die Adoleszenz zu einem zentralen »Thema« ihres Denkens und Fühlens, welches einen Großteil der Aufmerksamkeit für potenziell andere Themen absorbiert. Vieles spricht dafür, dass Schulen im Sekundarbereich die Entwicklungstatsache der geschlechtlichen Differenzierung ernster nehmen sollten. Was im Grundschulalter schon offensichtlich ist, gewinnt in der Adoleszenz eine neue Brisanz: Mädchen sind anders als Jungen, sie verarbeiten soziale Konflikte anders, haben andere Interessen, Bedürfnisse und oftmals auch andere kognitive Zugänge zu schulischen Lerngegenständen. Diese Unterschiede gilt es nicht zu nivellieren, sondern im Sinne einer »Gleichheit in der Differenz« als gleichwertig zu akzeptieren (vgl. Schulze 2000). Wie eine angemessene Berücksichtigung der Geschlechterdifferenz im schulischen Kontext konkret aussehen kann, beschreibt beispielsweise Titz (2000) in einem Erfahrungsbericht über die Jungenarbeit in der Werk-statt-Schule Hannover. Titz' Ausführungen machen deutlich, dass Lehrer fähig und bereit sein sollten, sich auch in ihrer Geschlechtlichkeit in idealisierende Übertragungs-Beziehungen mit adoleszenten Jungen verstricken zu lassen. »Jungen wollen Männer werden, Männer waren Jungen. Diese Konstellation schafft Neugier, Interesse und Verständnis an- und füreinander. Jungen sehnen sich nach realen und präsenten Männern, nach Emotionalität und Nähe zu ihnen. Diese Männer bieten ihnen die Chance, sich zu messen und sich an ihnen zu entwickeln. Ein Mann in der Jungenarbeit hat die Möglichkeit, diese Rolle einzunehmen, sich als Mann zu präsentieren, der Identifikationsmöglichkeiten bietet und von den Jungen angenommen wird.« (Titz 2000, S. 114)

Ein weiterer Ansatz, die geschlechtliche Differenz im Jugendalter angemessen zu berücksichtigen, kann darin liegen, Mädchen wie Jungen geschlechtshomogene Räume der Kommunikation anzubieten, die es durch ihren geschützten Rahmen den Jugendlichen ermöglichen, über ihre Unsicherheiten, Ängste und Ideale offen zu reden und eine kritische Distanz zu vorherrschenden Normen der Geschlechtsidentität zu gewinnen (vgl. Flaake 1992, S. 146). Titz verwirklichte einen solchen geschützten Rahmen in seiner Schule im Rahmen einer freiwilligen Nachmittags-AG mit dem Titel »Jungen« und machte diesbezüglich sehr positive Erfahrungen. Sein Beitrag verweist indes auch auf die Schwierigkeiten und Grenzen einer Jungenarbeit im schulischen Kontext. Zu vermeiden sei insbesondere, so Titz, eine falsch verstandene Vertrautheit und Intimisierung der Beziehung zu den Jungen: »Meine Erfahrung hat gezeigt, dass die Jungen vor Gruppenleitern, die ohne Hemmung losplaudern, schnell die Achtung und an ihnen auch das Interesse verlieren, insbesondere dann, wenn diese Männer am nächsten Morgen als disziplinierende Lehrer vor der Klasse stehen.« (Titz 2000, S. 107)

Neue Schwerpunkte in der Aus- und Weiterbildung von Lehrer/innen setzen
Gewandelte gesellschaftliche Rahmenbedingungen stellen heute auch neue Anforderungen an die pädagogische Professionalität der Lehrer und Lehrer/innen. So spricht beispielsweise vieles dafür, dass die *erzieherischen* Aufgaben des Lehrers zukünftig eine immer größere Bedeutung gewinnen werden. Vor dem Hintergrund seiner Erfahrungen als Schulleiter einer großstädtischen Gesamtschule schreibt hierzu Rainer Winkel: »Vor allem Unterricht, allem Lehrern und Lernen, aller Methodik und Didaktik rangieren die sozialen, die emotionalen, die kommunikativen und die körperlichen Belange der Schüler – das heißt: Wer heute in der Schule tätig wird, ist zuallererst Erzieher und dann erst Lehrer!« (Winkel 2000, S. 92) Während sich pädagogische Professionalität in der Schule im herkömmlichen Sinne weitgehend auf inhaltliche Kompetenz und Vermittlungskompetenz beschränkt, wird Lehrerhandeln zukünftig auch wesentlich auf eine professionelle Gestaltung der *Beziehung* zu den Schülern gerichtet sein müssen. Die Eigenarten des Jugendalters stellen auch diesbezüglich für Lehrer und Lehrer/innen eine besondere Herausforderung dar. So vertritt beispielsweise Winterhager-Schmid (1993) die These, als Lehrer komme es im Umgang mit Jugendlichen darauf an, immer wieder an Erwachsenheit und Vernunft zu appellieren, gleichzeitig aber auch kindlich-regressive Verhaltensweisen zulassen und aushalten zu können. Wiezorek (2000) plädiert im Hinblick auf die Schüler-Lehrer-Beziehung für eine pädagogische Haltung, in der sich der Lehrer vor allem darum bemühe, für die Schüler als Vertreter einer anderen Generation und somit als »mögliches Zentrum der Lebensorientierung« (Mannheim) *erkennbar* zu sein. Eine

solche Haltung sei durch *Klarheit* gegenüber sich selbst und den Schülern, durch *Offenheit* gegenüber der Andersartigkeit der Jugendlichen und drittens auch durch Gelassenheit zu kennzeichnen: »*Gelassenheit* bliebe zu wünschen übrig als Fähigkeit, in Rückbesinnung auf die ›strukturelle Gegebenheit‹ der Auseinandersetzungen zwischen Lehrern und Schülern immer wieder auch Abstand gewinnen zu können aus vielleicht anstrengenden Konfliktsituationen, sowie als Fähigkeit, in eine (wie auch immer geartete) Zukunftsgewandtheit der Lebensorientierungen von Jugendlichen zu vertrauen.« (Wiezorek 2000, 67) Auf der Beziehungsebene stehen Lehrer also vor der Herausforderung, zu den Jugendlichen ein offenes, vertrauensvolles und freundschaftliches Verhältnis aufzubauen, gleichzeitig aber auch bereit zu sein, den Jugendlichen klare Grenzen zu setzen und die Konfrontation zu wagen. Eine unabdingbare Voraussetzung dafür, dieser anspruchsvollen Aufgabe professionell gerecht zu werden, dürfte nicht zuletzt in der Fähigkeit liegen, als Lehrer den Wechsel von Engagement und Distanzierung in der Beziehung zum Schüler *bewusst* handhaben zu können.

Die in der pädagogischen Professionalität der Lehrerinnen und Lehrer vorzunehmenden Akzentverschiebungen beziehen sich freilich nicht allein auf die Beziehungsebene, sondern ebenso auf methodisch-didaktische Fragen des Unterrichtens. Unterrichtsformen, die – wie beispielsweise der Projektunterricht – in stärkerem Maße die Selbstständigkeit der Schüler herausfordern als der herkömmliche Frontalunterricht, setzen Fähigkeiten voraus, die in der heutigen Lehrerausbildung meist kaum vermittelt werden und dementsprechend erst in der Praxis mühsam erworben werden müssen. Thies (2000) veranschaulicht dies besonders eindrücklich in einem Bericht über den Projektunterricht in der Reformschule Kassel. Dessen gelungene Umsetzung sei nämlich, so Thies, ganz entscheidend von den *Lernprozessen der Lehrer/innen* abhängig gewesen: »Die Reformschule hat Glück gehabt, dass entwicklungs- und risikobereite Kolleg/innen sich in die Pendelbewegung des Aushandlungsprozesses zwischen kühnem Entwurf und Praxis begeben haben. Sie haben sich ausgetauscht und fortgebildet, Fragen gesammelt und Kompetenzen bei anderen abgefragt.« (Thies 2000, S. 99)

Sicherlich wird es immer so bleiben, dass viele entscheidende Aspekte pädagogischer Professionalität gar nicht im Rahmen eines vorbereitenden Studiums erworben werden können, sondern sich erst im Rahmen eines reflektierenden Umgangs mit konflikthaften Erfahrungen in der Praxis entfalten. Eine Lehrerbildung aber, die sich den skizzierten Herausforderungen eines entwicklungsfördernden Umgangs mit Jugendlichen nicht stellt und und auf die gewandelten Anforderungen des Lehrerberufes nicht angemessen vorbereitet, »beseitigt sich früher oder später selbst – und wird durch alternative Studiengänge und Praxissemester ersetzt werden!« (Winkel 2000, S. 91) Auch in der Jugendschule von morgen wird es noch entscheidend auf die fachliche und fachdidaktische Kompetenz der Lehrer und Lehrer/innen ankommen. Die Lehrerbildung wird deshalb nicht völlig umzukrempeln sein – deutliche Akzentverschiebungen und neue Schwerpunktsetzungen werden aber wohl dennoch unumgänglich sein.

Literaturverzeichnis

Adorno, T.W.: Tabus über dem Lehrerberuf. In: Ders.: Erziehung zur Mündigkeit, Frankfurt a.M. 1993.

Becker, G./Kunze, A./Riegel, E./Weber, H.: Helene-Lange-Schule Wiesbaden: Das andere Lernen. Entwurf und Wirklichkeit. Hamburg 1997.

Becker, U.: Trennung und Übergang. Repräsentanzen früher Objektbeziehung. Tübingen 1995.

Behr, M. (Hrsg.): Schulen ohne Zwang. München 1984.

Berg, H.C./Schulze, T.: Lehrkunst – Lehrbuch der Didaktik. Neuwied/Berlin 1995.

Bernfeld, S.: Über eine typische Form der männlichen Pubertät. In: Ders.: Sämtliche Werke in 16 Bänden. Band 1: Theorien des Jugendalters. Weinheim und Basel 1992.

Bernfeld, S.: Über die einfache männliche Pubertät. In: Ders.: Sämtliche Werke in 16 Bänden. Band 1: Theorien des Jugendalters, Weinheim und Basel 1992.

Bietau, A./Breyvogel, W./Helsper, W.: Zur Selbstkrise Jugendlicher in Schule und Subkultur. In: Z.f.Päd. 27. Jg., Nr. 3, 1981.

Blos, P.: Adoleszenz – eine psychoanalytische Interpretation. Stuttgart 1995.

Blos, P.: Die Funktion des Agierens im Adoleszenzprozess. In: Psyche 1/1964.

Bohnsack, R.: Rekonstruktive Sozialforschung. Opladen 1991.

Bohnsack, R. u.a.: Die Suche nach Gemeinsamkeit und die Gewalt der Gruppe. Hooligans, Musikgruppen und andere Jugendcliquen. Opladen 1995.

Bohnsack, R.: Gruppendiskussionsverfahren und Milieuforschung. In: Friebertshäuser/Prengel 1997.

Borchert, M./Kania, H.J.: Was, wie und warum lernen Kinder an Alternativschulen? In: Behr 1984.

Borchert, M.: Freie Schule Bochum – eine Alternativschule geht ihren Weg. In: Bundesverband der Freien Alternativschulen (Hrsg.) 1992.

Borchert, M./Maas, M. (Hrsg.): Freie Alternativschulen: Die Zukunft der Schule hat schon begonnen. Bad Heilbrunn 1998.

Borchert, M.: Was unterscheidet Freie Alternativschulen von anderen reformpädagogischen Schulen? In: Borchert/Maas 1998.

Breyvogel, W. (Hrsg.): Autonomie und Widerstand. Zur Theorie und Geschichte des Jugendprotestes. Essen 1983.

Brück, H.: Das Kind vor dem Lehrer und das Kind im Lehrer. Psychoanalytische Aspekte von Lehrerängsten. In: WPB 1/1980.

Bruns, M.: Freie Schule Bochum – ein Beispiel einer Freien Schule. In: Röhrs, H. (Hrsg.): Die Schulen der Reformpädagogik heute. Düsseldorf 1986.

Bundesverband der Freien Alternativschulen (Hrsg.): Freie Alternativschulen: Kinder machen Schule. Wolfratshausen 1992.

Clos, R.: Offener Unterricht an der Schule für Lernbehinderte – Didaktik oder Therapie? In: Büttner, C./Finger-Trescher, U. (Hrsg.): Psychoanalyse und schulische Konflikte. Mainz 1993.

Combe, A./Helsper, W./Stelmaszyk, B. (Hrsg.): Forum qualitative Schulforschung 1. Schulentwicklung – Partizipation – Biografie. Weinheim 1999.

Döpp, W./Hansen, S./Kleinespel, K.: Eine Schule für alle Kinder. Die Laborschule im Spiegel von Bildungsbiografien. Weinheim und Basel 1996.

Erdheim, M.: Die gesellschaftliche Produktion von Unbewusstheit. Frankfurt a. Main 1982.

Erdheim, M.: Psychoanalyse, Adoleszenz und Nachträglichkeit. In: Psyche Jg. 47, 1993.
Erikson, E.H.: Das Problem der Identität. In: Psyche X, 1956.
Erlich, S.: Verleugnung in der Adoleszenz. In: Psyche Jg. 47, 1993.
Ermer, R.: Die Sehnsucht des Lehrers nach Wohlbefinden. In: Jahrbuch für Psychoanalytische Pädagogik 2, Mainz 1990.
Fatke, R.: Fritz Redl. In: Fatke, R./Scarbath, H. (Hrsg.): Pioniere psychoanalytischer Pädagogik. Frankfurt a. Main 1995.
Fauser, H./Schweitzer, F.: Schule und Jugend in der modernen Gesellschaft. In: Schweitzer/Thiersch 1983.
Fend, H.: Der Umgang mit Schule in der Adoleszenz. Aufbau und Verlust von Lernmotivation, Selbstachtung und Empathie. Bern 1997.
Finkensiep, P.: Freie Alternativschulen – eine bildungspolitische und bildungstheoretische Begründung. Diplomarbeit an der Universität Dortmund. Witten 1990.
Fischer, G. u.a.: Learning for Europe – Schülerinnen und Schüler unterwegs im Ausland. In: Thurn/Tillmann 1997.
Flaake, K.: »Mit der Pubertät kommt die Zukunft nicht nur näher, sie richtet sich im Körper ein ...« Zur Bedeutung der körperlichen Veränderungen in der weiblichen Adoleszenz. In: Krebs/Eggert/Schmid-Noerr 1997.
Flick, U. u.a. (Hrsg.): Qualitative Sozialforschung. Weinheim 1995.
Freie Schule Bochum: Alternativschulpraxis. Mit Kindern lernen. Bochum, Marl 1983.
Freie Schule Bochum: Pädagogisches Konzept der Freien Schule Bochum. 4. Aufl., unveröffentlicht, Bochum 1994.
Freud, A.: Das Ich und die Abwehrmechanismen. Fischer Taschenbuch Verlag, Frankfurt am Main 1996.
Freud, A.: Probleme der Pubertät. In: Psyche 1/60.
Freud, S.: Drei Abhandlungen zur Sexualtheorie. Fischer Taschenbuch Verlag, Frankfurt a.M. 1991.
Freud, S.: Formulierungen über die zwei Prinzipien des psychischen Geschehens. In: Ders.: Das Ich und das Es – Metapsychologische Schriften. Fischer Taschenbuch Verlag, Frankfurt a.M. 1993.
Freud, S.: Das Interesse an der Psychoanalyse. In: Ders.: Darstellungen der Psychoanalyse. Fischer Taschenbuch Verlag, Frankfurt a.M. 1991.
Freud, S.: Der Humor. In: Ders.: Der Witz und seine Beziehung zum Unbewussten/Der Humor. Frankfurt a.M. 1996.
Friebertshäuser, B./Prengel, A. (Hrsg.): Handbuch qualitative Forschungsmethoden in der Erziehungswissenschaft. Weinheim und München 1997.
Fröhlich-Uhl, C.: Lebenswelt Grundschule. Die erste Lehrerin. Teil I und II. Forschungsprojekt Schulische Selbsterfahrung. Kassel: Gesamthochschule. 1983.
Fromm, E.: Autorität und Familie, sozialpsychologischer Teil. In: Fürstenau (Hrsg.) 1974.
Fürstenau, P. (Hrsg.): Der psychoanalytische Beitrag zur Erziehungswissenschaft, Darmstadt 1974.
Garlichs, A.: Alltag im offenen Unterricht. Das Beispiel Lohfelden-Vollmarshausen. Frankfurt a. M. 1990.
Garlichs, A./Leuzinger-Bohleber, M.: Identität und Bindung. Die Entwicklung von Beziehungen in Familie, Schule und Gesellschaft. Weinheim und München 1999.
Garz, D./Kraimer, K. (Hrsg.): Qualitativ-empirische Sozialforschung. Opladen 1991.
Giesecke, H.: Wozu ist die Schule da? Stuttgart 1996.
Giesecke, H.: Kritik des Lernnihilismus. Zu Denkschrift »Zukunft der Bildung – Schule der Zukunft«. In: Neue Sammlung 1/1998.
Girtler, R.: Methoden der qualitativen Sozialforschung. Wien 1988.
Girtler, R.: Randkulturen. Theorie der Unanständigkeit. Wien 1992.
Glaser, B.G./Strauss, A.L.: Die Entdeckung gegenstandbezogener Theorie: Eine Grundstrategie qualitativer Sozialforschung. In: Hopf/Weingarten (Hrsg.) 1984.

Göhlich, M. (Hrsg.): Offener Unterricht, Community Education, Alternativschulpädagogik, Reggiopädagogik. Die neuen Reformpädagogiken. Geschichte, Konzeption, Praxis. Weinheim 1997.
Göppel, R.: Die Burlingham-Rosenfeld-Schule in Wien (1927–1932). In: ZfPäd. 37.Jg., Nr. 3, 1991.
Gudjons, H.: Abriss der Entwicklungspsychologie: Jugend. In: Pädagogik 2/93.
Hafeneger, B./Jansen, M./Klose, C. (Hrsg.): »Mit fünfzehn hat es noch Träume ...« Lebensgefühl und Lebenswelten in der Adoleszenz. Opladen 1998.
Hagemann-White, C.: Adoleszenz und Identitätszwang in der weiblichen und männlichen Sozialisation. In: Krebs/Eggert/Schmid-Noerr 1997.
Haller, H.-D./Meyer, H.: Ziele und Inhalte der Erziehung und des Unterrichtes. Band 3 der Enzyklopädie Erziehungswissenschaften, Stuttgart 1986.
Haubl, R.: Modelle psychoanalytischer Textinterpretation. In: Flick u.a. 1995.
Helsper, W.: Identität in der Nicht-Identität. »Immer anders, immer neu« In: Breyvogel (Hrsg.) 1983.
Helsper, W.: Jugend und Schule. In: Heinz-Hermann Krüger (Hrsg.): Handbuch der Jugendforschung. Opladen 1993.
Helsper, W./Stelmaszyk, B.: Entwicklung und Stand qualitativer Schulforschung – eine einleitende Skizze. In: Combe/Helsper/Stelmaszyk 1999.
Henn, N.: Rückblick und Perspektiven – zur Entwicklungsgeschichte der Freien Schule Bochum. In: Borchert, Maas 1998.
Hentig, H. von: Die Schule neu denken. München Wien 1993
Hermann, D.: »Immer wieder seltsam« – Plädoyer für exemplarisches Lernen. In: Maas 2000a.
Hirblinger, H.: Über Symbolbildung in der Adoleszenz. In: Jahrbuch für Psychoanalytische Pädagogik 3. Mainz 1991.
Hirblinger, H.: Erfahrungsbildung im Unterricht: die Dynamik unbewusster Prozesse im unterrichtlichen Beziehungsfeld. Weinheim und München 1999.
Hirblinger, H.: Einführung in die psychoanalytische Pädagogik der Schule. Würzburg 2001.
Holzkamp, K.: Lernen. Subjektwissenschaftliche Grundlegung. Frankfurt a. Main 1993.
Hopf, C./Weingarten, E. (Hrsg.): Qualitiative Sozialforschung. Stuttgart 1984.
Hunger, H.: Lexikon der griechischen und römischen Mythologie. Wien 1988.
Hurrelmann, K.: Schule als alltägliche Lebenswelt im Jugendalter. In: Schweitzer/Thiersch 1983.
Jungs, G.: Traum und Traumdeutung. München 1996.
Kannicht, A.: Selbstwerden des Jugendlichen. Der psychoanalytische Beitrag zu einer pädagogischen Anthropologie des Jugendalters. Würzburg 1985.
Kauke, M.: Macht Kindheit heute noch Spaß? Beobachtungsstudien zum Humor unter Kindern im Schulalltag. In: Gruppendynamik, S. 27. Jg., Heft 4, 1996.
Kilian, H.: Die Störungen der Subjektbildung und der Kulturverzug der Psychoanalyse. Versuch einer psychohistorischen Standortbestimmung der Selbstpsychologie. In: Psychoanalyse 3. Jg., Heft 2+3/1982.
King, V.: Weibliche Adoleszenz im Wandel. Innere und äußere Räume im jugendlichen Schöpfungsprozess. In: Krebs/Eggert/Schmid-Noerr 1997.
Köhler, U.: AbsolventInnenstudie zur Glocksee-Schule. Unveröffentlichte Dissertation an der Universität-GHS-Kassel 1998.
Köhler, U./Krammling-Jöhrens, D.: Die Glocksee-Schule. Geschichte – Praxis – Erfahrungen. Bad Heilbrunn 2000.
Krammling-Jöhrens, D.: Atmosphäre in der Glocksee-Schule. Unveröffentlichte Dissertation an der Universität-GHS-Kassel 1998.
Krebs, H./Eggert Schmid-Noerr, A. (Hrsg.): Lebensphase Adoleszenz. Junge Frauen und Männer verstehen. Mainz 1997.
Krebs, H.: »Zwischen Rambo und Softie« – Adoleszenzkrisen männlicher Jugendlicher. In: Krebs/Eggert/Schmid-Noerr 1997.

Lamnek, S.: Qualitative Sozialforschung. Band 1: Methodologie. Weinheim 1993.
Lamnek, S.: Qualitative Sozialforschung. Band 2: Methoden und Techniken. Weinheim 1993.
Laplanche, J./Pontalis, J.B.: Das Vokabular der Psychoanalyse. Frankfurt a.M. 1992.
Leber, A.: Psychoanalyse im pädagogischen Alltag. In: WPB, S. 38. Jg., S. 11/1986.
Leithäuser, T.: Psychoanalytische Methoden in der Sozialforschung. In: Flick 1995.
Lenk, W. u.a. (Hrsg.): Kritische Theorie und politischer Eingriff. Hannover 1999.
Leuzinger-Bohleber, M./Garlichs, A.: Früherziehung West-Ost. Zukunftserwartungen, Autonomieentwicklung und Beziehungsfähigkeit von Kindern und Jugendlichen. Weinheim/München 1993.
Liebau, E.: Jugend gibt es nur im Plural. In: Pädagogik 7-8/90.
Maas M.: »Es ist einfach lockerer hier ...« eine Interviewstudie mit drei Absolvent/innen der Freien Schule Bochum. In: Borchert/Maas 1998.
Maas, M.: Geschichte, Mythen und Erfolge der Alternativschulbewegung – Versuch einer selbstkritischen Zwischenbilanz. In: Borchert/Maas 1998.
Maas, M.: Leben lernen in Freiheit und Selbstverantwortung. Eine psychoanalytische Interpretation der Alternativschulpädagogik. Gießen 1999.
Maas, M. (Hrsg.): Jugend und Schule – Ideen, Beiträge und Reflexionen zur Reform der Sekundarstufe I. Baltmannsweiler 2000a.
Maas, M.: Perspektiven der Schulreform für die Sekundarstufe I. In: Ders. 2000a.
Manzke, E. (Red.): Glocksee-Schule. Berichte, Analysen, Materialien. Fulda 1981.
Max-Planck-Institut für Bildungsforschung: Bildungsverläufe und psychosoziale Entwicklung im Jugendalter. 2. Bericht für die Schulen. Berlin 1996.
Mayring, P.: Einführung in die qualitative Sozialforschung. Weinheim und Basel 1996.
Messner, R.: Reform- und Regelschulen im Vergleich. In: Bielefeld-Kasseler-Graduiertenkolleg »Schulentwicklung an Reformschulen«: Grundprobleme einzelschulischer Entwicklungsforschung. Unveröffentlichte Textesammlung der 6. Studientagung. Bielefeld/Kassel 1997.
Messner, R.: Pädagogische Schulentwicklung zwischen neuer Lernkultur und wachsendem Modernisierungsdruck. Unveröffentlichtes Manuskript an der Universität-GHS-Kassel 1999.
Messner, R.: Pädagogische Schulentwicklung als Sicherung einer umfassenden Qualität von Schule. In: Maas 2000a.
Messner, R.: Lehrerfortbildung und Modernisierungsprozess – Konsequenzen für Aufgaben, Inhalte und Formen. In: Forum Lehrerfortbildung. Heft 34/2000.
Müller, H.U.: Das Berufsmilieu des Volksschullehrers. In: Fürstenau (Hrsg.) 1974.
Münchmeier, R.: Jugend als Konstrukt. In: Zeitschrift für Erziehungswissenschaft. 1/98.
Oelschläger, H.-J.: Lernen in Alternativschulen. In: Haller/Meyer 1986.
Oswald, H.: Was heißt qualitativ forschen? In: Friebertshäuser/Prengel 1997.
Popp, U.: Individualisierung – das jugendtheoretische Konzept auf dem Prüfstand. In: Pädagogik 11/96.
Preisedanz, W./Warning, R. (Hrsg.): Das Komische. München 1976.
Redl, F./Wattenberg, W.W.: Leben lernen in der Schule. München 1980.
Reinke-Köberer, E.: Zur heutigen Diskussion der weiblichen Sexualität in der psychoanalytischen Bewegung. In: Psyche, S. 33. Jg., 8/78.
Röhner, C./Skischus, G./Thies, W. (Hrsg.): Was versuchen Versuchsschulen? Einblicke in die Reformschule Kassel. Hohengehren 1998.
Rolff, H.-G./Zimmermann, P.: Kindheit im Wandel. 2. Aufl., Weinheim und Basel 1990.
Rutschky, K.: Schwarze Pädagogik. Quellen zur Naturgeschichte der bürgerlichen Pädagogik. Frankfurt a.M./Berlin 1988.
Scharff, S.: Praxislernen in der Freien Schule Leipzig – Konzeptionelle Grundlagen, Organisationsformen und erste Erfahrungen. In: Maas 2000a.
Schmidt, C.: »Am Material«: Auswertungstechniken für Leitfadeninterviews. In: Friebertshäuser/Prengel 1997.

Schönhagen, U.: Erfahrungen mit der Lehrerrolle. Analyse eines dreimonatigen Praktikums an der Freien Schule Bochum. Staatsarbeit an der Universität-GHS-Kassel 1984.
Schulze, L.: Naturwissenschaftlicher Unterricht an der Reformschule Kassel – Ein Weg zur »Gleichheit in der Differenz«?! In: Maas 2000a.
Schütze, F.: Biografieforschung und narratives Interview. In: Neue Praxis 13, 1983.
Schweitzer, F./Thiersch, H. (Hrsg.): Jugendzeit – Schulzeit. Von den Schwierigkeiten, die Jugendliche und Schule miteinander haben. Weinheim und Basel 1983.
Stadt-als-Schule Berlin (Hrsg.): »Praxislernen« – von der Idee zum Programm. Die Entwicklung der Konzeption 1992–1997. Unveröffentlichte Broschüre der Stadt-als-Schule Berlin.
Stierlin, H.: Eltern und Kinder. Das Drama von Trennung und Versöhnung im Jugendalter. Frankfurt a.M. 1980.
Strauss, A.L.: Grundlagen qualitativer Sozialforschung. München 1994.
Streeck-Fischer, A.: Entwicklungslinien der Adoleszenz. Narzissmus und Übergangsphänomene. In: Psyche 6/94.
Streeck-Fischer, A.: Männliche Adoleszenz – Krisen und destruktive Verlaufsformen. In: Krebs/Eggert/Schmid-Noerr 1997.
Strotzka, H.: Versuch über den Humor. In: Psyche 10/57.
Thies, W.: Lebensphase Adoleszenz – eine besondere Herausforderung für die Reformschule. In: Röhner/Skischus/Thies (Hrsg.) 1998.
Thies, W.: Projektlernen als Entwicklungschance für Jugendliche – Konzepte und Erfahrungen aus der Reformschule Kassel. In: Maas 2000a.
Thurn, S./Tillmann, K.-J.: Unsere Schule ist ein Haus des Lernens. Das Beispiel Laborschule Bielefeld. Reinbek 1997.
Tillmann, K.-J.: Zwischen Euphorie und Stagnation. Hamburg 1987.
Tillmann, K.-J.: »Spielbubis« und »eingebildete Weiber« – 13- bis 16-Jährige in Schule und peer-group. In: Ders. (Hrsg.): Jugend weiblich – Jugend männlich. Opladen 1992.
Titz, F.: »Laber mich nicht voll!« – ein Plädoyer für die Arbeit mit Jungen in der Schule. In: Maas 2000a.
Ullrich, H.): Zwischen Anpassung und Widerstand. Konzepte pädagogischer Schulentwicklung für heutige Jugendliche. In: Neue Sammlung 4/1999.
Voigt, J.: Unterrichtsbeobachtung. In: Friebertshäuser/Prengel 1997.
Wagenschein, M.: Naturphänomene sehen und verstehen. Stuttgart 1980.
Wagner-Winterhager, L.: Die Angst des Lehrers vor der Erziehung. In: Die Deutsche Schule 4/1982.
Wagner-Winterhager, L.: Pädagogik der Ich-Unterstützung. In: Die Deutsche Schule 1/1987.
Wagner-Winterhager, L.: Heroische Mythen – Repressive Entsublimierung durch Gewaltvideos? In: Jahrbuch für Psychoanalytische Pädagogik 1, Mainz 1989.
Wagner-Winterhager, L.: Jugendliche Ablösungsprozesse im Wandel des Generationenverhältnisses: Auswirkungen auf die Schule. In: Die Deutsche Schule 4/90.
Wellershoff, D.: Infantilismus als Revolte oder das ausgeschlagene Erbe – zur Theorie des Blödelns. In: Preisedanz/Warning (Hrsg.) 1976.
Wiezorek, C.: Lehrer und Schüler – Zum Problem der Generationen in der pädagogischen Beziehung. In: Maas 2000a.
Winkel, R.: Große Ziele – kleine Schritte. Die EGG: Eine Gesamtschule mitten im Ruhrgebiet? In: Maas 2000a.
Winnicott, D.: Vom Spiel zur Kreativität. Stuttgart 1979.
Winterhager-Schmid, L.: Jugendzeit in der Schule – eine angemessene Entwicklungsförderung? In: Pädagogik, Beiheft 1993.
Ziehe, T.: Pubertät und Narzissmus. Frankfurt a.M./Köln 1984.
Ziehe, T.: Ein neuer Sozialisationstypus. Zur gesellschaftlichen Herausbildung veränderter psychischer Strukturen bei heutigen Kindern und Jugendlichen, unveröffentlichtes Manuskript der Glocksee-Schule, Hannover 1977.

Ziehe, T.: Zur gegenwärtigen Motivationskrise Jugendlicher. In: Gewerkschaftliche Monatshefte 1980, Heft 6.
Ziehe, T./Stubenrauch, H. : Plädoyer für ungewöhnliches Lernen. Reinbek 1982.
Ziehe, T.: Zeitvergleiche. Jugend in kulturellen Modernisierungen. Weinheim/München 1991.
Ziehe, T. (1996): Adieu 70er-Jahre! Jugendliche und Schule in der zweiten Modernisierung. In: Pädagogik 7-8/96.
Ziehe, T.: Bindungen und Selbsterprobungen – Jungen-Pubertät im Prozess der kulturellen Modernisierung. In: Hafeneger/Jansen/Klose 1998.
Ziehe, T.: Schule und Jugend – ein Differenzverhältnis. Überlegungen zu einigen blinden Stellen in der gegenwärtigen Reformdiskussion. In: Lenk u.a. (Hrsg.) 1999.